Manuel de Médecine Spirituelle

Droits d'auteur ©2024 Ibn Daud Books
Tous droits réservés

Aucune partie de ce livre ne peut être reproduite, stockée ou transmise sous quelque forme ou par quelque moyen que ce soit, électronique ou autre, y compris la photocopie, l'enregistrement, l'Internet ou tout autre système de stockage et de récupération, sans l'autorisation écrite préalable de l'éditeur, Ibn Daud Books.

Commentaires et Suggestions
Allāh ﷻ dit: « (Les croyants invoquent) "Seigneur ! Ne nous saisis pas s'il nous arrive d'oublier ou de commettre une erreur". » [La Vache 2: 286]

L'auteur remercie par avance ses lecteurs pour tout commentaire et toute suggestion. Si vous trouvez des erreurs dans ce livre, elles lui sont entièrement imputables en raison de ses lacunes. Veuillez s'il vous plait envoyer un courriel directement à l'auteur, qui s'efforcera de les corriger dans la prochaine édition, inch'Allāh.

British Library
Cette publication figure dans les catalogues de la British Library : www.bl.uk

Publishing
Publié par Ibn Daud Books Leicester (Royaume-Uni) et imprimé par Sofiaprint.

Éditions
Ibn Daud Books
theauthor@ibndaudbooks.com
www.ibndaudbooks.com
Leicester, UK

ISBN
Relié : 978-1-91682-404-1
Broché : 978-1-8380492-4-9
Coffret souple deux volumes : 978-1-91682-406-5
Coffret cartonné deux volumes : 978-1-91682-407-2

TABLES DES MATIÈRES

« Le jour où ni les biens, ni les enfants ne seront d'aucune utilité,
Ne sera sauvé que celui qui vient à Allāh avec un cœur sain »

(Coran : Les Poètes 26: 88-89)

MANUEL DE MÉDECINE SPIRITUELLE

Ibn Daud

LE PARCOURS DE L'AUTEUR

Musulman d'origine britannique, je suis en quête de foi depuis mon adolescence. Fils de parents pakistanais, immigrés, pratiquants, mon enfance fut bénie. L'éducation (tarbiya) dispensée à la maison était axée sur la pratique et l'exemple ; dans les années 1970 et 1980 il n'y avait pas d'éducation musulmane, formelle et accessible, près de notre village de campagne dans le nord-est de l'Angleterre. Il incombait donc à mes parents de nous prodiguer les moyens d'accéder aux trésors du Coran et nous décrire tout ce que l'on pouvait gagner grâce aux piliers que sont la prière, le jeûne et la charité. Je garde un souvenir ému de ce que l'on m'a montré et enseigné en termes de « convenances », en témoignant une véritable gentillesse aux étrangers, donnant généreusement avec le cœur, appréciant nos aînés et ayant de la compassion pour les moins fortunés. Tout cela m'a inculqué, ainsi qu'à mes frères et mes sœurs, un sens aigu de la foi et de l'intégrité, qui a raffermi notre éducation musulmane.

En dehors du cercle familial, j'ai suivi un enseignement public et privé. Dans une communauté multiconfessionnelle, mais au sein d'écoles primaires, rattachées aux traditions chrétiennes, j'ai appris le « Notre Père » et chanté des hymnes avec suffisamment de talent et d'enthousiasme pour être intégré dans une chorale, conjointement administrée par l'école et l'église.

Les années de lycée, collège et d'université, ne furent pas une période paisible en raison de tourments hormonaux (mais quand l'est-elle vraiment ?). Sans doute, les distractions les plus tentantes ont traversé mon esprit en tant que jeune homme inscrit à un cours de premier cycle universitaire. Soudain, je me trouvais loin des pièges et de la sécurité de la vie familiale. Le cours que j'avais choisi était le Commerce et l'Informatique, mais la grande majorité des nouveaux visages parmi les étudiants de première année fixaient leur attention écarquillée sur l'irrésistible et impérieuse envie de faire la fête et s'exhiber. L'information qui fusait de toutes parts était qu'un tel ou un tel organisait une fête, ou qu'un grand nombre d'amis souhaitaient ma présence au club, bar ou à la réception. Le dilemme était bien tangible et un bon nombre de mes camarades ont vite été désorientés dans la poursuite de leurs études. J'ai réfléchi aux excès de cette cohorte de gens à l'esprit libre et d'abord considéré leurs sempiternelles propensions au divertissement comme une curieuse forme d'imposition, mais cette pensée a rapidement été dépassée par d'autres plus incertaines telles que « Ne devrais-je pas en faire autant, ou après tout, ce mode de vie n'était pas si anormal que cela ? » Fort heureusement, j'étais suffisamment prémuni pour traverser quatre années durant de telles vicissitudes et la chance me sourit, lorsque je suis tombé sur le livre « Purification du Cœur : Signes, symptômes et remèdes de la maladie spirituelle du cœur » de Cheikh Hamza Yusuf Hanson. Si ma mémoire est bonne, j'étais alors en troisième année de cycle universitaire. Chaque fois que j'ouvrais ce livre, il ébranlait ma conscience, me saisissant d'une impérative injonction. Le message était puissant : « Ressaisis-toi, jeune homme ! Deviens un contributeur important, avant qu'il ne soit trop tard ! » C'était une directive profonde pour rechercher une solution aux maladies de mon cœur et si douloureusement évidente pour moi à l'époque, qu'il n'existait pas de véritables facteurs externes. Tout était « en gestation », mais la distance, qui me séparait du bout du tunnel, résultait de mon propre fait.

À peu près à la même époque, vers la fin de mes études de Commerce et d'Informatique, j'ai cohabité avec un médecin dont la particularité était de se référer, non sans zèle, à l'« Oxford Handbook of Clinical Medicine » : comme s'il était subjugué, il sortait chaque jour de sa poche ce manuel couleur fromage et oignon pour parcourir des notes, qui couvraient tout l'éventail du monde médical et chirurgical connu. Si vous me permettez ce jeu de mots, c'est le souvenir de l'efficacité de ce petit ouvrage, associé à ma préoccupation de longue date pour le concept de la « **tazkiya** » (purification de l'ego), qui m'amena à me pencher sur la question. Si un manuel pouvait aborder les maladies de la condition spirituelle humaine et suggérer des remèdes, alors je pourrais moi aussi utiliser un ouvrage semblable pour suivre un chemin plus pur. Aidé par la lointaine réminiscence des sept péchés capitaux, du temps de mes jeunes années d'école, j'ai pu apprécier l'agencement des différentes sections qui constituent le travail de Cheikh Hamza Yusuf et m'en inspirer pour fournir une structure définitive, un plan pour ma propre orientation. Je pouvais enfin discerner une lumière vacillante au bout du tunnel.

Pourtant, l'idée de ce manuel hybride est restée en suspens pendant une décennie ou plus. Autour de la quarantaine, père de famille, j'ai déménagé dans les East Midlands, au Royaume-Uni, pour deux raisons principales : inscrire mes enfants dans des établissements, qui mettent en œuvre l'éthique musulmane, et retrouver du réconfort dans les prières quotidiennes régulières à la mosquée, ou - plus simplement - dans les salles de prière. La **hijra** du Prophète ﷺ de La Mecque à Médine, représentait non seulement la réponse à une situation hostile, mais aussi le départ vers un meilleur environnement social et moral. Quant à notre déménagement à Leicester, il n'était en aucun cas aussi périlleux, ni éprouvant, ou ni aussi secret, que le voyage de notre Prophète ﷺ bien-aimé, mais il s'agissait certainement d'un transfert vers une situation meilleure, spirituellement renforcée et propice aux œuvres accomplies pour l'amour d'Allāh ﷻ.

Quelque part, au cours de ces six années de vie à Leicester, et après avoir parlé et raisonné avec une quantité considérable de personnes, le désir de concevoir ce manuel, qui aiderait les gens à surmonter les obstacles pour vivre au mieux, est devenu plus ardent. La motivation était maintenant couplée avec les moyens de produire un guide pour stimuler l'amélioration et les bonnes manières en moi et chez les autres. Peut-être que le plan a été considérablement renforcé par ce nouvel emplacement, ou plus précisément, ce sont les personnalités galvanisantes de ce contexte tout neuf qui m'ont fait profiter de leurs connaissances et poussé vers la concrétisation. Ces bienveillantes personnes et ces érudits respectés sont mentionnés dans la section « Remerciements » du présent ouvrage. À ce stade, il suffit de dire que toute l'expérience consistant à faire passer une idée brute par les étapes successives de l'effort créatif, l'édition, la correction et finalement la publication sur une base indépendante, a été pour le moins satisfaisante, pour ne pas dire plus. Le processus de recherche d'une authentification complète et de références croisées précises des œuvres parmi les textes séminaux de l'Islām, le Glorieux Coran et les paroles et actes de notre honorable Prophète ﷺ, m'a rapproché de ces vérités et du Seigneur et Maître des Univers. Grâce aux sages paroles et aux conseils de frères et sœurs musulmans et non-musulmans, Allāh ﷻ m'a constamment maintenu « en lien » avec Ses sagesses. Qu'Allāh ﷻ honore ces personnes et les aime pour leur amour de Son **dīn** et pour leurs sincères conseils:

« Et qui répondent à l'appel de leur Seigneur, accomplissent la ṣalāt, se consultent entre eux à propos de leurs affaires. »
[La Consultation 42: 38]

En effet, avec la bénédiction et la permission d'Allāh ﷻ, ce que nous trouvons ici est une sorte de manuel qui, je l'espère, nous donnera les moyens de nous libérer du moi inférieur, la **nāfs al-ammāra**, définie comme cette partie du soi qui nous pousse inlassablement au péché. De même que nous prions et lisons le Coran, ou que nous nous engageons dans le souvenir régulier d'Allāh ﷻ sur une base quotidienne, si nous réfléchissons à ce livre et d'autres similaires, nous pouvons également appliquer ses conseils à nos vies bien remplies en cette ère moderne et hi-tech. J'espère que l'accessibilité et la concision du langage signifient que c'est un livre capable d'apaiser les douleurs des êtres de tous âges, de toutes confessions : croyants et non-croyants.

Une fois encore, je tiens à remercier sincèrement les innombrables personnes généreuses qui ont consacré leur temps et leurs efforts pour m'aider à atteindre cet objectif. Les plus importantes d'entre elles, cependant, sont ma mère dévouée et inspirée, Hameeda, et feu mon père Mohammed Daud Parekh : c'est à eux que je dédie ce livre. Sans leur amour et leurs prières, ces pages ne seraient que des feuilles blanches et je ne pourrais pas dire de tout cœur :
« C'est la religion droite et inébranlable ».

اللَّهُمَّ آتِ نَفْسِ تَقْوَاهَا وَزَكِّهَا أَنْتَ خَيْرُ مَنْ زَكَّاهَا أَنْتَ وَلِيُّهَا وَ مَوْلَهَا

Allāhumma āti, nafsi taqwāhā wa zakkihā anta, khayru man zakkāhā anta, Waliyyuhā wa Mawlāhā

« O Allāh, accorde à mon âme la crainte révérencielle et purifie-la ; Tu es le Meilleur pour la purifier, Tu es son Gardien et son Seigneur ! »

Āmīn.

Ibn Daud
Leicester, R.U.
Ramaḍān 1441 (Mai 2020)

INTRODUCTION

مقدمة محمد وائل الحنبلي

بسم الله الرحمن الرحيم الحمد لله رب العالمين و صلى الله على سيدنا محمد و على آله و صحبه أجمعين، سبحانك لا علم لنا إلا ما علمتنا فعلمنا ما ينفعنا وانفعنا بما علمتنا وزدنا علما وعملا وفقها و إخلاصا في الدين يا رب العالمين.

طلب مني المصنف من بريطانيا أن اكتب له مقدمة لكتاب جمعه يتعلق بالتربية والسلوك والآداب والأخلاق التي ينبغي أن تمني ليتحلى بها حياة المسلم. و هذا التحسين في ثلاثة مواضع: فيما بينه وبين إخوانه من المؤمنين، و فيما بينه وبين الله، وفيما بينه وبين المخلوق كله

بداية أقول قال الله تعالى «وأما من خاف مقام ربه و نهى النفس عن الهوى فإن الجنة هي المأوى» أيها الأخوة الله سبحانه وتعالى في هذه الآية بيّن لنا أن الطريقة في هذه الدنيا الطريق الذي يُوصِل الى الجنة هو أن تخاف مقام ربك وأن تنهى النفس عن الرذائل، أن تخاف مقام ربك بحسن العبادة بالتفقه بالإخلاص، و نهى النفس عن الهوى ان يبتعد عن رذائل الأمور و عن النواهي وأن يبتعد عما فيه إثم يُغضب الله وأن يبتعد عما فيه إثم يُسيء الى عباد الله. وقال تعالى «يوم لا ينفع مال ولا بنون الا من اتى الله بقلب سليم». تأمّلوا معي هذه الآية، هي علم الاخلاق والتربيه كله، كل علم الأخلاق والتربية في هذه الآية، كيف؟ لأنّه يقول الله سبحانه وتعالى في هذه الآية لم ينتفع أحد يوم القيامة إلا إذا كان قلبه سليما، وعلم التربية وعلم السلوك وعلم الآداب عن ماذا يبحث؟ كله يبحث عن القلب وعن اصلاحه وعن تأديبه وهذا ما قال الله سبحانه في هذه الآية «من اتى الله بقلب سليم».

ولو انتقلنا إلى حديث النبي صلى الله عليه وسلم عن اصلاح القلب و عن التربية وعن السلوك، سنجد هذا في كثير من الأحاديث. قال صلى الله عليه وسلم «ألا وإن في الجسد مضغة إذا صلحت صلح الجسد كله» في رواية «صلح العمل كله» «وإذا فسدت فسد العمل كله» أيها الإخوة. القلب إذا صلح حاله بالتربية بالاوراد والاذكار بالطاعات صلح العمل كله. هذا بالنسبة إلى القلب بشكل عام، وأما إذا أردنا أن نخصّص الآداب والأخلاق في السنة النبوية فنرجع إلى الحديث الذي في البخاري ومسلم قال صلى الله عليه وسلم «لا تحاسدوا ولا تناجشوا ولا تباغضوا ولا تدابروا ولا يبع بعضكم على بيع بعض, كونوا عباد الله إخوانا». هذه هي الآداب التي يبحثها علم التربية وهذه هي الأخلاق التي يُوصي بها العلماء الربّانيّون. وقال أيضا صلى الله عليه وسلم «اتق الله حيثما كنت واتبع السيئة الحسنة تمحها و خالق الناس بخلق حسن». في هذا الحديث يبيّن النبي صلى الله عليه و سلم المعاملة بين العبد وربه «اتق الله حيثما كنت». و يبين المعاملة بين المؤمن وبين عباد ربه بقول «وخالق الناس بخلق حسن»، وهذا هو كله علم التربية و الأخلاق.

وأما هذا الكتاب و مؤلفه، جزاه الله تعالى خيرا وسهل فيه علم التربية لكل قارئ، فهذا، كما ذكرت، أهم الأمر للمسلم. يقول العلامة ابن عابدين رحمه الله تعالى في مقدمة حاشيته «إن علم الإخلاص والعجب والحسد والرياء فرض عين، مثل غيرها من آفات النفوس كالكبر والشح والحقد والغش والغضب والعداوة والبغضاء والطمع»، ثم يقول «مما هو مبين في إحياء علوم الدين» اذاً العلامة ابن عابدين رحمه الله يلفت الإنتباه إلى الموضوع الأصلي في أشهر كتب العلماء، أن علوم التزكية والتربية هي فرض عين على كل مسلم لأنّ به يصحح العبادة و يصحح المعاملة. و كذلك العلامة السيوطي قال في كتابه الأشباه والنظائر «وأما علم القلب ومعرفة أمراضه من الحسد والعجب والرياء فرض عين.» ونسبه أيضا إلى الإمام الغزالي.

ونختم هذه المقدمة بكلام العلامة الشرنبلالي رحمه الله تعالى عندما كان يتكلم عن الطهارة في كتابه مراقي الفلاح شرح نور الإيضاح قال «لا تنفع الطهارة الظاهرة إلا مع الطهارة الباطنة». فالإمام الشرنبلالي يرى أن المسلم ينبغي عليه أن يصحح الطهارة الظاهرة التي تكون بالتطهير الذي يوافق السنة النبوية و الطهارة الباطنة التي تكون بذكر الله في كل أحيان، و تكون بمراقبة القلب، و تكون بصحبة الصالحين ورفقة الأولياء . و ينصر المؤمن بتوفر الكتب على سير الصحابة و النبي صلى الله عليه وسلم.

ختاما نسأل الله سبحانه الإخلاص في القول والعمل و أسأل الله أن ينفع بهذا الكتاب وأن يوفق كل من نفع بقرائته بالهداية و الإصلاح و نسأل الله الثبات في الدين وأن يوفقنا التأسي بأخلاق النبي محمد ﷺ

قاله وكتبه محمد وائل الحنبلي الدمشقي
في النصف في الثاني من شعبان عام ١٤٤١
و لا تنسوني من دعواتكم

Je commence au nom d'Allāh ﷻ, le Clément, le Miséricordieux. Toutes les louanges sont dues à Allāh ﷻ, le Seigneur des Mondes. Qu'Il envoie Ses salutations sur notre guide Muḥammad ﷺ et toute sa famille et ses compagnons. Gloire à Toi (Allāh ﷻ), nous n'avons aucune connaissance sauf celle que Tu nous as enseignée, alors accorde-nous la connaissance qui nous sera bénéfique et donne-nous le bénéfice de ce que Tu nous enseignes, et augmente-nous en connaissance, action, compréhension et sincérité dans la religion, Ô Seigneur des Mondes.

L'auteur, originaire de Grande-Bretagne, m'a demandé d'écrire une préface pour un livre qu'il a compilé et qui traite de la science de l'éducation et de l'instruction (tarbiyya), la conduite (soulūk), l'étiquette (ādāb) et le bon caractère (akhlāq), qui doivent tous être cultivés pour orner la vie du musulman. Cette amélioration essentielle concerne trois domaines : sa conduite et son attitude envers ses coreligionnaires, la relation entre le croyant et Allāh ﷻ le Tout-Puissant et la conduite manifestée envers le reste de la création.

Tout d'abord, Allāh ﷻ dit, « Et pour celui qui aura redouté de comparaître devant son Seigneur, et préservé son âme de la passion, le Paradis sera alors son refuge. » [Les Anges qui arrachent (les âmes) 79: 40-41] Dans ces versets, Allāh ﷻ nous explique le chemin à suivre dans ce bas monde, la voie qui mène au Paradis. C'est que vous soyez dans la crainte de vous tenir devant votre Seigneur et que vous vous absteniez de tout vice. Vous êtes dans la crainte de vous tenir devant votre Seigneur par une superbe adoration, une dévotion à l'étude et la sincérité. Vous renoncez aux désirs (blâmables) en vous éloignant du vice et de l'interdit, en vous tenant à l'écart de tout ce qui mène aux péchés, et met Allāh ﷻ en colère, et vous éloignant de tout ce qui peut nuire aux serviteurs d'Allāh ﷻ, encore une fois par le péché.

Allāh ﷻ dit, « Le jour où ni les biens, ni les enfants ne, seront d'aucune utilité ; seuls ceux viennent à Allāh avec un cœur sain (seront sauvés). » [Les Poètes 26: 88-89] Réfléchissez à ce verset avec moi. Ce verset renferme l'intégralité de la science du bon caractère, de l'éducation et de l'instruction. Comment ? Parce qu'Allāh ﷻ dit dans ce verset que personne ne sera avantagé le Jour du Jugement Dernier si son cœur n'est pas pur. Et de quoi traite la science de l'éducation, la conduite et l'étiquette ? Elles traitent toutes du cœur, de son orientation et sa discipline. Et c'est ce qu'Allāh ﷻ dit dans ce verset « ceux qui viennent à Allāh (seront sauvés). » Si nous regardons les paroles et les actes du Prophète ﷺ concernant l'orientation du cœur, l'éducation, l'instruction et la conduite, nous en trouverons beaucoup.

Le Prophète ﷺ dit : « Dans le corps il est un muscle de chair, s'il est sain, le corps entier est sain (dans une autre narration « toutes les actions sont saines »). S'il est corrompu, tout le corps est (toutes les actions le sont) corrompu. En effet, c'est le cœur. » (Ṣaḥīḥ Bukhari 52) Lorsque l'état du cœur est sain grâce à un bon enseignement, il a l'habitude d'accomplir des actions surérogatoires, plus que ce qui est considéré comme « un devoir » et de s'adonner au rappel d'Allāh ﷻ, alors toutes les actions seront saines. Ceci est en relation avec le cœur dans un sens général. Si nous souhaitons spécifier l'étiquette et le bon caractère dans la pratique prophétique, nous devons revenir au **ḥadith** qui se trouve dans Ṣaḥīḥ Bukhari et Ṣaḥīḥ Muslim, le Prophète ﷺ a dit : « Ne nourrissez pas de rancune, ne vous disputez pas pour augmenter le prix, ne nourrissez pas d'aversion ou de haine, ne concluez pas une transaction quand d'autres l'ont déjà conclue et soyez des compagnons, frères et serviteurs d'Allāh. » [Ṣaḥīḥ Bukhari 6066, Ṣaḥīḥ Muslim 2564: 32] Ce sont les étiquettes traitées par la science de l'éducation et l'instruction, et cela constitue le bon caractère que les pieux savants ont défini . Le Prophète * a également dit : « Crains Allāh ﷻ où que tu sois, et fais suivre une mauvaise action d'une bonne pour l'effacer, et traite les gens avec bonté » [Tirmidhī 1987] Dans ce **ḥadith**, le Prophète ﷺ a expliqué le comportement entre l'esclave et son Seigneur : « Crains Allāh ﷻ où que tu sois ». Et Il ﷺ explique le comportement entre le croyant et le serviteur d'Allāh en disant « et traitez les gens avec bonté ». Ceci, dans son intégralité, constitue la science de l'éducation, l'instruction et du bon caractère.

Quant à ce livre et à son auteur, je demande à Allāh ﷻ de le récompenser par le bien et rendre la science de l'éducation et de la formation, qu'il contient, facile à comprendre pour tous les lecteurs. C'est, comme je l'ai mentionné, la question la plus importante pour un musulman. 'Allāmah Ibn 'Ābidīn dit dans la préface de son commentaire (Raddou Al-Moukhtār 'Ala Al-Dourri Al-Moukhtār) : « (Avoir) la connaissance de la sincérité, la vanité, l'envie et l'ostentation est obligatoire (farḍ'ayn), tout comme les autres maladies spirituelles telles que l'arrogance, l'avarice, la fraude, la colère, l'inimitié, la haine et le désir ambitieux. » Il dit ensuite : « Comme mentionné dans **Ihyā 'Ouloūm Al-Dīn** ». 'Allāmah Ibn 'Ābidīn attire ainsi notre attention sur le thème central et récurrent parmi les œuvres les plus célèbres des savants que ces sciences de la **tazkiya** et de l'enseignement de l'amélioration de l'âme sont obligatoires (farḍ 'ayn) pour tout musulman, car à travers celles-ci, son culte et sa conduite seront corrigés. De même, 'Allāmah Souyouṭī dit dans son livre **Al-Achbāh oua Al-Nadhāir** que « la connaissance du cœur et la reconnaissance de ses maladies telles que l'envie, la vanité et l'ostentation sont obligatoires (farḍ'ayn). » Là encore, il cite l'Imam Ghazalī ﵀ comme source.

Je terminerai cet avant-propos par les mots d'Allāmah Churunbulālī dans sa discussion sur la pureté dans le livre « **Marāqiy Al-Falāḥ**: un Commentaire de **Nour Al-Īḍāḥ'**» : « La pureté extérieure ne sera pas bénéfique sans la pureté intérieure . » L'Imām Shurunbulālī déclare avec certitude que le musulman pratiquant doit parfaire sa pureté extérieure (au moyen de l'eau) dans l'acte de se laver conformément à la **Sunna** du Prophète ﷺ et il doit chercher à atteindre la pureté intérieure en imitant la Sunna du Prophète ﷺ dans cette dimension intérieure également : cela se fait par le rappel d'Allāh ﷻ dans toutes ses actions, par l'introspection profonde de son cœur et son âme et par la fréquentation d'excellentes personnes. Ici le croyant est aidé par la disponibilité des biographies et récits écrits relatifs aux paroles et actes du Prophète ﷺ et de ses compagnons ﵃.

Enfin, je demande à Allāh ﷻ la sincérité dans les actes et l'action, qu'Il dispense Ses bienfaits à travers ce livre et qu'Il permette la guidée et la reforme comportementale de tous ceux qui bénéficient de sa lecture. Avec l'aide d'Allāh ﷻ, puissions-nous être bénis par la constance dans la religion et la pratique du bon caractère du Prophète Muḥammad ﷺ ; āmīn.

Mohammed Wail Al-Hanbali Al-Hanafi Ad-Dimashqi
Istanbul, Turquie
Cha'bān 1441 (avril 2020)

(Ne m'oubliez pas dans vos invocations)

RECOMMANDATIONS

Chers lecteurs francophones, que la Paix et la Miséricorde du Tout Puissant soient sur vous et vos êtres chers.

Que Son soutien permanent accompagne tous ceux qui liront ce Manuel enrichi de sources coraniques, prophétiques et érudites de l'Islām traditionnel, et qui constitue un instrument très précieux pour la purification de l'âme de l'être humain en ces temps modernes.

Les maladies anciennes et récentes qui affectent nos cœurs ont besoin d'être traitées et guéries si nous souhaitons mener la digne vie d'une créature délivrée de tout conditionnement et espérer l'au-delà auprès de Notre Seigneur. Il nous l'a promis à condition que notre âme demeure purifiée (« Ne sera sauvé que celui qui vient à Allāh avec un cœur sain » Coran 26 : 89).

En tant que musulmans, Il nous incombe de veiller à optimiser la réforme de nos comportements individuels (fardh 'ayn) pour en favoriser ensuite la diffusion collective, [« En vérité, Allāh ne modifie point l'état d'un peuple, tant que les individus qui le composent ne modifient pas ce qui est en eux-mêmes. » (Coran 13: 11)].

Pour y parvenir, il est essentiel d'entretenir une relation étroite avec un guide spirituel comme cela a été vivement conseillé par l'Imam Ghazali, qu'Allāh soit satisfait de lui.

Par ailleurs, le soutien de Celui qui nous est plus proche de la veine jugulaire et qui nous a envoyés Son Noble Messager, Paix et Salutations sur lui, concourt au succès de cette démarche.
« Sachez que le voyageur doit avoir un maître comme guide et éducateur, pour le débarrasser des traits de caractère répréhensibles, grâce à son éducation et les remplacer par les bons. L'importance de l'éducation est comparable au travail de l'agriculteur qui déracine les buissons d'épines et élimine les mauvaises herbes du reste de ses cultures. En conséquence, ses plantes sont dans un état correct, et son rendement est amené à la perfection » [Lettre à un disciple Āyyouhā Al-Ouālad p.34-35]

RECOMMANDATIONS

Nous sommes à la disposition de tous les francophones en quête d'une solution aux problèmes de santé spirituelle [Et Allāh a donné pour toute maladie un remède : « Celui qui a fait descendre la maladie, a descendu -aussi- le remède. » (Al-Mouàtta 744 3474)].

Que Le Tout-Puissant ﷻ nous assiste toutes et tous à atteindre notre véritable objectif : Sa satisfaction.

اِلَهِى اَنْتَ مَقْصُوْدِيْ وَرِضَاكَ مَطْلُوْبِيْ

« Ô mon Dieu, Tu es le but de ma quête et Ta satisfaction est l'objet de mon désir ! »

Que Son soutien permanent accompagne tous ceux qui liront ce 'Manuel de Médecine Spirituelle' du frère Ibn Daud, œuvre enrichie de sources coraniques, prophétiques et érudites de l'Islām traditionnel, et qui constitue un instrument très précieux pour la purification de l'âme humain en ces temps modernes.

Cheikh Souleymane
Association Hidaya

Faches-Thumesnil, France
Jumādā Al-Ākhirah 1444 (Janvier 2023)

Facebook : https://www.facebook.com/tariqarajabiya
Email : contact@rajabiya.com

RECOMMANDATIONS

La plupart des maux dont nous souffrons aujourd'hui émanent de maladies du cœur, il est donc essentiel d'essayer de rectifier les sphères invisibles de nos cœurs et d'exercer un maximum d'efforts dans l'auto-purification.

Ce manuel est organisé de manière unique, où les signes et les symptômes des maladies spirituelles sont abordés avec divers traitements à la lumière des sources de la **charī'a**, ainsi que des avis et conseils provenant d'autres sources fiables.

Il est codé en couleur, ce qui sera très bénéfique pour le lecteur, notamment dans un cadre pédagogique.

L'auteur a fait de son mieux, pour que le lecteur puisse réfléchir et méditer sur ses défauts, ce qui est un devoir permanent pour le musulman. Ce travail permettra au lecteur de s'auto-analyser et se préparer à la rencontre de son Créateur avec un "cœur sain".

Certaines questions très pertinentes sont mentionnées, et je suis certain que, ceux qui liront cet ouvrage dans le but de réformer leur âme intérieure, en tireront d'immenses bénéfices.

Dr Cheikh Ashraf Makadam
Directeur du Trust, Madani Schools Federation

Leicester, Royaume-Uni
Ramaḍān 1441 (avril 2020)

RECOMMANDATIONS

Un ouvrage magnifiquement structuré et subtilement présenté, qui met en lumière l'un des aspects les plus importants des enseignements islamiques : purifier le cœur des traits de caractère blâmables et les remplacer par des traits louables.

Qu'Allāh ﷻ accepte les efforts de l'auteur et de son équipe et les rende bénéfiques.

Āmīn.

Mufti Muḥammad ibn Adam Al-Kawthari
Directeur et chercheur à l'Institut de Jurisprudence Islamique (Darul Iftaa)

Leicester, Royaume-Uni
Ramaḍan 1441 (avril 2020)

Al-Ḥamdoulillāh, j'ai été heureux de voir le livre **"A Handbook of Spiritual Medicine."**

Machā' Allāh, il a été compilé avec force détails, mais dans un format facile à suivre. S'il est lu avec l'aide d'un Cheikh (guide spirituel), alors, **inchā' Allāh**, il sera d'une aide considérable, un grand bénéfice, et facilitera le chemin vers l'atteinte de la **tazkiya**.

Je prie Allāh ﷻ d'accepter le travail du frère Jamal et d'en faire un moyen d'atteindre Son éternel agrément.

Āmīn.

(Mawlānā) Muḥammad Yahya
(Directeur) An Nasihah Publications

Leicester, Royaume-Uni
Cha'bān 1441 (avril 2020)

RECOMMANDATIONS

On ne soulignera jamais assez l'importance du cheminement spirituel, surtout à notre époque où le domaine matériel est présenté comme l'unique moyen d'assurer le bonheur et progrès de l'homme.

Allāh ﷻ nous informe clairement, après que plus de dix serments aient été prononcés, de l'importance centrale de la purification intérieure par les mots suivants : « A réussi, certes, celui qui la purifie » [Le Soleil 91: 9]. D'innombrables versets du Coran et de récits prophétiques en attestent, comme ceux qui entreprennent de définir l'état de l'iḥsān (perfection spirituelle) par les mots : « Adore Allāh comme si tu Le voyais ; car en réalité, c'est Lui qui te voit » [Saḥīḥ Bukhārī 50, Ṣaḥīḥ Muslim 9: 5]

Rendre cette science accessible à une nouvelle génération est de la plus haute importance, surtout en période de vide spirituel. Le « Manuel de Médecine Spirituelle » est à recommander en tant que présentation claire de la science de la purification intérieure, à travers un format qui permet une identification aisée des symptômes des maladies spirituelles et de leurs remèdes. Ceci est d'autant plus crucial que de nombreuses maladies qui affligent le monde moderne émanent essentiellement de pathologies spirituelles à l'intérieur de nos propres "egos" collectifs et communautés.

Nous prions qu'Allāh ﷻ accepte ce travail comme une nouvelle introduction à une science ancienne et guide la Communauté musulmane, et la communauté au sens plus large, grâce des approches innovantes comme celles mises en avant par ce travail.

Cheikh Zaqir
Directeur du Darul Arqam Educational Trust

Leicester, Royaume-Uni
Cha'bān 1441 (avril 2020)

RECOMMANDATIONS

Au nom d'Allāh, le Miséricordieux, le Clément.

L'auteur a contribué de manière significative à l'élaboration de cette œuvre dans son champ de compétences. La présentation et forme graphique adaptées pour présenter les maladies spirituelles et leurs remèdes sont très pratiques, et rendent ce manuel accessible aux lecteurs. **Inch'Allāh**, il constituera un médicament adapté pour ceux qui sont en quête spirituelle. J'ai suggéré certaines corrections à l'auteur, et son accord incarne pleinement la quintessence du présent ouvrage. Qu'Allāh ﷻ le récompense en abondance.

Cheikh Imran bin Adam
Directeur, Jame'ah Uloom Al Qur'an

Leicester, Royaume-Uni
Cha'bān 1441 (avril 2020)

REMERCIEMENTS

Le Prophète ﷺ a dit : « Celui qui ne remercie pas les gens n'est pas reconnaissant envers Allāh. » [Sunan Abu Dawud 481]

Toutes les louanges sont adressées à Allāh ﷻ, Seigneur et Pourvoyeur de l'univers, pour m'avoir aidé à accomplir ce travail, et que les salutations et la paix soient sur le Messager de la miséricorde et guidée, ainsi que sur sa famille, ses compagnons vertueux et ceux qui le suivent.

Ce travail est le fruit de la collaboration de nombreuses personnes exceptionnelles parmi les **'Oulamā** respectés de Leicester et d'ailleurs, auxquelles je souhaite exprimer ma plus profonde gratitude, notamment Maulānā Yahya ibn Faruq, directeur des « An Nasihah Publications », qui m'a tenu la main tout au long du pénible processus d'autopublication. Je remercie également Maulānā Imran bin Adam, directeur du « Jame'ah Uloom Al Qur'an » et Cheikh Muhammed Zaqir, directeur du « Darul Arqam Educational Trust », qui ont tous deux saisi l'importance d'un livre de cette nature et m'ont donc encouragé et guidé jusqu'à sa publication. Qu'Allāh ﷻ protège et élève leurs positions. Āmīn.

Je suis redevable à mon équipe de rédaction, Mawlana Uthmaan Hafejee, Mawlana Amaan Muḥammad, Mustafa Abid Russell et Irfan Chhatbar, sans qui je n'aurais pas eu le soutien, la patience, les compétences et l'expertise nécessaires pour mener à bien ce projet. Je suis vraiment honoré et profondément reconnaissant d'avoir trouvé la compagnie de personnes aussi soucieuses de bénéficier de l'agrément d'Allāh ﷻ.

J'aimerais également exprimer ma gratitude à ma douce fille, Ammaarah, pour m'avoir aidé à acquérir des connaissances précieuses sur le monde des médias sociaux, et à ma sœur aimante et bienveillante, Henna, pour avoir révisé la première ébauche du manuel et pour ses conseils et ses encouragements dynamiques.

Tout au long de mon parcours, j'ai reçu le soutien inestimable de nombreuses autres personnes aimables et généreuses. Puisse Allāh ﷻ les dédommager avec la meilleure des récompenses dans les deux mondes, āmīn.

Enfin, mon immense gratitude va à la mère de mes enfants, Sana, dont les conseils et la sagesse durant cette aventure ont été une grande source de force pour moi. Et je suis extrêmement redevable à mes parents affectueux, Hameeda Parekh et feu Mohammed Daud Parekh, pour leur enseignement et mon éducation. Ils ont montré l'exemple.

Je prie Allāh ﷻ pour la meilleure des récompenses pour notre Prophète ﷺ, ses héritiers, les savants de l'Islām et ceux qui suivent leur chemin vers le bonheur et salut dans cette vie et l'Au-delà.

Ibn Daud

Leicester, Royaume-Uni
Ramaḍān 1441 (avril 2020)

AUTO-PURIFICATION

L'Importance du bien-être spirituel

Tout comme vous recherchez le meilleur traitement médical pour éviter les maladies et améliorer votre santé physique et votre bien-être, qu'il s'agisse de Paracétamol pour traiter un simple mal de tête ou un remède plus substantiel comme la chimiothérapie pour traiter le cancer, votre âme peut également souffrir de maladies spirituelles telles que **riyā** (ostentation), **takabbour** (orgueil et arrogance), **Ḥasad** (envie), manque de choukr (ingratitude), **Ḥoubb al-jā'** (amour de la célébrité), **Ḥoubb al-māl** (amour de la richesse) et d'autres maux encore .

La santé spirituelle est cependant fondamentalement différente et, à certains égards, plus importante. Pourquoi ?

- Les conséquences néfastes d'une maladie physique prendront fin à la mort ; alors que le prolongement nuisible d'une maladie spirituelle commencera à la mort et durera pour l'éternité
- L'Imām Ghazālī ﵀ a déclaré que « la science des états du cœur ('Ilm aḥouāl al-qalb) est une obligation individuelle, et pas seulement collective » ; en d'autres termes, il s'agit d'une responsabilité pour chaque musulman adulte (farḍ'ayn), selon ses capacités, et non d'une responsabilité laissée à des individus spécialement qualifiés au sein de la communauté (farḍ al-kifāyah) [Lettre à un disciple Ayyouha al-Oualad, p. 58-59]

Allāh ﷻ declarè en outre:

- « Réussit, certes, celui qui se purifie » [Le Plus Haut 87:14]

- « Et quant à ceux qui luttent pour Nous, Nous les guiderons certes sur Nos Sentiers, Allāh est en vérité avec les bienfaisants » [Les Fourmies 29: 69]

- « Les jardins d'Eden, sous lesquels coulent les ruisseaux, où ils demeureront éternellement. Et voilà la récompense de ceux qui se purifient » [Tāhā 20:76]

Le Prophète ﷺ a dit aussi :

- « Le moujahid est celui qui combat dans l'obéissance à Allāh » [Baihaqī / Chou'ab Āl-Īmān 10611]
- « Les croyants les plus parfaits dans la foi sont ceux qui ont le meilleur caractère et ceux qui sont les meilleurs envers leurs conjoints » [Tirmidhī 2612]
- « Il n'y a rien de plus lourd que le bon caractère dans la balance d'un croyant le Jour de la Résurrection » [Sunan Ābū Dawud 4799]

De nombreux autres versets coraniques et un nombre incalculable de paroles et actes du Prophète ﷺ indiquent explicitement l'obligation (farḍiyya) de purifier le cœur : l'importance de l'abstinence (zouhd), du contentement (qanā'a), de la pudeur (tawādou'), la sincérité (ikhlāṣ), patience (ṣabr), gratitude (choukr), de l'amour d'Allāh ﷻ (ḥoubb-Allāh), du contentement du Décret (riḍa bi-l qadā), la confiance (tawakkoul), la soumission (taslīm), et ainsi de suite.

Un homme vint voir le Prophète ﷺ et lui demanda : « Qu'est-ce que la **tazkiya an-nafs** (purification de l'âme) ? » Le Prophète ﷺ répondit : « Qu'une personne sache qu'Allāh est avec elle où qu'elle soit » [Tabarani / Al-Muo'jam Al-Ṣaghir 555]

Quels sont vos objectifs?

Allāh ﷻ dit que le Prophète Ibrahim* L'a prié : « Et ne me couvre pas d'ignominie, le jour où l'on sera ressuscité, le jour où ni les biens, ni les enfants, ne seront d'aucune utilité, sauf celui qui vient à Allāh avec un cœur sain. » [Les Poètes 26: 87-89]

Le Jour du Jugement, vous serez présenté « à l'envers », pour ainsi dire. Les personnes qui auront pris le plus grand soin de préserver leur âme, seront les plus belles, quelle que soit leur apparence physique sur Terre. À l'inverse, celles qui auront négligé de suivre Ses instructions, seront aussi laides que les cœurs et les âmes qu'elles abritaient sur Terre. Seuls les êtres bons entreront alors au Paradis, tandis que les pervers n'y entreront pas.

Tout comme pour le traitement médical des maladies physiques, pour une personne spirituellement malade, les objectifs de l'auto-purification sont donc les suivants:

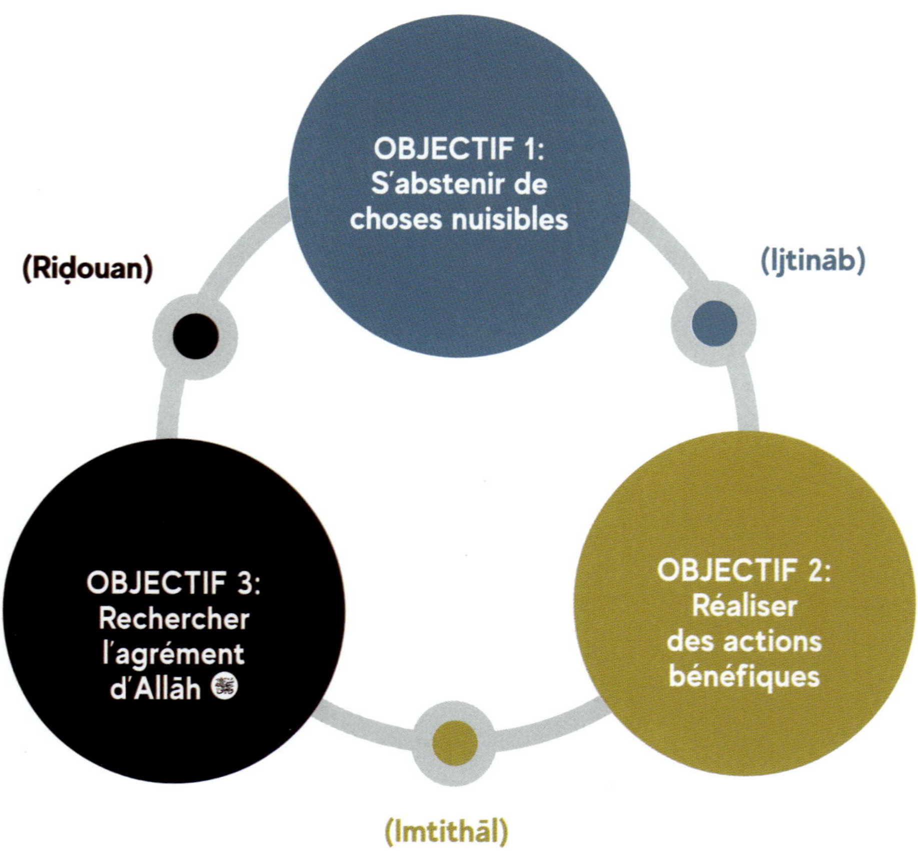

1. S'abstenir (ijtināb) de ces choses qui vous nuisent en débarrassant votre cœur (bāṭin) des attributs vils et grossiers tels que la luxure, la colère, la malice, la jalousie, l'amour du bas monde, l'amour de la renommée, l'avarice, la cupidité, l'ostentation, la vanité, la tromperie, les calamités de la langue, et autres choses de même acabit.

2. Effectuer les actions requises (imtithāl) à votre profit, en ornant votre cœur des nobles attributs que sont la persévérance, gratitude, crainte d'Allāh ﷻ, l'espoir, abstention, unité, la confiance, l'amour, la véracité, vérité, le remords, la réflexion, le calcul, la contemplation, et ainsi de suite.

3. Rechercher le bon plaisir (riḍouān) d'Allāh ﷻ.

L'Imam Ghazali ؒ a dit : « Si tu apprenais que ta vie ne durerait qu'une semaine de plus, tu ne la passerais certainement pas à apprendre le droit, l'éthique, la jurisprudence, la théologie scolastique et autres disciplines, car tu saurais que ces sciences ne te conviendraient pas. Au lieu de cela, tu t'évertuerais à inspecter ton cœur, discerner les traits de ta personnalité, te libérer des attachements mondains, te purifier en adorant Allāh ﷻ le Très-Haut, en le vénérant et en acquérant des qualités louables. Et il ne s'écoule pas un jour ou une nuit pour (tout) adorateur sans que sa mort durant celle-ci ne soit une possibilité ! » [Lettre à un disciple / Ayyouha al-Ouālad pag.56-57]

UN CYCLE CONTINUEL D'AUTO-PURIFICATION

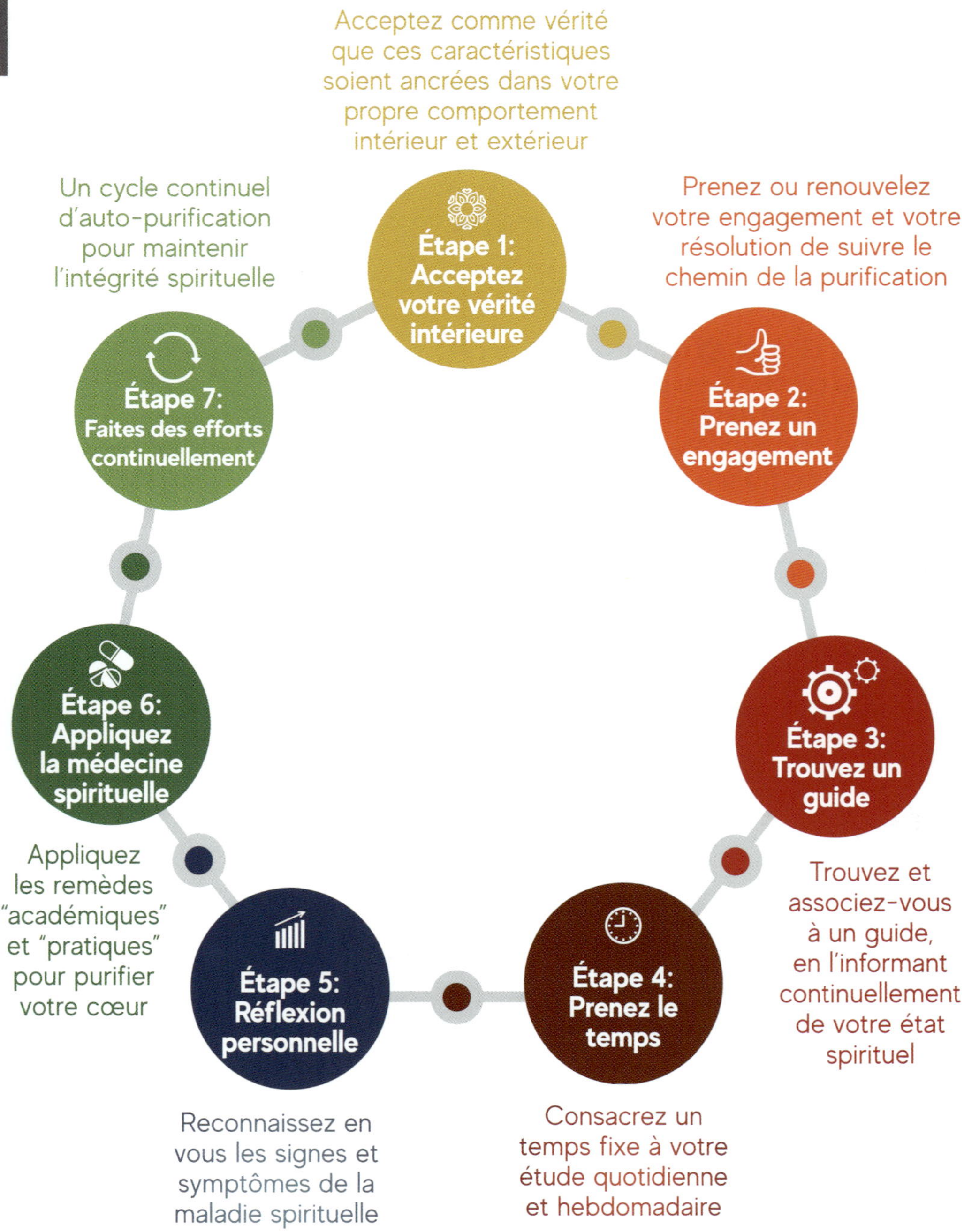

INITIER UN CYCLE CONTINU D'AUTO-PURIFICATION

Étape 1 : Acceptez votre vérité intérieure

Afin de vous purifier, vous devez accepter la vérité que de telles caractéristiques sont présentes dans votre propre comportement intérieur et extérieur. Vous pouvez alors ouvrir votre cœur et votre esprit et commencer à comprendre et à appliquer les remèdes « académiques », en termes de meilleure compréhension des principes de votre foi et de ce qui constitue le bien et le mal, avant de mettre en œuvre sérieusement les remèdes « pratiques ».

L'objectif ultime de l'auto-purification (et donc de ce texte) est de rechercher le plaisir divin (riḍouān) d'Allāh ﷻ, en menant une lutte spirituelle pour orner le cœur des nobles attributs de la persévérance, gratitude, crainte d'Allāh ﷻ, l'espoir, l'abstention, l'unité, la confiance, l'amour, la véracité, du remords, de la réflexion, l'évaluation, de la contemplation, et ainsi de suite.

Allāh ﷻ dit en effet : « En vérité, Allāh ne modifie point l'état d'un peuple, tant que les (individus qui le composent) ne modifient pas ce qui est en eux-mêmes. » [La Tonnerre 13: 11]

Le Prophète ﷺ a dit :

- « Il n'y a pas de maladie qu'Allāh a créée sans l'existence de son traitement » [Saḥīḥ Bukhārī 5678]

- « Celui qui a fait descendre la maladie a fait descendre le remède » [Imām Mālik / Āl-Mouaṭṭā 744: 3474]

Étape 2 : Engagez-vous

Une fois que vous avez accepté la vérité, vous devez vous engager et prendre la ferme résolution d'emprunter le chemin de la purification (l'effort de toute une vie). Faites des **dou'ā** constantes à Allāh ﷻ pour qu'Il éradique les maladies spirituelles de votre cœur, car en réalité, Il est le véritable guérisseur des maladies.

Le Prophète ﷺ a dit :

- « Ô Allāh ! Accorde-moi le sens de la piété et purifie mon âme, car Tu es le meilleur pour la purifier. Tu es son Gardien et son Ami Protecteur » [Musnad Āhmad 19308]
- « Il existe un remède pour chaque maladie, et lorsque le remède est appliqué à la maladie, elle est guérie avec la permission d'Allāh, l'Exalté et le Glorieux » [Ṣaḥīḥ Muslim 2204:69]

Étape 3 : Trouvez un guide

De même que vous recherchez l'aide et les conseils d'un médecin, vous devriez également trouver un guide et vous lier étroitement à lui, en l'informant en permanence de votre état spirituel, discutant de vos maladies et remèdes appropriés et suivant ses instructions au mieux de vos capacités.

Le Prophète ﷺ a dit : « Les érudits sont les héritiers des Prophètes » [Tirmidhī 2682, Sunan Ābū Dawūd 3641]

L'Imam Ghazali a dit : « Sachez que le voyageur doit avoir un maître comme guide et éducateur, pour le débarrasser des traits de caractère répréhensibles, grâce à son éducation et les remplacer par les bons. L'importance de l'éducation est comparable au travail de l'agriculteur qui déracine les buissons d'épines et élimine les mauvaises herbes du reste de ses cultures. En conséquence, ses plantes sont dans un état correct, et son rendement est amené à la perfection » [Lettre à un disciple / Āyyouhā Al-Ouālad p.34-35]

Étape 4 : Trouvez du temps

L'une des principales raisons de la paresse est que vous ne fixez pas de temps défini pour vos pratiques quotidiennes ; les succès remarquables sont invariablement le résultat de l'application, la discipline programmée et la conscience, vous devez donc allouer un temps précis à l'étude quotidienne et hebdomadaire. Gardez un œil sur vous-même, en évaluant constamment l'état de votre cœur tout au long de la journée.

Allāh dit : « Et quant à ceux qui luttent pour Notre cause, Nous les guiderons certes sur Nos sentiers, Allāh est en vérité avec les bienfaisants. » [Les Araignées 29: 69]

L'Imām Ghazāli souligne l'importance des routines : « Votre temps ne doit pas demeurer sans structure, de telle sorte que vous vous occupiez arbitrairement de ce qui se présente. Au contraire, vous devez vous rendre des comptes et ordonner votre culte pendant le jour et la nuit, en assignant à chaque période une activité qui ne doit pas être négligée, ni remplacée par une autre. Par l'ordonnancement de ce temps, la bénédiction se manifestera d'elle-même. » [Le début de la guidance / Bidāya Al-Hidāyah, pag.60-61]

Étape 5 - Réflexion personnelle

Vous devez alors examiner en détails les définitions de toutes les maladies ainsi que les signes et symptômes qui y sont associés, en identifiant leurs caractéristiques dans votre propre comportement intérieur et extérieur, et sélectionner la ou les maladies avec lesquelles vous pouvez établir la corrélation la plus étroite. Rappelez-vous que pour vous purifier, vous devez commencer à reconnaître et accepter la vérité.

Le Prophète ﷺ a dit : « Dans le corps il est un morceau de chair, s'il est sain, le corps entier est sain. S'il est corrompu, le corps entier est corrompu. En effet, c'est le cœur. » [Ṣaḥīḥ Bukhārī 52, Ṣaḥīḥ Muslim 1599:107]

Étape 6 : Appliquez la médecine spirituelle

Vous devriez ensuite commencer à comprendre et appliquer les remèdes "académiques", en termes de meilleure compréhension de votre foi et d'ajustement de votre état d'esprit, avant de mettre en œuvre les remèdes "pratiques" pour de bon.

Allāh ﷻ dit : « A réussi, certes, celui qui la purifie (son âme). » [Le Soleil 91: 9]

Étape 7 : Faites des efforts constants

Le Prophète ﷺ a dit : « Celui qui s'efforce de rester dans la voie d'Allāh l'Exalté est celui qui lutte contre son âme dans l'obéissance d'Allāh. » [Musnad Aḥmad 23967]

Mais tout comme les prescriptions médicales, si vous appliquez les méthodes compilées à partir des vastes enseignements du Coran et du modèle exemplaire du Prophète ﷺ, vous verrez alors des résultats. Si vous travaillez sur votre cœur en mettant en œuvre de manière régulière et cohérente ce qui est suggéré ici, vous commencerez à voir des changements dans votre vie, condition, société et même au sein de votre propre dynamique familiale.

C'est une bénédiction que nous disposions de la science de la purification, et que cet enseignement existe dans le monde d'aujourd'hui. Il nous incombe de prendre ces enseignements au sérieux.

« A réussi, certes, celui qui la purifie (son âme), et est perdu, certes, celui qui la corrompt ! » [Le Soleil 91: 9-10]

Qu'Allāh ﷻ nous accorde à tous le **taoufīq** et fasse de nous Ses amis choisis.

Āmīn.

COMMENT UTILISER CE MANUEL

Les maladies et leurs définitions
Chaque maladie spirituelle a été définie au début de chaque chapitre pour aider le lecteur à comprendre et reconnaître ses caractéristiques

L'approche des feux de circulation
Des couleurs rouge, verte et orange ont ensuite été utilisées dans chaque chapitre pour faciliter les références. Nous espérons que chacun reconnaîtra ces indicateurs universels, mais voici un complément d'explications :

- **Le rouge** est utilisé pour mettre en évidence les zones problématiques, c'est-à-dire les signes et les symptômes d'une maladie spirituelle et la façon dont ils parviennent à s'insinuer en nous
- **Le vert** est utilisé pour mettre en évidence les domaines dans lesquels une action est nécessaire pour renverser la situation, c'est-à-dire le recours aux remèdes potentiels, à la fois académiques ou conceptuels (par exemple, corriger notre état d'esprit, ou notre système de croyances) et pratiques (actions quotidiennes, qui peuvent être entreprises pour commencer à traiter les maladies spirituelles). En fin de compte, l'un ou l'autre des deux remèdes, ou les deux, donnent à chacun d'entre nous l'occasion de nous rapprocher d'Allāh ﷻ, notre Chérisseur aimant
- **L'Ambre** est utilisé pour rappeler au lecteur qu'il peut y avoir des exceptions, des cas où certains sentiments, ou actions peuvent être autorisés (par exemple, lorsque la colère est ressentie à l'égard d'actes non autorisés)

Sources du Coran et des Ḥādīth
Les traductions françaises adoptées pour les versets du Coran cités dans cet ouvrage sont issues des œuvres de traduction du Pr Muḥammad Hamidullah. Les traductions de l'édition originale, la deuxième avec ses notes et l'édition révisée, ont été utilisées indifféremment lorsque les traducteurs l'ont jugé plus approprié. Cette version a été choisie après examen des traductions françaises existantes. L'auteur et l'équipe de rédaction du Manuel estiment que la traduction du Pr Hamidullah est la plus adaptée à la nature de cet ouvrage.

En plus de la traduction du Coran, nos traducteurs de confiance, Mr Ali F. Schütz et Mme Haouchia Schütz, ont traduit des ḥādīth authentiques (Ṣaḥiḥ Bukhārī et Ṣaḥiḥ Muslim) avec leurs aperçus clairs et miraculeux des maux spirituels, remèdes et exceptions, ainsi que les conseils bénéfiques de savants célèbres, tels que l'Imām Ghazālī (à partir de leurs œuvres les plus célèbres).

Veuillez noter que les références ont été utilisées plus d'une fois lorsque cela était nécessaire.

Toutes les sources utilisées ont été vérifiées et validées par des érudits qualifiés. Veuillez-vous reporter aux sections "L'équipe de rédaction" du Manuel et "Bibliographie" pour plus de détails.

TABLES DE TRANSLITTÉRATION

Vowels

A	Voyelle courte comme dans « amour »	OU	Voyelle longue comme dans le mot Français « chou »
Ā	Voyelle longue	I	Voyelle courte
'	Démarrage abrupte ou pause	Ī	Voyelle longue

Consonants

ب	B	labiale	ص	Ṣ	avec la bouche pleine
ت	T	douce	ض	Ḍ	avec la bouche pleine et le bord de la langue
ث	TH	comme dans l'Anglais « thin »	ط	Ṭ	avec la bouche pleine
ح	Ḥ	son guttural	ظ	Ẓ	avec la bouche pleine comme dans « dhouhr »
خ	KH	très guttural sans utilisation de la langue	ع	'	son guttural tordu, qui accompagne les voyelles
د	D	D avec son souple	غ	GH	son très guttural sans langue
ذ	DH	comme dans l'Anglais « those »	ق	Q	une « ka » avec le dessous de la langue soulevée
س	S	aigue non comme la « z »	و	OUA	comme dans « soie »
ش	SH	comme dans « chou »	ي	Y	Y comme dans « brille »

NOTES : Les consonnes doubles doivent être prononcées en insistant sur les deux lettres sans pause, par exemple « Allāhoumma » doit être lu « Al-lāhoum-ma ».

EXCEPTIONS : Les noms des personnes (comme Bukhari, Muslim, etc.), ou termes connus (comme Sunna) sont écrits selon la phonétique britannique.

Allāh est le mot arabe pour Dieu, le seul vrai Dieu partagé par toutes les religions monothéistes traditionnelles, comme le Judaïsme, le Christianisme et l'Islām. Tout au long de ce livre, le nom arabe Allāh ﷻ sera utilisé pour Dieu.

ﷻ Soubḥānahoū oua ta'āla - Qu'Il soit glorifié

ﷺ Sallallāhou 'alayhi oua sallam - Que la paix et la miséricorde d'Allāh soient sur lui

عليه السلام 'Alayhis-salām - Que la paix soit avec lui

رضي الله عنه Raḍiyallāhou 'anhou - Qu'Allāh soit satisfait de lui

رحمه الله Rahimahoullāh - Qu'Allāh lui fasse miséricorde

حُبُّ الدُّنْيَا

Amour pour ce Bas Monde

SIGNES ET SYMPTÔMES

- Oubli de l'essentiel
- Négligence
- Curiosité malsaine et écoute aux portes
- Poursuites vaines et pécheresses (y compris sur les médias sociaux)

TRAITEMENTS

- Recherche de l'Au-delà
- Exploitation de ce bas monde comme moyen d'élévation spirituelle
- Valorisation de votre temps (sur les médias sociaux)
- Recherche de la modération
- Expression et accueil des remerciements

EXCEPTIONS

- Besoins physiques
- Obtention du meilleur de l'Au-delà
- Bénéfice aux nécessiteux

CHAPITRE 1

Amour pour ce Bas Monde [Ḥoubb al-Dunyā]حُبُّ الدُّنْيَا

Tout concept, toute "chose", ou personne qui apporte un bénéfice dans l'Au-delà est digne d'attachement dans cette vie terrestre. En effet, l'amour pour ce bas monde est loué s'il conduit à l'élévation spirituelle et la guérison du cœur, ou si l'acquisition de la richesse et du statut social profitent aux nécessiteux. Tout ce qui est obtenu à partir des nécessités de la vie sur terre : nourriture, logement, abri et autres, est bénéfique et n'est pas considéré comme "mondain" en soi.

Cependant, ce contre quoi les savants ont traditionnellement mis en garde, en ce qui concerne l'acquisition de richesses, est le danger de transgression. Plus une personne acquiert de richesses, plus la probabilité qu'elle se préoccupe d'autre qu'Allāh ﷻ est élevée.

Jésus ('Īsā ﷺ) aurait dit : « L'amour de ce bas monde est la racine de tout mal » [Bayhaqī in Chou'ab Al-Īmān 9974]

C'est l'action de s'accrocher aux "distractions scintillantes du monde", de prêter une attention excessive aux "facteurs" qui nourrissent le moi inférieur, qui lient un être à l'amour blâmable de ce bas monde (ḥoubb al-dounyā). La manifestation de cet amour mal orienté comprend l'avarice et l'arrogance, ainsi que le fait d'accabler les autres (et de dépendre d'eux) de ses besoins. La contrainte est un désir de provision dans ce monde seulement, et le salut dans l'autre monde est écarté dans une certaine mesure. L'acquisition de biens illicites et du pouvoir dans le seul but d'assouvir une soif de puissance est normalisée par la personne qui en souffre. Enfin, il convient de remarquer que "l'amour de la richesse" (ḥoubb al-māl) est sans aucun doute une branche du ḥoubb al-dounyā.

Allāh ﷻ dit : « Ceux qui n'espèrent pas Notre rencontre, qui sont satisfaits de la vie présente et s'y sentent en sécurité, et ceux qui sont inattentifs à Nos signes [ou versets], leur refuge sera le Feu, pour ce qu'ils acquéraient. » [Jonas 10: 7-8]

Le Prophète ﷺ a dit :

- « Deux loups affamés lâchés dans un troupeau de moutons ne causent pas autant de dégâts que le mal fait à la religion d'un homme par son désir de richesse et de renommée » [Tirmidhī 2376]
- « Quiconque fait de l'Au-delà son objectif, Allāh enrichit son cœur et organise ses affaires, et le monde vient à lui, qu'il le veuille ou non. Et quiconque fait du monde son but, Allāh met sa pauvreté sous ses yeux, et désorganise ses affaires, et le monde ne vient pas à lui, sauf ce qui a été décrété pour lui » [Tirmidhī 2465]
- o« Si le fils d'Ādam disposait de deux vallées d'argent, il en souhaiterait une troisième, car rien ne peut remplir la bouche du fils d'Ādam si ce n'est de la poussière » [Ṣaḥīḥ Bukhārī 6436, Ṣaḥīḥ Muslim 1048:116]

L'amour de ce bas monde relève de 5 catégories de règles juridiques classiques : obligatoire (ouājib), recommandé (mandoūb), permis (moubāḥ), répréhensible (makroūh), ou interdit (ḥarām).

Amour pour ce Bas Monde

Signes et symptômes	Évidences coraniques, prophétiques et érudites
L'oubli de l'essentiel	
Votre acquisition de richesses et l'amour des biens matériels vous font oublier Allāh ﷻ	Allāh ﷻ dit : « Sachez que la vie présente n'est que jeu, amusement, vaine parure, une course à l'orgueil entre vous et une rivalité dans l'acquisition des richesses et des enfants. » [Le Fer 57: 20]
Vous ne vous préoccupez pas ou peu de l'Au-delà ; vous nourrissez de l'amour pour le caractère éphémère de ce bas monde au point qu'il annihile votre aspiration spirituelle	
Négligence	Allāh ﷻ dit : o « Ne pense point que ceux-là qui se vantent de ce qu'ils ont fait, et qui aiment qu'on les loue pour ce qu'ils n'ont pas fait, ne pense donc point qu'ils trouvent une échappatoire au châtiment. Pour eux, il y aura un châtiment douloureux. » [La Famille d'Imran 3: 188] o « Et ne donne pas dans le but de recevoir davantage » [Le Revêtu d'un manteau 74: 6]
Vous êtes fallacieux avec les louanges, en vous adonnant à des accolades avec les autres, qu'ils en soient dignes ou non, en désirant quelque chose d'autre qu'Allāh ﷻ, parce que vous voulez quelque chose d'eux	
Vous recevez le crédit pour le travail que d'autres ont réellement fait et n'attribuez rien à ceux qui en sont les véritables auteurs	Le Prophète ﷺ a dit : « Lorsque vous voyez ceux qui font des louanges (indues) aux autres, jetez de la poussière sur leur visage. » [Ṣaḥīḥ Muslim 3002:69, Ibn Mājah 3742]
Curiosité malsaine et écoute aux portes	L'Imām Ghazālī a dit : « Un indice qu'Allāh le Très-Haut s'est détourné de son adorateur est le fait qu'il s'occupe de ce qui ne le regarde pas, et si une heure de la vie d'un homme s'écoule dans autre chose que ce pour quoi il a été créé dans la voie de l'adoration, alors il convient que son affliction se prolonge. Celui qui passe la quarantaine sans que sa vertu l'emporte sur son vice, qu'il se prépare au feu de l'enfer. » [Lettre à un disciple / Ayyouha al- Oualad p. 4-5]
Vous vous occupez de ce qui ne vous regarde pas	

Amour pour ce Bas Monde

Signes et symptômes

Poursuites vaines et pécheresses (y compris sur les médias sociaux)
Vous amassez des richesses dans le but d'une compétition vaniteuse, en vous disputant les biens de ce bas monde et essayant d'acquérir une supériorité sur les autres grâce à elles
Votre course à la richesse devient une addiction et conduit à l'ostentation
Votre amour du bas monde se traduit par la cupidité et l'arrogance
Vous appréciez les choses qui sont pécheresses, ou qui mènent à elles, ou du moins vous ne vous souciez pas des actions justes et vous ne vous abstenez pas de commettre le mal
Vous passez un temps excessif sur les médias sociaux, par exemple en parcourant les contenus de Facebook, cliquant sur les suggestions de YouTube, postant des mises à jour et des images sur votre dernière expérience, etc.
Vous constatez que, bien que vos intentions initiales aient pu être positives, au fur et à mesure que vous passez d'une page à l'autre, un message à l'autre, vous êtes amené à parcourir des informations et images qui sont de mauvais goût et peuvent conduire au péché
Votre exposition à des images en ligne (telles que des publicités ou des photographies de célébrités) montrant les visages de la luxure (postures extatiques, bonheur suprême) vous consume ainsi que votre temps

Évidences coraniques, prophétiques et érudites

Allāh ﷻ dit:

- « Et la vie présente n'est qu'un objet de jouissance trompeuse » » [La Famille d'Imran 3: 185]
- Lorsqu'il est temps pour une personne de mourir, elle demande que sa vie soit prolongée afin de pouvoir effectuer un supplément de bonnes actions :
  « Et là, ils hurleront : "Seigneur, fais-nous sortir ; nous ferons le bien, contrairement à ce que nous faisions'. "Ne vous avons-Nous pas donné une vie assez longue pour que celui qui réfléchit médite ? L'avertisseur, cependant, vous était parvenu. Eh bien, goûtez (votre punition). Car pour les injustes, il n'y a pas de secoureur' » [Le Créateur 35: 35-37]
- o « Ceux qui convoitent la vie présente avec sa parure, Nous les rétribuerons exactement selon leurs actions sur terre, sans que rien ne leur en soit soustrait. Ceux-là n'ont rien d'autre, dans l'Au-delà, que le Feu. Ce qu'ils auront fait ici-bas sera un échec, et leurs œuvres seront vaines » [Hoūd 11: 15-16]

Le Prophète ﷺ a dit :

- « Si la valeur du monde était égale à celle de l'aile d'un moustique, aux yeux d'Allāh, Il n'aurait permis à aucun mécréant d'en tirer une seule gorgée d'eau» [Tirmidhī 2320]
- « Je crains pour vous les désirs charnels de vos ventres et parties intimes» [Musnad Aḥmad 19772]
- « Par Allāh, ce n'est pas la pauvreté que je crains pour vous, mais plutôt que l'on vous donne les richesses du monde, tout comme on les a données à ceux qui vous ont précédés. Vous vous disputerez pour elles, comme ils se sont disputés pour elles, et elles vous détruiront, comme elles les ont détruits. » [Ṣaḥīḥ Bukhārī 6425, Ṣaḥīḥ Muslim 2961:6]

Jésus ('Isa ﷺ) aurait dit : « L'amour de ce bas monde est la racine de tout mal. » [Bayhaqī / Chou'āb Al-Imān: 9974]

Amour pour ce Bas Monde

Traitement académique	Évidences coraniques, prophétiques et érudites
Recherche de l'Au-delà	
Vous vous rappelez que cette vie mondaine n'est qu'un jeu et divertissement, qui engendre la plupart des traits et des caractéristiques spirituels néfastes (orgueil, haine, jalousie, vantardise, avidité, etc.) et que votre véritable objectif dans cette vie est de prendre les dispositions nécessaires pour entamer votre voyage dans l'Au-delà	Allāh ﷻ dit : o « Et ne porte point ton regard vers ce dont Nous avons donné jouissance temporaire à certains groupes d'entre eux, comme décor de la vie présente, afin de les éprouver par cela. Ce qu'Allāh a préparé (au Paradis) est meilleur et plus durable » [Ṭāhā 20:131] o « Tout ce qui vous a été donné [comme bien] n'est que jouissance de la vie présente; mais ce qui est auprès d'Allāh est meilleur et plus durable pour ceux qui ont cru et qui placent leur confiance en leur Seigneur » [La Consultation 42: 36] o « Cette vie d'ici-bas n'est qu'amusement et jeu. La Demeure de l'Au-delà est assurément la vraie vie. S'ils savaient ! » [L'Araignée 29: 64] Le Prophète ﷺ a décrit le monde selon la parabole suivante : « Quelle relation ai-je avec le monde ? Elle est semblable à celle du voyageur sur une montagne, s'arrêtant à l'ombre d'un arbre pour un (court) instant, pour ensuite le quitter à nouveau et poursuivre son chemin. » [Tirmidhī 2377, Musnad Aḥmad 2744]
Vous vous rappelez que vous serez très certainement interrogé sur vos dépenses le Jour de la résurrection" (Yaoum al-Qiyama)	
Vous vous souvenez souvent de la mort et vous ne nourrissez pas d'espoirs farfelus, évitant ainsi de faire de longs plans et préparatifs	
Vous aimez les choses du bas monde qui vous aident à atteindre la félicité dans l'Au-delà, comme l'amour du Coran, de la **Ka'aba**, du Prophète ﷺ, des parents, personnes pieuses, livres de connaissance, enfants, frères et sœurs qui vous soutiennent dans les affaires religieuses, ainsi que l'amour de la richesse (ḥoubb al-māl) qui profite aux nécessiteux	

Amour pour ce Bas Monde

Traitement académique	Évidences coraniques, prophétiques et érudites
Exploitation de ce bas monde comme moyen d'élévation spirituelle	Allāh ﷻ dit : o « Nous avons placé ce qu'il y a sur la terre pour l'embellir, afin d'éprouver (les hommes et afin de savoir) qui d'entre eux sont les meilleurs dans leurs actions .» [La Caverne 18: 7] o « Et pour celui qui aura redouté de comparaître devant son Seigneur et préservé son âme de la passion, le Paradis sera alors son refuge.» [Les Anges qui arrachent les âmes 79: 40-41] Le Prophète ﷺ a dit : o « Le monde est la prison du croyant et le paradis du mécréant » [Ṣaḥīḥ Muslim 2956:1] o « Sois dans ce monde comme si tu étais un étranger ou un voyageur » [Ṣaḥīḥ Bukhārī 6416] o « Quiconque fait de l'Au-delà son but, Allāh enrichit son cœur, organise ses affaires, et le monde vient à lui qu'il le veuille ou non. Et quiconque qui fait du monde son but, Allāh lui met la pauvreté sous les yeux et désorganise ses affaires, et le monde ne vient pas à lui, sauf ce qui a été décrété pour lui » [Tirmidhī 2465] o « Si le monde pour Allāh était égal à l'aile d'un moustique, alors Il ne permettrait pas au mécréant d'en avoir la moindre gorgée d'eau » [Tirmidhī 2320] L'Imām Ghazālī رحمه الله a dit : o « Le meilleur de ce qu'on aime est ce qui entrera dans sa tombe et sera l'ami de celui qui s'y trouve. Et je n'ai trouvé (que) des bonnes actions ! Je les ai donc prises comme objet de mon amour, pour qu'elles soient une lumière pour moi dans ma tombe, pour qu'elles soient une amie pour moi dans celle-ci et pour qu'elles ne me laissent pas seul » [Lettre à un disciple / Ayyouhā al-Oulad, p. 28-29] o « Si vous lisez ou étudiez la connaissance, elle doit améliorer votre cœur et purifier votre ego » [Lettre à un disciple / Ayyouhā al-Oulad, p. 56-57]
Votre amour du bas monde, qui est relatif aux nécessités de la vie sur Terre, nourriture, logement, abri et autres, conduit à votre élévation et guérison spirituelles	
Votre éducation, richesse et statut social sont au service des nécessiteux, car vous semez des graines que vous récolterez dans l'Au-delà	
Vous censurez ou évitez l'amour des choses qui sont prohibées ou qui mènent à elles	
Vous évitez l'attachement au caractère éphémère du monde qui anéantit votre désir spirituel	

Amour pour ce Bas Monde

Traitement pratique

Valorisation de votre temps (sur les médias sociaux)

Vous devenez plus conscient de l'usage que vous faites de votre temps en régulant les périodes consacrées aux réseaux et médias sociaux en vous demandant des comptes à la fin de chaque journée :

- Qu'ai-je fait de bien aujourd'hui ?
- Qu'ai-je fait de répréhensible aujourd'hui ?

Vous vous faites un devoir de ne pas être asservi aux médias sociaux de manière chronophage qui impacte votre santé et bien-être

Vous déployez plus d'efforts pour communiquer en personne avec votre conjoint, vos parents, vos enfants, vos proches et amis, et même avec les passants (ne serait-ce qu'en partageant un sourire)

Évidences coraniques, prophétiques et érudites

Allāh ﷻ dit : « Allāh, c'est Lui qui vous a créés faibles ; puis après la faiblesse, Il vous donne la force ; puis après la force, Il vous réduit à la faiblesse et à la vieillesse : Il crée ce qu'Il veut et c'est Lui l'Omniscient, l'Omnipotent » [Les Romains 30: 54]

Le Prophète ﷺ a dit :

- « Il existe deux bénédictions dont beaucoup ne font pas le meilleur usage : la bonne santé et le temps libre » [Ṣaḥīḥ Bukhārī 6412]
- « Une personne ne se déplacera pas (le Jour du Jugement Dernier) avant d'avoir été interrogée sur sa vie et la façon dont elle l'a passée, ses connaissances ,son expérience et ce qu'elle en a fait , son savoir et ce qu'elle en a fait, sa richesse, sa provenance et sa dépense , son corps et son usage » [Tirmidhī 2417]

Abdullāh Ibn 'Umar ؓ avait l'habitude de dire : « Quand tu arrives au soir, ne t'attends pas à voir le matin et quand tu arrives au matin, ne t'attends pas à voir le soir. Pendant la santé, prépare-toi à la maladie, et pendant que tu es en vie, prépare-toi à la mort. » [Ṣaḥīḥ Bukhārī 6416]

Amour pour ce Bas Monde

Traitement pratique	Évidences coraniques, prophétiques et érudites
Recherche de la modération	
Vous recherchez la modération en maîtrisant vos conditions de vie afin d'utiliser votre richesse et temps (par exemple) pour atteindre un idéal supérieur (le Paradis)	Allāh ﷻ dit : « (Ce sont) ceux qui ne dépensent ni avec gaspillage ni avec avarice, mais modérément entre les deux » [Le Discernement 25: 67]
Vous évitez intelligemment le cumul de grandes richesses, de peur de transgresser les limites de la licéité, car plus on acquiert de richesses, plus la probabilité de se préoccuper d'autre qu'Allāh ﷻ est élevée	Le Prophète ﷺ a affirmé (rapporté par Salmān Al-Fārsi ﵁), « Tu as un devoir envers ton Seigneur, tu as un devoir envers ton corps, et tu as un devoir envers ta famille, donc tu dois donner à chacun ses droits. » [Ṣaḥīḥ Bukhārī 1968]
Expression et accueil des remerciements	
On exprime sa gratitude à un individu qui a fait du bien, et on n'aime pas recevoir soi-même des éloges pour quelque chose qu'on n'a pas fait	Le Prophète ﷺ a également dit : « Celui qui n'est pas reconnaissant envers les gens ne sera pas reconnaissant envers Allāh. » [Tirmidhī 1955]

Amour pour ce Bas Monde

Exceptions

Besoins physiques

Vous désirez les biens de ce bas monde pour vos besoins physiques et pour ne pas avoir à les faire peser sur les autres

Obtention du meilleur de l'Au-delà

Vous désirez les biens de ce monde dans le but d'atteindre le meilleur de l'Au-delà

Bénéfice aux nécessiteux

Vous convoitez la richesse et le statut social pour le bénéfice des nécessiteux

Évidences coraniques, prophétiques et érudites

Allāh ﷻ dit : « Allāh, c'est Lui qui vous a assujetti la mer, afin que les vaisseaux y voguent, par Son ordre, et que vous alliez en quête de Sa grâce afin que vous soyez reconnaissants. » [L'Agenouillée 45: 12]

Le Prophète ﷺ a interdit l'abandon de ce bas monde. Il a dit : "Les richesses licites sont un bénéfice pour un homme pieux." [Bayhaqī / Chou'ab Al-Īmān 1190]. Il en bénéficie parce qu'il dépense sa richesse de manière méritoire.

التَّوَكُّلُ علي غَيْرِ الله

Appui sur autre qu'Allāh

SIGNES ET SYMPTÔMES

- Manque de certitude
- Négligence des obligations
- Illusion d'autosuffisance

TRAITEMENTS

- Seul Allāh ﷻ peut vous faire du bien ou du mal
- Allāh ﷻ met à l'épreuve et apporte également un soulagement
- Développement d'une force intérieure de patience, contentement et d'obéissance
- Fréquentation de la bonne compagnie
- Abandon des mauvaises fréquentations
- Confiance et réussite

EXCEPTIONS

- Effort pour obtenir les moyens de subsistance et s'en remettre à Allāh ﷻ Seul

CHAPITRE 2

Appui sur autre qu'Allāh

[Al-Tawakkul 'ala Ghayrillāh]

التَّوَكُّلُ علي غَيْرِ الله

Allāh ﷻ est le possesseur d'un pouvoir et d'une grâce illimités. Sachant cela, l'idéal pour un croyant est d'avoir le **taouakkoul** (remise confiante et totale en Allāh ﷻ qui gouverne les affaires de l'humanité). Lorsque l'on permet à un manque de certitude de germer dans le cœur, la foi du croyant s'amenuise et se transforme en une confiance dans les êtres créés et les biens matériels.

Allāh ﷻ dit : « Dis : "C'est Lui, le Tout Miséricordieux. Nous croyons en Lui et c'est en Lui que nous plaçons notre confiance. Vous saurez bientôt qui est dans un égarement évident'. »
[Le Royaume 67: 29]

Le Prophète ﷺ a dit : « Quand tu formules une demande, alors demandes à Allāh uniquement, et quand tu demandes de l'aide, alors demandes de l'aide à Allāh uniquement. »
[Tirmidhī 2516]

Appui sur autre qu'Allāh

Signes et symptômes	Évidences coraniques, prophétiques et érudites
Manque de certitude	Allāh ﷻ dit : o « Et qui pourrait être plus égaré que ceux qui invoquent d'autres qu'Allāh qui ne peuvent leur répondre jusqu'au Jour du Jugement, et sont (même) étrangers à leurs appels ? Et quand (de tels) gens seront rassemblés, ces (divinités) seront leurs ennemies et renieront leur adoration » [Les Dunes 46: 5-6] o « Quiconque invoque, en dehors d'Allāh, une autre divinité (pour laquelle ils ne peuvent avoir aucune preuve) ils trouveront certainement leur sanction auprès de leur Seigneur. En effet, les mécréants n'auront jamais de succès » [Les Croyants 23:117]
Votre sens de la foi et de la confiance en Allāh ﷻ a diminué, et vous sollicitez les gens, plutôt que le Tout-Puissant	
Votre obsession pour les autres mortels et biens matériels comme l'argent, la richesse et les affaires a compromis votre certitude (yaqīn) en Allāh ﷻ	
Négligence des obligations	
Votre désir de placer votre confiance en autre qu'Allāh ﷻ vous fait basculer dans le piège de la négligence des obligations simples, ainsi que des actes louables qui invitent à d'indicibles bénédictions	
Illusion de l'autosuffisance	
Vous vous croyez autosuffisant, évaluez uniquement selon les normes du monde et recherchez l'approbation	
Les efforts de votre cœur pour vous connecter à Allāh ﷻ sont affaiblis en conséquence	

Appui sur autre qu'Allāh

Traitement académique	Évidences coraniques, prophétiques et érudites
Seul Allāh ﷻ peut vous faire du bien ou du mal	
Vous gardez à l'esprit la certitude que Seul Allāh ﷻ peut vous faire du bien ou du mal	Allāh ﷻ dit : o « Dis : 'Rien ne nous arrivera jamais que ce qu'Allāh nous a destiné. Il est notre protecteur.' Ainsi, en Allāh, les croyants mettent leur confiance » [Le Repentir 9:51] o « Et quiconque met sa confiance en Allāh, alors Lui (seul) lui suffit. Certes, Allāh accomplit Sa volonté. Allāh a déjà fixé un destin pour chaque chose » [Le Divorce 65:3] o « Une fois que tu as pris une décision, mets ta confiance en Allāh. Certes, Allāh aime ceux qui ont confiance en Lui » [La Famille d'Imran 3:159]
Vous réalisez que si toute la création unissait ses forces pour s'opposer à vous, ou vous soutenir, elle ne pourrait le faire que par Sa permission	Le Prophète* a dit ﷺ : o « Sois attentif à Allāh, et Allāh vous protégera. Soyez attentifs à Allāh, et vous Le trouverez en face de vous. Si vous demandez, demandez à Allāh ; si vous cherchez de l'aide, cherchez l'aide d'Allāh. Sachez que si la création se réunissait pour vous faire bénéficier de quoi que ce soit, elle ne vous ferait bénéficier que de ce qu'Allāh vous a déjà prescrit, et que si elle se réunissait pour vous nuire, elle ne vous ferait du mal que de ce qu'Allāh vous a déjà prescrit. La plume a été levée et les pages ont séché » [Tirmidhī 2516] o « Si vous vous en remettiez à Allāh avec la confiance requise, alors Il pourvoirait à vos besoins comme pour l'oiseau qui sort le matin le ventre creux et revient plein » [Tirmidhī 2344] o « Soixante-dix mille personnes parmi mes adeptes entreront dans la **Janna** sans rendre de compte ; et ce sont celles qui n'utilisent pas de charmes, qui ne voient pas de mauvais présage dans les choses, qui ne se font pas cautériser (marquer) et qui mettent leur confiance en leur Seigneur » [Ṣaḥīḥ Bukhārī 5752]

Appui sur autre qu'Allāh

Traitement académique	Évidences coraniques, prophétiques et érudites
Allāh ﷻ met à l'épreuve et apporte également un soulagement	Allāh ﷻ dit : o « Et quiconque craint Allāh, Il lui donnera une issue favorable et lui accordera Ses dons par [des moyens] sur lesquels il ne comptait pas. Et quiconque place sa confiance en Allāh, Il [Allāh] lui suffit » [Le Divorce 65: 2-3] o « (Il est le) Seigneur du Levant et du Couchant. Il n'y a point de divinité à part Lui. Prends-Le donc comme Protecteur » [L'Enveloppé 73:9] o Dis : « Rien ne nous atteindra, en dehors de ce qu'Allāh a prescrit pour nous. Il est notre Protecteur. C'est en Allāh que les croyants doivent mettre leur confiance » [Le Repentir 9:51] o « Certes, il n'y aura aucune peur pour les serviteurs proches d'Allāh, et ils ne seront point attristés » [Jonas 10:62] o « Certes, ceux auxquels l'on disait : "Les gens se sont rassemblés contre vous ; craignez-les" - cela accrut leur foi - et ils dirent : "Allāh nous suffit ; Il est notre meilleur garant" » [La Famille d'Imran 3:173] o Dans les situations de détresse les plus graves, les paroles du Prophète Muḥammad ﷺ, le plus grand exemple de confiance totale en Allāh ﷻ, étaient : « Ne t'afflige pas, car Allāh est avec nous » [Le Repentir 9: 40] Le Prophète ﷺ a dit : « Si vous vous en remettiez à Allāh avec la confiance requise, alors Il pourvoirait à vos besoins comme pour l'oiseau qui sort le matin le ventre creux et revient plein » [Tirmidhī 2344, Ibn Mājah 4164] Le Messager d'Allāh ﷺ a reçu l'ordre de dire aux croyants qu'aucune calamité ou difficulté ne leur arrivera à moins qu'Allāh ﷻ ne le veuille.
Vous réfléchissez aux attributs et noms d'Allāh ﷻ, notamment à Son Unicité et au fait qu'Il est **Al-Ouakīl**, Celui qui prend en charge les affaires, sur Qui on peut compter, dont tout dépend et Qui est capable de gérer les affaires de Sa création	
Vous comprenez que le **taouakkoul 'alā Allāh** est le concept islamique de la remise confiante et totale en Allāh ﷻ, ou de "confiance dans le plan d'Allāh ﷻ"	
Vous gardez toujours à l'esprit qu'Allāh ﷻ met les gens à l'épreuve et leur apporte secours et provisions	
Vous réfléchissez aux faveurs et promesses d'Allāh ﷻ en vous référant aux leçons passées, qui vous renforcent face aux défis	
Développement d'une force intérieure de patience, contentement et obéissance	
Vous vous rappelez que vous êtes totalement dépendant d'Allāh ﷻ à chaque instant et vous ne pouvez rien accomplir par vos propres efforts et capacités à moins qu'Il ne le veuille	
Vous comprenez que l'un des principaux attributs du croyant est sa paix et sa tranquillité intérieure et extérieure, qui découlent toutes de sa confiance en Allāh ﷻ, Bienfaisant et Miséricordieux	
Vous comprenez que la pratique de la confiance en Allāh ﷻ vous fortifie avec la force intérieure, patience, tolérance, détermination, le contentement, bonheur et l'acceptation de Sa volonté et Son décret	
Vous développez une énergie renouvelée pour vous demander des comptes et mener une vie d'obéissance, fournir des efforts, vous repentir de vos péchés et contempler la puissance et la majesté du Seigneur que vous adorez	
Vous maintenez au minimum tout niveau d'inquiétude, détresse, déception et dépression	

Appui sur autre qu'Allāh

Traitement pratique

Fréquentation de la bonne compagnie

Vous fréquentez des personnes qui possèdent les attributs du **taouakkoul** (confiance en Allāh ﷻ)

Vous vous associez à celles qui mènent une vie calme et paisible et qui peuvent vous aider à développer et améliorer cette caractéristique

Abandon des mauvaises fréquentations

Vous êtes capable de vous libérer du contrôle et de la domination de Satan : une prise de conscience qui est ancrée dans votre foi et confiance en Allāh ﷻ

Vous vous détournez du chemin que Satan ne cesse d'aplanir devant vous et vous n'êtes pas affecté par les doutes que le Diable murmure dans votre cœur, car vous avez confiance en Allāh ﷻ

Vous persévérez dans cette voie, en vous fiant à Allāh ﷻ, et ne craignez pas les obstacles ou problèmes que vous rencontrez

Évidences coraniques, prophétiques et érudites

Allāh ﷻ dit :

- « Lorsque tu lis le Coran, demande la protection d'Allāh contre le Diable maudit. Il n'a aucun pouvoir sur ceux qui croient et placent leur confiance en leur Seigneur. Il n'a de pouvoir que sur ceux qui le prennent pour allié et deviennent associateurs à cause de lui » [Les Abeilles 16: 98-100]
- « Pardonne-leur donc et place ta confiance en Allāh. Et Allāh suffit comme Protecteur » [Les Femmes 4:81]
- « Mais s'ils se détournent, alors dis, (ô Prophète) : 'Allāh me suffit. Il n'y a pas de divinité (digne d'être adorée) à part Lui. C'est en Lui que je place ma confiance. Et Il est le Seigneur du Trône Sublime' » [Le Repentir 9:129]

Appui sur autre qu'Allāh

Traitement pratique	Évidences coraniques, prophétiques et érudites
Confiance et réussite Vous comprenez que la clé de la confiance en Allāh ﷻ Seul est de vous efforcer, sans aucune crainte ou inquiétude, de satisfaire vos besoins dans le cadre de la **charī'a** qu'Allāh ﷻ a établie dans ce monde, tout en sollicitant Son aide En vous fiant à Allāh ﷻ et Son pouvoir illimité, vous ressentez une grande confiance en vous lorsque vous rencontrez des difficultés et épreuves En vous appuyant sur les talents qu'Allāh ﷻ vous a donnés et les facilités qui vous ont été accordées, vous prenez certaines décisions, puis vous demandez à Allāh ﷻ Son aide pour atteindre votre objectif	Allāh ﷻ dit : o o « Et quiconque place sa confiance en Allāh, Il (Allāh) lui suffit » [Le Divorce 65: 3] o « Si Allāh vous donne Son secours, nul ne peut vous vaincre. S'Il vous abandonne, qui donc après Lui vous assistera ? C'est en Allāh que les croyants doivent avoir confiance » [La Famille d'Imran 3: 160] o « (Et rappelez-vous), quand les hypocrites et ceux qui ont une maladie au cœur [dont la foi est douteuse] disaient : "Ces gens-là, leur religion les trompe." Mais quiconque place sa confiance en Allāh (sera victorieux), car Allāh est Puissant et Sage » [Le Butin 8: 49] o « Et consulte-les à propos des affaires; puis une fois que tu t'es décidé, confie-toi donc à Allāh, car Allāh aime, en vérité, ceux qui Lui font confiance » [La Famille d'Imran 3: 159] o « Mais ce qui est auprès d'Allāh est meilleur et plus durable pour ceux qui ont cru et placent leur confiance en leur Seigneur, qui évitent (de commettre) les péchés les plus graves ainsi que les turpitudes et qui pardonnent après s'être mis en colère, qui répondent à l'appel de leur Seigneur, accomplissent la ṣalat, se consultent mutuellement à propos de leurs affaires, (et) dépensent de ce que Nous leur attribuons » [La Consultation 42: 36 & 38] Le Prophète ﷺ a dit : « Un croyant fort est meilleur et est plus aimable pour Allāh qu'un croyant faible, et il y a du bien en chacun, (mais) chérissez ce qui vous donne un bénéfice (dans l'Au-delà) et cherchez l'aide d'Allāh et ne perdez pas courage, et si quelque chose (sous forme de contrariété) vous arrive, ne dites pas : "Si je n'avais pas fait cela, telle et telle chose ne serait pas arrivée", mais dites plutôt : "Allāh a fait ce qu'Il avait ordonné de faire, et sache que votre "si" ouvre la (porte) à Satan" » [Ṣaḥīḥ Muslim 2664:34]

Appui sur autre qu'Allāh

Exceptions	Évidences coraniques, prophétiques et érudites
Efforts pour obtenir les moyens de subsistances et s'en remettre à Allāh ﷻ Seul	
Vous comprenez clairement qu'Allāh ﷻ vous a ordonné à la fois de dépendre de Lui et travailler, prendre les mesures nécessaires pour atteindre vos objectifs	Allāh ﷻ dit : « Recherchez votre subsistance auprès d'Allāh. Adorez-Le et soyez-Lui reconnaissants. C'est à Lui que vous serez ramenés. » [L'Araignée 29:17]
Vous vous rappelez que le fait de vous efforcer d'obtenir votre subsistance est un acte d'adoration physique, tandis que le fait de faire confiance et de dépendre d'Allāh ﷻ est une foi en Lui	

السُّخْرِيَّة

Attitude Moqueuse

SIGNES ET SYMPTÔMES

- Provocation à travers les médias sociaux
- Raillerie, humiliation et frayeur
- Fixation obsessionnelle sur les autres
- Insulte des peuples ou religions dans leurs ensembles

TRAITEMENTS

- Rappel de vos origines et renforcement de votre relation avec Allāh ﷻ
- Avertissements sévères concernant le fait de se moquer des autres
- Perte du respect de soi
- Médias sociaux et prévention des railleries
- Abstention des insultes envers les autres peuples et confessions
- Repentir et pardon

EXCEPTIONS

- Minimiser avec subtilité un sujet grave
- Amusement léger et humble

CHAPITRE 3

Attitude Moqueuse

[Sukhriyyah] السُخْرِيَّة

ATTITUDE MOQUEUSE

La moquerie consiste à ridiculiser les gens (en se moquant d'eux) dans le but de les humilier. C'est souvent parce que celui qui est prompt à se moquer se considère comme supérieur à sa victime ou, en fait, comme envieux de ce qu'elle possède.

Le Prophète ﷺ a dit : « Le musulman dans son intégralité est sacré pour un autre musulman en ce qui concerne son sang, ses biens et son honneur. » [Ṣaḥīḥ Muslim 2564:32]

L'humour et la légèreté d'esprit sont importants dans la vie humaine. Mais l'humour en tant que mode de vie nuit au cœur spirituel. Et le rire et l'amusement aux dépens de la dignité d'autrui sont tout à fait inappropriés.

Attitude Moqueuse

Signes et symptômes

Provocation à travers les médias sociaux

Vous partagez les dernières nouvelles ou publiez un statut sur les derniers potins, ou vous likez un post relayant un incident majeur, ou vous publiez des photos embarrassantes

Vous partagez des nouvelles dévastatrices ou bouleversantes, uniquement pour faire réagir les autres et pour voir combien de likes, vues, commentaires, partages ou hits vous recueillez (sans consentement) avec l'intention de vous moquer de la ou des personne(s) concernée(s)

Raillerie, humiliation et frayeur

Vous vous moquez d'une autre personne en la critiquant publiquement par le biais du ridicule ou sarcasme

Vous aimez vous moquer des autres (leur apparence, leur façon de marcher ou leur véhicule) et faire des clins d'œil dans leur dos ou faire des remarques insultantes indirectes

Vous faites d'une autre personne votre objet d'amusement et la cible de vos plaisanteries

Vous imitez une autre personne, en exagérant certaines de ses caractéristiques pour créer un effet comique (caricature)

Vous traitez une autre personne de manière abusive ou insultante

Lorsque vous voyez un individu ivre et agressif, qui vomit dans la rue, vous le ridiculisez

Vous profitez de l'obscurité ou d'une cachette pour effrayer et alarmer votre prochain

Évidences coraniques, prophétiques et érudites

Allāh ﷻ dit : « Ô vous qui avez cru ! Qu'un groupe ne se moque pas d'un autre groupe d'individus : ceux-ci sont peut-être meilleurs qu'eux. Et que des femmes ne se moquent pas d'autres femmes : celles-ci sont peut-être meilleures qu'elles. Ne vous dénigrez pas et ne vous lancez pas mutuellement des sobriquets (injurieux). Quel vilain mot que "perversion" lorsqu'on a déjà la foi. Et quiconque ne se repent pas, fait partie des injustes. » [Les Appartements 49:11]

The Prophet ﷺ a dit :

- « Malheur à celui qui parle d'une chose pour faire rire les gens, dans laquelle il ment. Malheur à lui ! Malheur à lui ! » [Sunan Abu Dawūd 4990, Tirmidhī 2315]
- « Un homme peut dire quelque chose pour faire rire ses compagnons et il tombera en enfer jusqu'aux Pléiades (première constellation) à cause de cela» [Musnad Aḥmad 9220]
- « N'exprimez pas de joie malveillante envers le malheur de votre frère, car Allāh peut lui faire miséricorde et vous affliger » [Tirmidhī 2506]
- « (La médisance est) le fait de mentionner à propos de votre frère une chose qui lui déplaît.» [Ṣaḥīḥ Muslim 2589:70]

Attitude Moqueuse

Signes et symptômes	**Évidences coraniques, prophétiques et érudites**
Mépris des autres	Allāh ﷻ dit : o « Ô vous qui avez cru ! Qu'un groupe ne se moque pas d'un autre groupe d'individus : ceux-ci sont peut-être meilleurs qu'eux. Et que des femmes ne se moquent pas d'autres femmes : celles-ci sont peut-être meilleures qu'elles. Ne vous dénigrez pas et ne vous lancez pas mutuellement des sobriquets (injurieux). Quel vilain mot que "perversion" lorsqu'on a déjà la foi. Et quiconque ne se repent pas, est du nombre des injustes » [Les Appartements 49: 11] Le Prophète ﷺ a dit : « Quiconque se moque d'un frère avec un péché (que ce frère a commis), ne mourra pas avant d'avoir (le moqueur) commis le même péché. » [Tirmidhī 2505] Les Compagnons de Muḥammad ﷺ ont dit qu'ils voyageaient avec le Prophète ﷺ et qu'un homme parmi eux s'est endormi. Certains d'entre eux prirent une corde et l'attachèrent, et il eut peur. Le Messager d'Allāh ﷺ dit : « Il n'est pas permis à un musulman d'en effrayer un autre. » [Sunan Abu Dawud 5004]
Vous vous considérez très probablement comme supérieur à votre "victime"	
Dans un contexte de triomphe, vous êtes joyeux et vantard, ce qui a pour effet de dénigrer les autres	
Insulte des peuples ou religions dans leurs ensembles	
Vous créez de l'hostilité en maudissant consciemment un autre peuple, ou une autre religion, et en les injuriant à cause des actions de quelques-uns	

Attitude Moqueuse

Traitement académique	Évidences coraniques, prophétiques et érudites
Rappel de vos origines et renforcement de votre relation avec Allāh ﷻ	
Vous traitez votre moquerie de la même manière que vous traiteriez l'arrogance, en vous rappelant : o Vos origines humbles o La source de votre santé et richesse o L'importance de renforcer votre relation avec Allāh ﷻ et o Les conséquences de l'arrogance	Allāh ﷻ dit : « Ô croyants ! Ne laissez pas certains (hommes) en ridiculiser d'autres, ils peuvent être meilleurs qu'eux, ni les (femmes) en ridiculiser d'autres, elles peuvent être meilleures qu'elles. Ne vous diffamez pas les uns les autres, et ne vous appelez pas les uns les autres par des surnoms injurieux. Comme il est mauvais d'agir de façon rebelle après avoir eu la foi ! Et quiconque ne se repent pas, fait partie des (vrais) malfaiteurs. » [Les Appartements 49:11]
Avertissements sévères concernant le fait de se moquer des autres	
Vous comprenez qu'il existe une mise en garde sévère contre le fait de prendre un musulman de haut, le rabaisser ou se moquer de lui	Le Prophète ﷺ dit : o « Une personne peut proférer une parole agréable à Allāh , sans y prêter attention, pour laquelle Allāh l'élèvera en statut, et une personne peut prononcer une parole qui déplaît à Allāh , sans y prêter attention, pour laquelle elle tombera en enfer » [Ṣaḥīḥ Bukhārī 6478] o « Une personne peut dire une parole, sans se rendre compte de ses répercussions, pour laquelle elle sera précipitée en Enfer plus loin que la distance entre l'Est et l'Ouest » [Ṣaḥīḥ Bukhārī 6477, Ṣaḥīḥ Muslim 2988:49] o « Il n'est pas permis à un musulman d'en effrayer un autre » [Sunan Abu Dawud 5004]
Vous vous rappelez que ceux qui se moquent des gens (provoquant le ridicule et l'inimitié) dans cette vie seront moqués dans l'Au-delà, car c'est une loi divine qu'Allāh ﷻ rétribue Ses créatures selon la nature de leurs actions	
La perte du respect de soi	
Vous vous rappelez que le fait de plaisanter et faire des blagues excessives tue le cœur, et qu'un "angle mort" ou une obscurité empêche le cœur d'obéir et reconnaître Allāh ﷻ	
Vous réalisez qu'un tel comportement porte atteinte à votre dignité et au respect de votre personne, ce qui a pour conséquence de nuire à votre honneur aux yeux des autres, à tel point que les autres finissent par développer de la haine et l'aversion à votre égard	

Attitude Moqueuse

Traitement pratique	Évidences coraniques, prophétiques et érudites
Médias sociaux et prévention des railleries	
Vous vous abstenez de vous moquer des gens et de les blesser, car vous savez que cette voie mène à la haine et rancune	Allāh ﷻ dit : « Les hypocrites craignent qu'une sourate ne soit révélée à leur sujet, exposant ce qui est dans leurs cœurs. Dis (O Prophète) : "Continuez à vous moquer ! Allāh mettra en lumière ce que vous craignez." Si tu les interroges, ils diront certainement : "Nous ne faisions que parler paresseusement et plaisanter." Dis : "Est-ce Allāh, Ses révélations et Son Messager que vous avez ridiculisés ?" » [Le Repentir 9: 64-65]
Avant de partager les dernières nouvelles ou de publier un statut sur les derniers ragots, de liker un message colportant un incident majeur, ou de publier des photos embarrassantes sans consentement, vous scrutez votre intention et vous veillez à éviter tout ce qui implique la moquerie ou le ridicule	Le Prophète ﷺ dit : o « N'exprimez pas de joie malveillante envers le malheur de votre frère, car Allāh peut lui faire miséricorde et vous affliger » [Tirmidhī 2506] o « Un homme peut dire une chose pour faire rire ses compagnons et il tombera en enfer jusqu'aux Pléiades (première constellation) à cause de cela » [Musnad Aḥmad 9220] o « Les actions sont jugées par leurs intentions, ainsi chaque homme aura ce qu'il a voulu. Ainsi, celui dont la migration était pour Allāh et Son Messager, sa migration est pour Allāh et Son messager. Mais celui dont la migration était pour un avantage mondain, ou pour une femme qu'il pourrait épouser, sa migration est ce pour quoi il a migré » [Ṣaḥīḥ Bukhārī 1]
Vous vous souvenez de ne pas juger les autres et vous concentrer plutôt sur vous-même et sur vos propres maux (autoréflexion), dont beaucoup ont été voilés par Allāh ﷻ	

Attitude Moqueuse

Traitement pratique	Évidences coraniques, prophétiques et érudites
Abstention des insultes envers les autres peuples et confessions Vous comprenez que Seul Allāh ﷻ connaît le sceau des gens et leur destin Lorsque vous voyez un individu ivre et incontrôlable, vomissant dans la rue, vous ne le ridiculisez pas, car vous comprenez maintenant que vous ne savez pas ce que son avenir lui réserve	Allāh ﷻ a ordonné : o « N'injuriez pas ceux qu'ils invoquent, en dehors d'Allāh, car par hargne ils injurieraient Allāh, dans leur ignorance. De même, Nous avons enjolivé (aux yeux) de chaque communauté sa propre action. Ensuite, c'est vers leur Seigneur que sera leur retour, et Il les informera de ce qu'ils œuvraient » [Les Bestiaux 6:108] o « Ô vous qui avez cru ! Qu'un groupe ne se moque pas d'un autre groupe d'individus : ceux-ci sont peut-être meilleurs qu'eux. Et que des femmes ne se moquent pas d'autres femmes : celles-ci sont peut-être meilleures qu'elles. Ne vous dénigrez pas et ne vous lancez pas mutuellement des sobriquets (injurieux). Quel vilain mot que "perversion" lorsqu'on a déjà la foi. Et quiconque ne se repent pas, fait partie des injustes » [Les Appartements 49:11]
Vous vous gardez d'insulter les autres (personnes, peuples, religions), car si les gens commencent à maudire Allāh ﷻ, cela peut engendrer les pires maux	Le Prophète ﷺ, dans ses victoires, n'était jamais vantard. Il était parfaitement magnanime et reconnaissant envers Allāh ﷻ Quand il est entré à la Mecque lors de la conquête finale de sa ville bien-aimée, dans laquelle les habitants l'ont torturé, moqué et injurié, il est entré la tête baissée et leur a accordés la clémence. Il ﷺ était entièrement beau de caractère et compassion.
Repentir et pardon Vous vous repentez (en repensant à l'époque où vous vous êtes moqué des autres), en réfléchissant à l'éthique coranique selon laquelle la force consiste à traiter noblement les gens (c'est tout simplement une meilleure façon de vivre)	Le Prophète ﷺ a dit : « Parmi mon peuple, celui qui est en faillite est celui qui - après avoir prié, jeûné et payé la charité - arrive au Jour du Jugement en ayant maudit une personne et calomnié une autre, agressé une autre et détourné la richesse d'une autre. Alors ces personnes recevront ses bonnes actions et si ses bonnes actions s'épuisent avant que la réparation ne soit faite, alors une partie de leurs péchés seront transférés sur son registre. Il sera alors jeté en enfer. » [Ṣaḥīḥ Muslim 2581:59]

Attitude Moqueuse

Exceptions

Exceptions	Évidences coraniques, prophétiques et érudites
Minimiser avec subtilité un sujet grave Vous pouvez faire de l'humour et prendre à la légère un sujet sérieux, lorsque cela est bénéfique pour les personnes concernées, mais uniquement dans un cadre spécifique (et lorsque cela est appliqué avec sagesse), car vos propos peuvent être pris pour une moquerie, ce qui est un péché	Le Prophète ﷺ a dit un jour à une vieille dame : « Il n'y aura pas de dames âgées au Paradis » [Chamāil Al-Mouḥammadiyyah Tirmidhī 240]. Il ﷺ Il a laissé entendre que tous ceux qui entreront dans la Janna le feront en tant que jeunes gens et non en tant que personnes âgées, il a donc fini par préciser à la dame qu'elle entrera dans la **Janna** en tant que jeune femme !
Amusement léger et humble Vous faites une petite plaisanterie légère, surtout si l'intention est de faire plaisir à votre conjoint et vos enfants, mais cette plaisanterie doit être véridique et non basée sur la fiction ou le mensonge	Un jour un homme est venu voir le Prophète ﷺ et lui a demandé une monture. Le Prophète ﷺ répondit : « Je te donnerai un bébé chameau comme monture. L'homme l' ﷺ interrogea alors : "Ô Messager d'Allāh, que vais-je faire avec un bébé chameau ?" Le Prophète ﷺ répondit : "Tous les chameaux ne sont-ils pas les bébés d'une mère chamelle ?" » [Tirmidhī 1991]

البُخْل

Avarice

SIGNES ET SYMPTÔMES

- Refuser la charité
- Faire de la charité de qualité douteuse et blâmable
- S'acquitter des droits d'autrui
- Vivre une vie d'appauvrissement
- Nourrir l'anxiété et peur de la pauvreté
- Ne pas accorder d'invocations sur le Messager d'Allāh ﷺ

TRAITEMENTS

- La richesse et l'abondance ne sont que temporaires
- Mauvaise opinion des nécessiteux
- Faire des invocations sur le Messager d'Allāh ﷺ
- Dépenser pour sa famille
- Prêts flexibles
- Donner aux nécessiteux
- Satisfaire les droits des autres

EXCEPTIONS

- Lorsque vous donnez, donnez avec modération

CHAPITRE 4

Avarice [Bukhl] البُخْل

On parle d'avarice lorsqu'on refuse de donner ce qui est requis par la Loi sacrée (les droits nécessaires dus à Allāh ﷻ et à Sa création) ou qu'on nie les mérites du don en général. Cela résulte généralement d'un amour pour les richesses de ce monde (**Ḥoubb al-māl** pour lui-même) et de la **dounyā**, qui affaiblit le lien d'amour avec Allāh ﷻ.

Messager d'Allāh ﷺ a exhorté :

- « Sauvez-vous de l'avarice, car elle a détruit des nations avant vous » [Ṣaḥīḥ Muslim 2578:56]
- « Il y a deux habitudes qui ne sont jamais présentes chez un croyant : la pingrerie et les mauvaises manières » [Tirmidhī 1962]

Avarice

Signes et symptômes	Évidences coraniques, prophétiques et érudites
Refuser la charité	
Vous retardez ou êtes réticent à verser l'aumône aux nécessiteux, payant délibérément moins que ce qui est obligatoire (**zakāt**) ou trouvant des moyens de l'éviter, vous accrochant ardemment à votre richesse et la thésaurisant, utilisant des excuses pour retarder le don. Pendant tout ce temps, vous craignez de vous appauvrir	Allāh ﷻ dit : o o « Ô les croyants ! Dépensez le meilleur de ce que vous avez gagné et des récoltes que Nous avons fait sortir de la terre pour vous. Et ne vous tournez pas vers ce qui est vil pour en faire dépense. Ne donnez pas ce que vous-mêmes n'accepteriez qu'en fermant les yeux ! Et sachez qu'Allāh n'a besoin de rien et qu'Il est digne de louanges » [La Vache 2:267] o o « Vous n'atteindrez la (vraie) piété que si vous faites largesses de ce que vous chérissez. Tout ce dont vous faites largesses, Allāh le sait parfaitement » [La Famille d'Imran 3:92] o o « Que ceux qui gardent avec avarice ce qu'Allāh leur donne par Sa grâce ne comptent point cela comme bon pour eux. Au contraire, c'est mauvais pour eux : au Jour de la Résurrection, on leur attachera autour du cou ce qu'ils ont gardé avec avarice. C'est Allāh qui hérite des cieux et de la terre. Et Allāh est (Celui) qui connait parfaitement ce que vous faites » [La Famille d'Imran 3:180] o o « Car Allāh certes n'aime pas, en vérité, le présomptueux, l'arrogant, ceux qui sont avares et ordonnent l'avarice aux autres, et cachent ce qu'Allāh leur a donné par Sa grâce. Nous avons préparé un châtiment avilissant pour les mécréants » [Les Femmes 4: 36-37]
Faire de la charité de qualité douteuse et blâmable	
Vous vous sentez mal à l'aise lorsque vous dépensez pour votre famille (cela inclut le fait de donner peu ou pas de pension alimentaire après un divorce, par exemple). Lorsque vous êtes acculé, votre bonne volonté se contente du strict minimum, même s'il est question de votre propre conjoint et vos enfants	
Vous dépensez le minimum de ce que vous possédez, en versant une aumône de mauvaise qualité et inférieure (p.ex : le pire de vos vêtements)	
S'acquitter des droits d'autrui	
Vous créez des difficultés pour des questions insignifiantes	
Vous créez des difficultés sans raison valable ; par exemple, vous devenez exigeant et insupportable en matière de dettes, surtout lorsque vous n'êtes pas dans le besoin et même lorsque le débiteur est en difficulté	
Vous accomplissez une mission, ou vous vous acquittez d'une obligation sans empressement	

Avarice

Signes et symptômes	Évidences coraniques, prophétiques et érudites
Vivre une vie d'appauvrissement	
Vous menez une vie sinistre, bien que vous ayez des millions en banque, et ce choix de vie n'est pas inspiré par des sensibilités spirituelles. Au contraire, cela vous cause un grand inconfort de dépenser de l'argent pour vous et votre famille	**Allāh ﷻ dit** : « Certains parmi vous se montrent avares. Quiconque cependant est avare, l'est à son propre détriment » [Muḥammad 47:38]
Nourrir l'anxiété et la peur de la pauvreté	
Vous amassez des richesses pour atténuer votre peur de la pauvreté et vous ne vous sentez jamais vraiment libéré de l'anxiété, étant constamment préoccupé par l'argent et dévoué au service de votre inquiétude	**Allāh ﷻ dit encore** : Le Diable vous fait craindre l'indigence et vous recommande des actions honteuses ; tandis qu'Allāh vous promet pardon et faveurs venant de Lui. La grâce d'Allāh est immense et Il est Omniscient. » [La Vache 2:268]
Au moment de la mort, vous regardez votre richesse avec regret et tristesse	**Le Messager d'Allāh ﷺ a dit** : « Allāh a dit : "Si mon serviteur aime Me rencontrer, alors J'aime le rencontrer ; et s'il n'aime pas Me rencontrer, alors Je n'aime pas le rencontrer". » [Ṣaḥīḥ Bukhārī 7504]
Votre voyage dans l'Au-delà se fait à contrecœur, car vous n'avez pratiquement aucun désir de rencontrer Allāh ﷻ	
Ne pas accorder d'invocations sur le Messager d'Allāh ﷺ	
Vous ne reconnaissez pas l'immense générosité du Messager d'Allāh ﷺ	**Le Prophète ﷺ a dit** : « La personne avare est celle qui ne prie pas sur moi lorsque mon nom est mentionné en sa présence. » [Musnad Aḥmad 1736]
Vous n'invoquez pas les bénédictions divines sur le Messager d'Allāh ﷺ lorsque son nom est mentionné en votre présence	

AVARICE

Avarice

Traitement académique	Évidences coraniques, prophétiques et érudites
La richesse et l'abondance ne sont que temporaires	
Vous vous rendez compte que ceux qui atteignent la richesse le font après s'être épuisés pendant de longues périodes, en travaillant jour et nuit pour elle, tandis que la vie passe et le temps s'écoule	Un homme est venu voir le Prophète ﷺ et lui a dit : « Ô Messager d'Allāh, quelle charité apporte une plus grande récompense ? » Il ﷺ **répondit** : « Si tu fais la charité alors que tu es en bonne santé et avare, craignant la pauvreté et espérant la richesse. Ne tardez pas jusqu'à ce que vous soyez à l'article de la mort et que vous disiez : « Donne ceci à untel, donne ceci à untel », alors que cela est déjà devenu la possession d'untel (les héritiers). » [Ṣaḥīḥ Bukhārī 1419, Ṣaḥīḥ Muslim 1032:92]
Vous vous rendez compte qu'au moment où vous atteignez les sommets de la richesse et du luxe, la mort vous assaille sans prévenir, et qu'il en va de même pour les pauvres et les riches, que vous soyez vieux ou jeune, heureux ou triste	Le Messager d'Allāh ﷺ a dit : « Allāh aidera une personne tant qu'elle aidera son frère.» [Ṣaḥīḥ Muslim 2699:38, Sunan Abu Dawud 4946, Tirmidhī 1425]
Vous réalisez que lorsque la mort vous emporte, vos richesses restent derrière vous pour que d'autres se les arrachent et les dépensent, vous vous engagez alors personnellement à dépenser vos richesses uniquement pour le plaisir d'Allāh ﷻ	L'Imām Ghazālī a dit : « J'ai vu les êtres humains s'efforcer d'accumuler les choses éphémères de ce bas monde, puis s'y agripper, s'y accrocher, et j'ai médité sur Sa parole (l'Exalté) : "Tout ce que vous avez aura une fin, mais ce qu'Allāh ﷻ a, est éternel" [Les Abeilles 16: 96]. J'ai donc sacrifié les gains que j'ai obtenus dans ce bas monde à Allāh, l'Exalté, et je les ai distribués aux pauvres afin qu'ils deviennent un trésor de ma part auprès d'Allāh, l'Exalté. » [Lettre à un disciple Ayyouhā Al-Oualad p.30-31]
Vous prenez la ferme résolution de soutenir les nécessiteux tant que vous êtes en bonne santé et que vous en avez les moyens	
Vous vous rappelez constamment la mort afin de chasser l'amour de la richesse (ḥoubb al-māl) et la peur de la pauvreté de votre cœur	
Mauvaise opinion des nécessiteux	
Vous vous rendez compte du niveau de mépris dont font l'objet les malheureux ; personne n'aime les avares et les malheureux ont tendance à détester les autres malheureux	Le Prophète ﷺ a un jour interrogé des membres de son clan sur leur chef. Ils ont mentionné son nom et ont dit : « Mais il est un peu avare. » Le Prophète ﷺ leur répondit : « Connaissez-vous une maladie pire que la pingrerie ?» [Al- Adāb Al-Moufrad 296] Le Prophète ﷺ a dit : « Un avare est loin d'Allāh, loin de la Janna, des gens, et proche du Feu. » [Al-Mou'jam Al-Aousa / Ṭabarānī 2363]

Avarice

Traitement pratique

Évidences coraniques, prophétiques et érudites

Faire des invocations sur le Messager d'Allāh ﷺ

Vous comprenez qu'une manifestation de la générosité du Prophète ﷺ est qu'Il est la cause de tout ce qui vient à l'existence

Vous reconnaissez l'immense générosité du Messager d'Allāh ﷺ, que de son vivant il ﷺ était le plus généreux des êtres et qu'il ﷺ n'a jamais dit "non" à quiconque le ﷺ sollicitait

Vous vous rappelez que sa générosité se manifestera de la manière la plus complète le Jour du Jugement, quand même les autres Prophètes ﷺ se tairont, que lui ﷺ seul intercédera au nom de l'ensemble de la création

Vous priez sur le Messager d'Allāh ﷺ lorsque son nom est mentionné en votre présence

Abdullāh ibn Abbās ﷺ raconte : « Le Messager d'Allāh ﷺ était le plus généreux des gens et il était le plus généreux au Ramadan lorsqu'il ﷺ rencontrait Jibril. Et il ﷺ rencontrait Jibril chaque soir du Ramadan et révisait le Coran avec lui. En vérité, lorsque Jibril le rencontrait, le Messager d'Allāh ﷺ était plus généreux qu'un vent qui souffle continuellement. » [Ṣaḥīḥ Bukhārī 6]

Le Prophète ﷺ a dit : « Si quelqu'un invoque une fois les bénédictions sur moi, Allāh le bénira dix fois. » [Sunan Abū Dawud 1530]

Abdullāh ibn Abbās ﷺ a dit : Il ﷺ a un jour offert à un homme une vallée pleine de moutons. L'homme retourna vers son peuple en disant : « Acceptez l'Islām, car Muḥammad donne comme quelqu'un qui ne craint pas la pauvreté ! » [Ṣaḥīḥ Muslim 2312:57]. Il répondait aux besoins des gens, qu'ils soient matériels ou spirituels. Il nourrissait les affamés, enseignait aux ignorants et guidait ceux qui étaient égarés.

Dépenser pour sa famille

Vous comprenez qu'Allāh ﷻ vous conseille d'être d'abord gentil avec les membres de votre foyer, puis avec votre cercle plus large de parents (et enfin avec tous les êtres humains)

Vous êtes heureux lorsque vous dépensez pour votre famille, en dépensant généreusement pour votre femme et vos enfants, parents et toute autre personne à votre charge

Vous comprenez qu'une telle générosité est classée comme une adoration d'Allāh ﷻ, car vous Lui obéissez en remplissant les responsabilités qu'Il ﷻ vous a assignées

Vous comprenez que vous obtenez la récompense pour vos bonnes actions, en payant la nourriture, les vêtements, le logement, les médicaments, etc. de votre famille

En même temps, vous vous rappelez qu'Allāh ﷻ a interdit l'excès (le gaspillage) au même titre que la pingrerie, donc vous dépensez de manière équilibrée, en vous éloignant de ces deux extrêmes

Allāh ﷻ dit à propos de Ses vrais serviteurs : « Qui, lorsqu'ils dépensent, ne sont ni prodigues ni avares, mais se tiennent au juste milieu. » [Le Discernement 25:67]

Le Prophète ﷺ a dit :

- « Ce qu'un musulman dépense pour sa famille pour rechercher l'agrément d'Allāh est aussi compté comme une aumône » . [Ṣaḥīḥ Bukhārī 55, Ṣaḥīḥ Muslim 1002:48]
- « Un **dīnār** que vous dépensez dans le sentier d'Allāh, un dīnār que vous dépensez pour libérer un esclave, un **dīnār** que vous donnez en charité à un pauvre et un **dīnār** que vous dépensez pour votre famille, le plus grand de ceux-ci en récompense est celui que vous dépensez pour votre famille. » [Ṣaḥīḥ Muslim 995:39]

Avarice

Traitement pratique	Évidences coraniques, prophétiques et érudites
Prêts flexibles	
Vous êtes un créancier flexible (indulgent), surtout lorsque vous n'êtes pas dans le besoin et que votre débiteur est dans une situation précaire	Le Prophète ﷺ a dit : « Quiconque enlève une épreuve mondaine à un croyant, Allāh lui enlèvera une des épreuves au Jour de la Résurrection. Quiconque accorde un répit à (un débiteur) qui est en difficulté, Allāh lui accordera un soulagement dans ce monde et l'Au-delà. Quiconque dissimule (la faute d') un musulman dans ce monde, Allāh dissimulera (ses fautes) dans ce monde et l'Au-delà. Allāh aidera une personne tant qu'elle aidera son frère. » [Ṣaḥīḥ Muslim 2699:38] Un ḥadith parle d'un homme riche qui donnait des instructions à ses serviteurs lorsqu'ils collectaient de l'argent en son nom : « Un homme accordait des prêts aux gens et disait à son serviteur : « Si le débiteur est pauvre, pardonne-lui, afin qu'Allāh ﷻ nous pardonne. Ainsi, lorsqu'il rencontra Allāh ﷻ (après sa mort), Allāh ﷻ lui pardonna. » [Ṣaḥīḥ Bukhārī 3480] L'un des noms les plus excellents d'Allāh ﷻ est **Al-Karīm**, le Généreux.
Donner aux nécessiteux dans le besoin	
Vous réalisez qu'en donnant la **zakāt**, vous purifiez vos biens de toutes les impuretés inconnues qui ont pu les corrompre, et finalement votre propre âme	Allāh ﷻ dit : o « Ô les croyants ! Dépensez le meilleur de ce que vous avez gagné et des récoltes que Nous avons fait sortir de la terre pour vous. Et ne vous tournez pas vers ce qui est vil pour en faire dépense. Ne donnez pas ce que vous-mêmes n'accepteriez qu'en fermant les yeux ! Et sachez qu'Allāh n'a besoin de rien et qu'Il est digne de louanges » [La Vache 2:267] o « Vous n'atteindrez la (vraie) piété que si vous faites largesses de ce que vous chérissez. Tout ce dont vous faites largesses, Allāh le sait parfaitement » [La Famille d'Imran 3:92] Le Prophète ﷺ a dit : o « La parole bienveillante et le fait de nourrir (les affamés) vous garantissent le Paradis» [Al-Mou'jam Al-Aousat / Ṭabrānī 5325] o « En vérité, il y a des chambres au Paradis ; on peut en voir l'intérieur et l'extérieur - pour celui qui a nourri (les affamés), parlé avec bonté, a été ponctuel dans la prière et s'est tenu (en prière) la nuit alors que les autres dormaient» [Al-Mou'jam Al-Kabīr / Ṭabrānī 3466] o « Qui parmi vous considère que la richesse de ses héritiers lui est plus chère que sa propre richesse ?» . **Ils répondirent** : « Ô Messager d'Allāh ! Il n'y a personne parmi nous qui aime davantage sa propre richesse. » **Le Prophète** ﷺ **dit** : « Ainsi, sa richesse est ce qu'il envoie en avant (c'est-à-dire ce qu'il dépense dans la cause d'Allāh pendant sa vie en bonnes actions) tandis que la richesse de ses héritiers est ce qu'il laisse après sa mort » [Ṣaḥīḥ Bukhārī 6442]
Vous réprimez vos inclinations naturelles en prenant l'habitude de dépenser généreusement, en méditant sur les avantages des dépenses nécessaires	
Vous éradiquez progressivement les mauvaises pensées et caractéristiques répréhensibles, jusqu'à ce que vous coupiez l'avarice à la racine et que vous commenciez alors à dépenser votre richesse purement pour le plaisir d'Allāh ﷻ	
Lorsque vous achetez un linceul funéraire ou un animal sacrificiel, vous ne marchandez pas le prix car cela constitue un rappel de la mort et n'est pas une affaire mondaine	
Lorsque vous achetez un bien (par exemple du bétail à sacrifier, un cadeau ou un souvenir pendant vos vacances), vous ne marchandez pas le prix, car votre intention est d'aider ceux qui sont dans le besoin	

Avarice

Traitement pratique	Évidences coraniques, prophétiques et érudites
Donner aux nécessiteux	
Lorsque vous faites la charité, vous devez sourire et être humble, en permettant à la main du pauvre et nécessiteux d'être au-dessus de votre main (celle du donateur)	Allāh ﷻ dit : o « Adorez Allāh et ne Lui donnez aucun associé. Agissez avec bonté envers (vos) père et mère, les proches, orphelins, pauvres, le proche voisin, voisin lointain, collègue et voyageur, et les esclaves en votre possession, car Allāh n'aime pas, en vérité, le présomptueux, l'arrogant. Ceux qui sont avares et ordonnent l'avarice aux autres et cachent ce qu'Allāh leur a donné par Sa grâce. Nous avons préparé un châtiment avilissant pour les mécréants. » [Les Femmes 4: 36-37] o « Puis quand elles atteignent le terme prescrit, retenez-les de façon convenable, ou séparez-vous d'elles pareillement; et prenez deux hommes intègres parmi vous comme témoins. Et acquittez-vous du témoignage envers Allāh. Voilà ce à quoi est exhorté celui qui croit en Allāh et au Jour Dernier. Et quiconque craint Allāh, il lui donnera une issue favorable, et lui accordera Ses dons par (des moyens) sur lesquels il ne comptait pas. Et quiconque place sa confiance en Allāh, Il (Allāh)lui suffit. Allāh atteint ce qu'Il Se propose et a assigné une mesure à chaque chose » [Le Divorce 65: 2-3] o « Vous n'atteindrez la (vraie) piété que si vous faites largesses de ce que vous chérissez. Tout ce dont vous faites largesses, Allāh le sait parfaitement » [La Famille d'Imran 3:92] On a demandé au Prophète ﷺ : « Ô Messager d'Allāh, quelle charité apporte une plus grande récompense ? » **Il répondit** : « Si tu fais la charité alors que tu es en bonne santé et avare, craignant la pauvreté et espérant la richesse. Ne tarde pas jusqu'à ce que tu sois à l'article de la mort et que tu dises : Donne ceci à untel, donne ceci à untel. Alors que cela est déjà devenu la possession d'untel et d'untel (les héritiers) » [Ṣaḥīḥ Bukhārī 1419, Ṣaḥīḥ Muslim 1032:92], **De même**, « La ressemblance de celui qui affranchit un esclave (ou fait la charité) au moment de sa mort est celle de celui qui ne donne sa nourriture qu'après s'être rassasié. » [At-Tirmidhī 2123, Sunan Abū Dawud 3968]
Vous devez penser que c'est un privilège d'être en position de faire la charité et un honneur d'accomplir une obligation divine	
Vous avez la chance de reconnaître vos défauts, alors vous combattez votre âme en faisant la charité, en vous détachant de votre désir de richesse et de sa thésaurisation	
Vous donnez ce que vous aimez car vous réalisez que les dons de la meilleure portion de vos richesses purifieront votre cœur, surtout lorsqu'ils sont discrets (recherchant ainsi le plaisir d'Allāh ﷻ avec une sincérité absolue)	
Vous allez au-delà du minimum de ce que la loi sacrée exige, en donnant la charité, qui est une expression de gratitude envers Allāh ﷻ, qui est le fournisseur de toute richesse et de toute provision	

Avarice

Traitement pratique	Évidences coraniques, prophétiques et érudites
Satisfaire les droits des autres	
Vous facilitez les choses pour les voisins, parents, domestiques et nécessiteux	Le Prophète ﷺ a dit : o « Jibril continuait à me recommander le devoir envers les voisins, jusqu'à ce que je pense qu'Allāh les désigne comme les héritiers des défunts. » [Ṣaḥīḥ Bukhārī 6014] o « Celui qui croit en Allāh et au Jour dernier doit traiter son voisin avec générosité. » [Ṣaḥīḥ Bukhārī 6019, Ṣaḥīḥ Muslim 47:74] o « Le mot "raḥm" (matrice) est dérivé du nom **Al-Rahmān** (Le Tout Miséricordieux, un des noms d'Allāh ﷻ), et Allāh ﷻ a dit : Je garderai de bonnes relations avec celui qui garde de bonnes relations avec toi (le ventre, c'est-à-dire la parenté) et je romprai les relations avec celui qui rompt les relations avec toi » [Ṣaḥīḥ Bukhārī 5988]
Lorsque vous recevez des invités, si l'un d'eux se sert avec maladresse, vous ne manifestez pas de colère et ne le grondez pas, afin qu'il ne ressente aucune anxiété	La générosité est l'une des plus hautes vertus de l'Islām et qualités manifestes du Prophète Muḥammad ﷺ qui était connu comme le plus généreux des hommes.

Avarice

Exceptions	Évidences coraniques, prophétiques et érudites
Lorsque vous donnez, donnez avec modération	
Vous comprenez que notre Prophète ﷺ dans cette narration et ailleurs a jumelé et associé la lâcheté à la pingrerie, et que l'une des manifestations de la lâcheté est d'être avare et pingre	Allāh ﷻ dit propos de ses vrais serviteurs : « (Ils sont) ceux qui ne dépensent ni avec gaspillage ni avec avarice, mais modérément entre les deux. » [Discernement 25:67] Le Prophète ﷺ a dit : « Ô Allāh, je cherche refuge en Toi contre la pingrerie et je cherche refuge en Toi contre la lâcheté. » [Ṣaḥīḥ Bukhārī 6365]
Cependant, vous vous rappelez que l'idéal se situe finalement au milieu, que la générosité (sakhā) est un équilibre entre les deux extrêmes que sont la pingrerie d'un côté et l'extravagance de l'autre	
Vous voulez donner librement, mais vous vous rendez compte qu'il y a en fait un meilleur endroit où placer votre richesse, ou que ce n'est pas le moment opportun de donner votre richesse, ou (peut-être) que ce n'est pas la bonne personne appropriée ou la cause adéquate pour faire don de votre richesse	

كَرَاهِيَةُ المَوْت

Aversion pour la Mort

SIGNES & SYMPTÔMES

- **Aversion extrême pour la mort**
- **S'accrocher et se raccrocher aux temps passés**
- **La mort et l'Au-delà ont peu d'importance**

TRAITEMENTS

- **Réalité de la mort**
- **Se souvenir de la mort, poursuivre les actions louables et se demander le compte de ses propres actes**

EXCEPTIONS

— **Peur de ne pas être prêt pour le Jour du Jugement**

CHAPITRE 5

Aversion pour la Mort

[Karāhiya al-Maout] كَرَاهِيَةُ المَوْت

L'antipathie à l'égard de la mort consiste à fuir la fin qui frappe toute créature et à s'irriter lorsqu'on l'évoque. C'est comme si on choisissait de rester complètement ignorant des abondantes déclarations d'Allāh ﷻ, décrivant la nature temporaire de cette vie. Cela peut être dû à un amour excessif pour la dounyā (le monde) et la poursuite des biens temporaires de ce monde.

Allāh ﷻ dit:

- « Toute âme goûtera la mort » [La Famille d'Imran 3:185]
- « Dis : "La mort que vous fuyez va certes vous atteindre. Ensuite vous serez ramenés à Celui qui connaît parfaitement le monde invisible et le monde visible et qui vous informera alors de ce que vous faisiez" » [Le Vendredi 62:8]

La peur de la mort est naturelle, on s'en protège donc légitimement. Lorsque les anges, sous la forme d'êtres humains, rendirent visite au Prophète Abraham (Ibrāhīm ﷺ), celui-ci leur offrit de la nourriture. Lorsqu'il ﷺ vit qu'ils ne tendaient pas la main vers elle, il ﷺ prit peur. Les savants disent que Abraham ﷺ pensait qu'ils étaient venus pour lui ôter la vie.

Aversion pour la Mort

Signes et symptômes

Forte aversion pour la mort

Vous éprouvez une forte aversion pour la mort, au point que sa simple évocation vous angoisse

Lorsque la mort est évoquée, vous considérez qu'il s'agit d'un sujet morbide qu'il ne sied pas d'aborder

Vous n'acceptez pas la réalité de la vie après la mort et vous niez le concept de récompense et de punition pour vos actions

S'accrocher et vivre dans le passé

Vous avez un penchant excessif ou une faiblesse pour le deuil

Vous avez peut-être créé un sanctuaire de photos sur les médias sociaux, ou rassemblé bibelots, souvenirs et objets du défunt dans un espace physique

Les souvenirs d'un ami ou être cher décédé déclenchent des crises de larmes régulières (chaque année) ; parfois, votre chagrin est si disproportionné que vos amis et votre famille encore en vie vous demandent de contenir vos émotions et vous "ressaisir", en vous regardant et en se demandant si vous vous débarrasserez un jour de ce chagrin

La mort et l'Au-delà n'ont que peu d'importance

Vous ne ressentez pas ou peu de culpabilité à faire le mal, car la mort et l'Au-delà qui en découlent ne sont pas des facteurs primordiaux dans votre vie

Vous considérez le Jour du Jugement comme un événement lointain et banal : pour vous, de telles idées proviennent d'histoires et de fables ancestrales

Votre définition de la mort est assez vague : il s'agit d'une sorte d'événement indistinct "qui ne se produira jamais", avant lequel vous êtes censé jouir de tous les plaisirs de la vie

Évidences coraniques, prophétiques et érudites

Allāh ﷻ dit :

- « Dis : « La mort que vous fuyez va certes vous atteindre. Ensuite vous serez ramenés à Celui qui connaît parfaitement le monde invisible et visible et qui vous informera alors de ce que vous faisiez » [Le Vendredi 62:8]
- « Certes, Allāh admettra ceux qui croient et font le bien dans des Jardins sous lesquels coulent les rivières. Quant aux mécréants, ils s'amusent et se nourrissent comme du bétail. Mais le Feu sera leur demeure » [Muḥammad 47:12]; L'objectif (la finalité) de ces personnes se limite à la vie sur cette terre, et elles s'efforcent de jouir tous les plaisirs possibles avant la mort
- « Or, ils ne la souhaiteront jamais, en raison de ce que leurs mains ont préparé. Allāh cependant connaît bien les injustes. Mais ils ne souhaiteront jamais cela en raison de ce que leurs mains ont fait. Et Allāh a une connaissance (parfaite) des malfaiteurs » [Le Vendredi 62:7]
- « Ceux qui n'espèrent pas Notre rencontre, qui sont satisfaits de la vie présente et s'y sentent en sécurité, et ceux qui sont inattentifs à Nos signes, leur refuge sera le Feu, pour ce qu'ils acquéraient » [Jonas 10: 7-8]

Le Prophète ﷺ a dit : « Vis aussi longtemps que tu veux, mais tu dois mourir ; aime ce que tu veux, mais tu en seras séparé ; et fais ce que tu veux, mais tu seras rétribué pour cela ! » [Al-Mu'jam Al-Awsaṭ Aṭ-Ṭabarānī 4278]

Aversion pour la Mort

Traitement académique

Réalité de la mort

Vous vous rappelez que le fait de ne pas aimer ou de passer sous silence la réalité de la mort ne vous éloigne en rien de sa proximité

Vous vous contentez de ce qu'Allāh ﷻ, l'Exalté, a décrété

Vous comprenez que pour le croyant, il y a un réconfort dans la mort, qu'elle vous fait passer d'une demeure de difficultés et d'épreuves à une demeure de paix et liberté infinie

Vous réalisez que tout le monde fera l'expérience de la perte d'un être cher, et que les personnes qui croient en Allāh ﷻ et en l'Au-delà gèrent les calamités et les tribulations de façon appropriée, y compris la névrose de la mort

Évidences coraniques, prophétiques et érudites

Comme Allāh ﷻ révèle :

- « Toute âme goûtera à la mort» [La Famille d'Imran 3:185]
- « Où que vous soyez, la mort vous atteindra, fussiez-vous dans des tours imprenables.» [Les Femmes 4:78]
- « Allāh reçoit les âmes au moment de leur mort ainsi que celles qui ne meurent pas au cours de leur sommeil. Il retient celles à qui Il a décrété la mort, tandis qu'Il renvoie les autres jusqu'à un terme fixé. Il y a certainement là des preuves pour des gens qui réfléchissent » [Les Groupes 39:42]

Le Prophète ﷺ a dit :

- « Rappelez-vous souvent (la mort), la destructrice de tous les plaisirs » [Tirmidhī 2307, 2460]
- « Aucun d'entre vous ne devrait mourir sans penser positivement à Allāh » [Ṣaḥīḥ Muslim 2877:82]

Lorsque le Prophète ﷺ perdit son fils Ibrāhīm, il pleura mais loua également Allāh ﷻ, source de vie et de mort.

Ibn 'Umar (ra) avait l'habitude de dire : « Quand tu arrives au soir, ne t'attends pas à voir le matin et quand tu arrives au matin, ne t'attends pas à voir le soir. Pendant la santé, prépare-toi à la maladie et pendant que tu es en vie, prépare-toi à la mort » [Ṣaḥīḥ Bukhārī 6416]

Imām Al-Ghazālī (rah) a dit : « Ô disciple, ta destination est la tombe, et les gens des tombes s'attendent à tout moment à ce que tu les rejoignes. Prends garde, prends garde à ce que tu ne les rencontres pas sans provisions !» [Lettre à un disciple / Ayyouhā Al-Oualad, p.16-17]

Aversion pour la Mort

Traitement pratique

Le souvenir de la mort, la poursuite des bonnes actions et l'obligation de se rendre des comptes à soi-même

Vous vous rappelez qu'atteindre votre objectif sans effort n'est qu'un vœu pieux, alors vous travaillez pour ce qui vient après la mort.

Lorsque vous parlez de la mort, vous parlez de la vie et l'urgence de mener une existence respectueuse et saine, avant que la mort ne vous rattrape

Votre connaissance de la mort oriente les activités de votre cœur vers l'obéissance

Lorsque vous vous souvenez de la mort, vous cherchez rapidement à vous repentir pour rectifier votre mauvaise action lorsque vous commettez un faux pas ou une erreur

Lorsque vous vous souvenez de la mort, vous réfléchissez et, par conséquent, vous êtes ennobli par le contentement et le manque de cupidité

Dans un effort pour éliminer l'amour de ce bas monde de votre cœur, vous vous souvenez souvent de la mort et ne faites pas de plans ni de préparatifs importants

Vous vous jugez fréquemment, en prêtant une attention particulière à vos actions et en vous tenant pour responsable de vos "actes du jour".

Évidences coraniques, prophétiques et érudites

Allāh dit :

- « Dis : "La mort que vous fuyez viendra inévitablement à vous. Puis vous serez ramené au Connaisseur du visible et de l'invisible, et Il vous informera de ce que vous faisiez". » [Le Vendredi 62:8]
- « Les biens et les enfants sont l'ornement de la vie de ce monde. Cependant, les bonnes œuvres qui persistent ont auprès de ton Seigneur une meilleure récompense et [suscitent] une belle espérance » [La Caverne 18:46]

Lorsque le Prophète perdit son fils Ibrāhīm, il pleura mais loua également Allāh, Source de vie et de mort.

« Un homme dit : "Ô Messager d'Allāh, lequel des gens est le meilleur ?" **Le Prophète répondit** :
"Celui dont la vie est longue et dont les actes sont bons". L'homme dit : "Parmi les gens, lequel est le pire ?" **Le Prophète répondit** : "Celui dont la vie est longue et dont les actes sont mauvais". » [At-Tirmidhī 2330]

« Un homme parmi les Anṣār demanda : "Ô Prophète d'Allāh ! Qui sont les plus sages et les plus honorés des gens ?" **Le Prophète répondit** : "Ceux qui se souviennent le plus de la mort et s'y préparent avant qu'elle n'arrive. Ils sont les plus sages et abordent la mort avec l'honneur de ce monde et la dignité de l'autre". » [Al-Mou'jam Al-Ṣaghīr / Aṭ-Ṭabrānī 1008]

Le Prophète a décrit le monde comme suit : « Quelle relation ai-je avec le monde ? Elle est semblable au voyageur sur une montagne s'arrêtant à l'ombre d'un arbre (pour un court) instant, pour ensuite le quitter à nouveau et poursuivre son chemin. » [Musnad Aḥmad 3709]

Le Prophète a dit : « L'homme astucieux est celui qui porte un jugement sur lui-même et œuvre pour ce qui advient après la mort, et le fou est celui qui poursuit des plaisirs vains et compte sur Allāh*, l'Exalté, pour réaliser ses souhaits. » [Tirmidhī 2459, Ibn Mājah 4260]

Ibn 'Umar a rapporté que le Prophète lui a pris les épaules et a dit : « Sois dans le monde comme si tu étais un étranger ou un voyageur. » [Ṣaḥīḥ Bukhārī 6416]

Aversion pour la Mort

Exceptions	Évidences coraniques, prophétiques et érudites
Peur de ne pas être préparé pour le Jour du Jugement Votre peur de la mort est entièrement influencée par le sentiment de ne pas être préparé à rencontrer Allāh ﷻ avec un registre de bonnes actions qui fera pencher la balance en faveur de votre âme. Cette inquiétude vous pousse et vous contraint à de bonnes actions, pratiquement tout le temps Vous craignez la désapprobation d'Allāh ﷻ et vous vous souvenez de Ses avertissements et châtiments à la mort, ce qui vous pousse à vous tourner vers la vertu et vous éloigner du péché	Allāh ﷻ dit : o » Ô vous qui avez cru ! Craignez Allāh. Que chaque âme voit bien ce qu'elle a préparé pour demain. Et craignez Allāh, car Allāh est parfaitement Connaisseur de ce que vous faites » [L'Exode 59:18] o « Et on exposera le registre (de chacun). Alors tu verras les criminels, effrayés à cause de son contenu, dire : Malheur à nous, qu'a donc ce registre à n'omettre de mentionner ni pêché véniel ni pêché capital ? Et ils trouveront devant eux le bilan de toutes leurs œuvres. Et ton Seigneur ne fait de tort à personne » [La Caverne 18:49] o « Voici l'Enfer qu'on vous promettait. Brûlez-y aujourd'hui pour avoir mécru » [Yā Sīn 36: 63-64]

الغَضَب

Colère

SIGNES ET SYMPTÔMES

- Tempérament colérique et maux de la langue
- Colère et haine
- Coupure des liens familiaux (et amicaux)
- Création d'un environnement hostile
- Mécontentement à l'égard du Décret Divin
- Commentaires furieux (véhéments) sur les médias sociaux

TRAITEMENTS

- Reconnaissance du pouvoir et des droits d'Allāh ﷻ
- Reconnaissance de vos propres faiblesses
- Reconnaissance des droits des autres (y compris sur les médias sociaux)
- Adoption de l'exemple prophétique
- Conseils destinés aux enfants dès leur plus jeune âge
- Maintien de l'équilibre entre la colère et pitié
- Compréhension des pièges de la colère
- Le silence, l'assise, l'inclinaison et les ablutions
- Changement d'orientation et retrait
- Recherche du refuge en Allāh ﷻ et repentir
- Exercice de sa volonté et maitrise (y compris sur les médias sociaux)
- Recherche du pardon et de l'indulgence
- Prise de décision contrôlée
- Tolérance et humilité
- Plus grande sagesse et pardon

EXCEPTIONS

- S'attaquer aux injustices
- Témoigner de l'inadmissible
- Manque de besoins fondamentaux
- Rabaissement
- Faire preuve de jalousie protectrice

CHAPITRE 6

Colère [Ghaḍab] الغَضَب

La colère peut être comparée à une bête enchaînée et agitée, emprisonnée dans la chaleur du soleil de midi : il est presque impossible de la retenir, une fois qu'elle a brisé ses chaînes, et sans doute pas utile à son propriétaire, une fois qu'elle est libérée. Une colère, ou un courroux intense, est connu sous le nom de ghaḍab.

Un homme a demandé au Prophète ﷺ : « Qu'est-ce qui me préservera de la colère d'Allāh ﷻ ? » Le Prophète ﷺ répondit : « Ne te mets pas en colère. » [Musnad Aḥmad 6635]

Le Messager d'Allāh ﷺ s'est mis en colère à certains moments. Il ﷺ a dit un jour: « Je suis l'un des fils d'Adam ; je me mets en colère comme vous vous mettez en colère. » [Sunan Abu Dawud 4659]. La colère du Prophète ﷺ se lisait sur son visage. Mais sa colère répondait toujours à une déviation du caractère humain "normal" et à un comportement offensant pour Allāh ﷻ.

Les érudits s'accordent à dire que la colère n'est pas interdite en soi. En effet, elle fait partie de la sagesse qui sous-tend le commandement coranique d'enjoindre ce qui est bien et d'interdire ce qui est mal. Cependant, bien que la colère reste une qualité essentielle de la création humaine, si elle n'est pas légitimée par un motif recevable, si elle est utilisée de manière imprudente et non maîtrisée, elle peut posséder, consumer et finalement détruire une personne.

Colère

Signes & symptômes

Tempérament colérique et maux de la langue

À cause de votre colère et de celle d'un autre, une querelle est déclenchée et s'est envenimée jusqu'au conflit. Comme c'est la nature de tout ce qui s'enflamme, vous êtes tous deux amenés à vous tenir debout, animés par des sentiments de fureur

Vous vous enflammez de colère à la moindre contrariété et vous êtes même prêts à neutraliser définitivement l'autre belligérant

Colère et haine

Votre colère donne également naissance à la haine, jalousie, aux mauvaises pensées, jusqu'à détester le plaisir et le bonheur de l'autre (vous êtes même heureux de la douleur et de la souffrance de l'autre)

Vous avez gâché ou ruiné votre vie à cause d'un acte ou d'une déclaration irréfléchie faite dans un accès de colère

Coupure des liens familiaux (et amicaux)

Vous avez profondément offensé et injustement porté atteinte aux autres par votre nature argumentative

Vous vous êtes complètement éloigné de votre famille en raison de votre incapacité à contrôler votre colère

Création d'un environnement hostile

Vous avez créé un environnement oppressant à cause de la peur que vous inspirez aux autres et votre colère irrationnelle et sauvage

Mécontentement à l'égard du Décret Divin

Vous réagissez sévèrement lorsque des épreuves vous tombent dessus, car vous oubliez que rien ne se passe sans la permission d'Allāh ﷻ, et cette vie est un terrain d'épreuves

Commentaires furieux (véhéments) sur les médias sociaux

Vous envoyez des commentaires furieux sur les médias sociaux (par exemple : Twitter, Facebook, Instagram, etc.), un public inconnu et potentiellement vaste lit vos remarques injustifiées, au lieu de contacter la personne directement ou de lui parler en face

Évidences coraniques, prophétiques et érudites

Allāh ﷻ dit : « Sois modeste dans ta démarche et baisse la voix, car la plus détestée des voix, c'est bien celle des ânes. Ne voyez-vous pas qu'Allāh vous a assujetti ce qui est dans les cieux et sur la terre ? Et Il vous a comblés de Ses bienfaits apparents et cachés. Et parmi les gens, il y en a qui polémiquent à propos d'Allāh, sans science, ni guidée, ni Livre éclairant. » [Louqmān 31: 19-20]

Un homme vint voir le Prophète ﷺ et lui dit : « Conseille-moi ». **Il ﷺ répondit** : « Ne te mets pas en colère ». L'homme réitéra (sa demande) plusieurs fois et **il ﷺ répondit** : « Ne te mets pas en colère » [Ṣaḥīḥ Bukhārī 6116]

Le Prophète ﷺ a dit :

- « Quiconque a une haute opinion de lui-même, ou marche avec une attitude arrogante, rencontrera Allāh quand Il sera en colère contre lui » [Al-Adab Al-Moufrad 549]
- « Il n'y a pas de gens qui se sont égarés après avoir été guidés, si ce n'est pour s'être livrés à la dispute » [Tirmidhī 3253]
- « Ne polémique pas avec ton frère, ne le ridiculise pas, ne lui promets rien et ne romps pas ta promesse » [Tirmidhī 1995]
- « La personne la plus détestée d'Allāh est celle qui se dispute le plus » [Ṣaḥīḥ Bukhārī 2457, 4532]
- « Lorsque deux individus se livrent à des (injures) l'un envers l'autre, le premier à commencer sera le pécheur, tant que l'opprimé ne transgresse pas les limites» [Ṣaḥīḥ Muslim 2587:68]

L'Imām Al-Ghazālī ؒ a dit : « Ô disciple..., ne discute avec personne au sujet d'une question quelconque, dans la mesure où tu en es capable, car cela comporte beaucoup de nuisances, et "son mal est plus grand que son utilité". Car elle est à l'origine de tout vilain trait de caractère, comme le manque de sincérité, l'envie, l'arrogance, le ressentiment, l'inimitié, la vantardise et ainsi de suite. » [Lettre à un disciple / Ayyouha Al-Oualad, p.42-43]

Colère

Traitement académique

Reconnaissance du pouvoir d'Allāh et des droits d'Allāh

Vous repoussez ou gardez votre colère sous contrôle en reconnaissant que rien ne se passe sans la permission d'Allāh

Vous avez fini par reconnaître qu'il n'y a de pouvoir ni de puissance qu'en Allāh, et pas un atome ne bouge sans la permission expresse et la volonté d'Allāh

Au moment de la colère, vous vous demandez pourquoi vous vous êtes emporté et si c'est à cause d'une intervention divine qui a "interféré" avec vos désirs

Reconnaissance de vos propres faiblesses

Vous vous rappelez qu'Allāh est votre maître, bienfaiteur, créateur et soutien, et que vous-même désobéissez et commettez une multitude de péchés et d'erreurs, jour et nuit

Vous vous rappelez que votre véritable Maître, qui a tous les droits sur vous, vous tolère, vous et vos imperfections, et vous vous demandez donc où vous seriez s'Il vous punissait pour chaque erreur commise

Évidences coraniques, prophétiques et érudites

Allāh a dit : « Tout ce qui vous a été donné (comme bien) n'est que jouissance de la vie présente; mais ce qui est auprès d'Allāh est meilleur et plus durable pour ceux qui ont cru et placent leur confiance en leur Seigneur, et évitent (de commettre) les péchés les plus graves ainsi que les turpitudes et qui pardonnent après s'être mis en colère » [La Consultation 42: 36-37]

Traitement académique

Reconnaissance des droits des autres (y compris sur les médias sociaux)

Vous vous rappelez que vous n'êtes pas le propriétaire de la personne contre laquelle vous êtes en colère, que vous n'êtes pas son créateur, que vous n'assurez pas son existence, que vous ne lui avez pas donnée la vie et que vous n'avez aucun droit ni contrôle sur elle

Vous traitez les autres comme vous voulez être traité dans tous les types d'interaction, y compris en ligne, en faisant de votre mieux pour penser constamment aux autres et faire preuve d'empathie à leur égard

Vous considérez la manière dont vous aimeriez qu'Allāh vous traite et, par conséquent, vous vous orientez vers une approche plus compatissante pour traiter la personne avec laquelle vous êtes en colère

Évidences coraniques, prophétiques et érudites

Allāh a dit : « Et concourez au pardon de votre Seigneur et à un Paradis large comme large comme les cieux et la terre, préparé pour les pieux, qui dépensent dans l'aisance et l'adversité, qui dominent leur rage et pardonnent à autrui, car Allāh aime les bienfaisants. » [La Famille d'Imran 3: 133-134]

Le Prophète a dit :

- « Un juge ne doit pas décider entre deux parties en étant en colère » [Ṣaḥīḥ Bukhārī 7158, Ṣaḥīḥ Muslim 1717:16]
  Allāh réclamera au dirigeant tyrannique les droits qu'il a usurpés même à ses sujets non musulmans.
- « Le plus parfait des croyants en matière de foi est le meilleur d'entre eux en matière de caractère. Les meilleurs d'entre vous sont ceux qui sont les meilleurs envers leurs femmes » [Tirmidhī 1162]
- « Aucun d'entre vous ne croit vraiment tant qu'il n'aime pour son frère ce qu'il aime pour lui-même » [Ṣaḥīḥ Bukhārī 13]

Colère

Traitement académique	Évidences coraniques, prophétiques et érudites
Adoption de l'exemple Prophétique	
Vous vous rappelez que parmi les milliers de récits sur les plus petits détails de la vie du Prophète ﷺ personne n'a jamais rapporté que le Prophète ﷺ ait commis quoique ce soit d'imprudent ou de téméraire	Un homme est venu voir le Prophète ﷺ et lui a dit : « Conseille-moi ! » Il ﷺ a répondu : « Ne te mets pas en colère. » L'homme réitéra (sa demande) plusieurs fois et il ﷺ dit : [Ṣaḥīḥ Bukhārī 6116]
Vous comprenez que le Prophète ﷺ n'a jamais utilisé ses dons intellectuels et son statut de prophète autrement que pour guider l'humanité	Le Prophète ﷺ a dit : o « Le croyant ne maudit pas » [Tirmidhī 2019] o « Le croyant ne diffame pas, ni ne maudit, ni est indécent, ni impudique » [Tirmidhī 1977]
Vous vous rappelez que le Prophète ﷺ était le plus indulgent et miséricordieux parmi les gens, et que tous les Prophètes ﷺ étaient caractérisés par ces mêmes qualités (aucun n'était connu pour être arrogant ou facilement irritable)	Selon des savants, tels que l'Imām Nawawī رحمه الله, lorsque le Messager d'Allāh ﷺ a dit , « Ne vous mettez pas en colère », il ﷺ voulait dire que le comportement à privilégier est d'être attentif et de se prémunir contre une colère qui prend le dessus et déforme les paroles ou les actions au point de les rendre dysfonctionnelles.
Vous en arrivez à reconnaître que le comportement à privilégier est d'être attentif et de se prémunir contre la colère qui prend le dessus et déforme les paroles ou les actions au point de provoquer un dérèglement	
Conseils destinés aux enfants dès leur plus jeune âge	
Vous comprenez que, selon un modèle, l'âme connait trois phases, dont la deuxième est le "milieu" de 7 ans (8 à 14 ans), l'âge de la colère, où les enfants réagissent fortement aux stimuli et s'énervent facilement, et vous conseillez donc vos enfants en vous concentrant sur la formation et discipline	Le Prophète ﷺ a dit : « Enseignez et rendez les choses faciles, ne les rendez pas difficiles. Si l'un d'entre vous se met en colère, qu'il se taise. » [Musnad Aḥmad 3448]

Colère

Traitement académique	Évidences coraniques, prophétiques et érudites
Maintien de l'équilibre entre la colère et la pitié	Le Prophète ﷺ a dit : o « Ô 'Uqbah, réconcilie-toi avec celui qui t'ignore, donne à celui qui te prive, et détourne-toi de celui qui te fait du tort » [Musnad Aḥmad 17334] o « Ô Allāh, Tu es indulgent et généreux. Tu aimes pardonner » [Musnad Aḥmad 25384] 'Āishah a dit : « Le Prophète ﷺ n'était pas indécent, il n'était pas obscène, ne criait pas dans les marchés et ne répondait pas à une mauvaise action par son équivalent, mais plutôt pardonnait et oubliait » [Musnad Aḥmad 25417]
Vous réalisez que pour adopter le droit chemin et ne pas attirer sur vous la colère d'Allāh ﷻ vous devez faire preuve d'un équilibre entre ghaḍab (colère et justice sévère) et raḥma (miséricorde ou esprit de la loi) envers les autres	
Vous vous rappelez que le Messager d'Allāh ﷺ n'a jamais laissé sa colère le dominer. Il était maître de lui, sûr de lui et toujours dans un état de certitude spirituelle	
Vous apprenez à trouver un équilibre entre l'impulsivité (que les gens finissent par regretter) et la lâcheté, sachant que les paroles et actes impulsifs sont une cause majeure de honte et regret	
Vous vous rappelez que lorsque vous vous maîtrisez dans une dispute, même si vous avez raison, vous serez récompensé par un palais dans la partie la plus élevée du Paradis	Le Prophète ﷺ a dit : « Ne te fâche pas et le Paradis sera à toi. » [At-Targhīb oua al-Tarhīb / Moundhiri 4158]
Vous vous rappelez que s'abstenir de tout argument, bien qu'extrêmement difficile à faire, est considéré comme un (signe de) perfection de la foi. L'état d'esprit préféré doit être : "J'ai peut-être raison et je le sais, mais je n'ai pas besoin de le montrer", même avec le moindre langage corporel ou expression faciale	
Compréhension des pièges de la colère	Le Prophète ﷺ a dit : « Celui qui maîtrise sa colère au moment où il a les moyens d'agir sur elle, Allāh* remplira son cœur de contentement le Jour de la Résurrection. » [Al-Mou'jam Al-Saghīr / Ṭabarānī 861, Al-Mou'jam Al-Kabīr 13646]
Vous réalisez que vous devez vous prémunir contre la colère (qui est sans fondement), et que si elle n'est pas motivée par une raison valable, elle vous possédera, consumera et finalement détruira	
Vous réalisez que ce qui est miséricordieusement voilé (par Allāh ﷻ) en vous, peut être exposé lorsque vous cédez à la colère	

Colère

Traitement pratique

Changement de postures et renouvellement des ablutions

Si la colère vous envahit, asseyez-vous si vous êtes debout, et allongez-vous si vous êtes assis, ce qui atténuera votre état

Si votre colère ne se calme toujours pas, alors vous effectuez des ablutions (wouḍ 'oū) avec de l'eau froide, ou vous en buvez

Vous comprenez que la colère se manifeste souvent au niveau du visage, qui devient pourpre et rougi, et donc, que le fait même d'asperger votre visage avec de l'eau, peut modifier votre humeur

Changement d'orientation et retrait

Vous cherchez à détourner votre attention en vous adonnant immédiatement à une autre activité, notamment la lecture, qui est très efficace pour juguler la colère

Vous réalisez que la colère peut être totalement irrationnelle et qu'il suffit d'un changement de posture pour recouvrer vos esprits

Vous vous éloignez de la personne qui a cristallisé votre rage

Recherche du refuge en Allāh ﷻ et repentir

Vous réalisez que Satan insuffle en vous un sentiment de désespoir pour vous faire perdre confiance en la miséricorde d'Allāh ﷻ

Vous comprenez bien que l'une des tromperies de Satan consiste à faire passer ce qui est facile pour difficile, voire impossible

Vous ne vous abandonnez pas à l'idée insidieuse que vous ne pourrez jamais vous repentir et vous cherchez donc refuge auprès d'Allāh ﷻ ('aoūdhoubillah), ce qui dissipe les effets de la fureur

Évidences coraniques, prophétiques et érudites

Le Prophète ﷺ a conseillé :

- « Si l'un d'entre vous se met en colère, qu'il se taise » [Musnad Aḥmad 2556, 3448]
- « Si l'un d'entre vous se met en colère, alors qu'il est debout, il doit s'asseoir. Si la colère disparait, tant mieux, sinon il doit s'allonger » [Sunan Abu Dawud 4782]
- « En vérité, la colère vient de Satan, et Satan a été créé à partir du feu. Le feu s'éteint avec de l'eau, donc si vous vous mettez en colère, alors faites vos ablutions avec de l'eau » [Sunan Abu Dawud 4784]
- « Je garantis une maison à la périphérie du Paradis pour celui qui abandonne les disputes même s'il a raison, et une maison au milieu du Paradis pour celui qui abandonne les mensonges même en plaisantant, et une maison dans la partie la plus élevée du Paradis pour celui qui parfait son caractère » [Sunan Abu Dawud 4800]

Une fois, une personne s'est mise très en colère devant le Prophète ﷺ, qui a alors remarqué à quel point le visage affichant une colère extrême, ressemble à Satan ; le Prophète ﷺ a alors dit : « J'ai une parole qui, si elle est prononcée, l'éloignera de lui. C'est : "Je cherche refuge en Allāh contre Satan le maudit". » [Ṣaḥīḥ Bukhārī 6115, Ṣaḥīḥ Muslim 2610:109]

Colère

Traitement pratique

Exercice de sa volonté et maitrise (y compris sur les médias sociaux)

Vous réalisez qu'Allāh ﷻ vous a doté de la volonté de maitriser votre colère afin qu'elle ne soit pas mal orientée et injustement employée

Vous exercez votre volonté de manière répétée pour la contrôler, ce qui affaiblit progressivement ses exigences et, par conséquent, la maîtrise de votre colère devient un exercice plus aisé

Vous ne perdez pas espoir lorsque vous perdez un bienfait et vous n'affichez pas un bonheur excessif lorsque vous recevez un bien, car vous acceptez que tout ce que vous gagnez, ou perdez, a déjà été décrété avant votre naissance

Vous ne manifestez pas de colère, ne vous plaignez pas ou ne pleurnichez pas face à une calamité ou une difficulté ; vous êtes déterminé à ne pas laisser cette épreuve ou tribulation affecter votre iman (foi)

Vous vous éloignez de la personne qui a cristallisé votre colère

Vous évitez la précipitation à tout moment, y compris en réfrénant votre désir de répondre avec colère à un message, ou à un commentaire, que vous désapprouvez : vous optez plutôt pour la patience

Évidences coraniques, prophétiques et érudites

Allāh ﷻ dit :

- « Les serviteurs du Tout Miséricordieux sont ceux qui marchent humblement sur Terre et qui, lorsque les ignorants s'adressent à eux, disent : "Paix (Salâm)" » [Le Discernement 25:63]
- « Et ceux qui ne portent pas de faux témoignages et qui, lorsqu'ils passent auprès d'une frivolité, s'en écartent noblement » [Le Discernement 25:72]
- « Nul malheur n'atteint (l'homme)si ce n'est par la permission d'Allāh. Et quiconque croit en Allāh, Allāh guide son cœur. Allāh est Omniscient » [La Grande Perte 64:11]

Le Prophète ﷺ a dit :

- « Un homme fort n'est pas celui qui vainc (un autre) dans un combat physique. En vérité, un homme fort est celui qui se contrôle au moment de la colère » [Ṣaḥīḥ Bukhārī 6114, Ṣaḥīḥ Muslim 2609:107]
- « Celui qui réfrène sa colère, tout en étant capable d'agir, Allāh remplira son cœur de la certitude de la foi » [Al-Jāmi'i Aṣ-Ṣaghīr 8997]
- « Celui qui évite de mentir, alors qu'il le fait à tort, une maison lui sera construite aux abords du Paradis. Celui qui évite de se disputer, alors qu'il est dans le vrai, une maison lui sera construite en son sein. Et quiconque a un bon caractère, une maison sera construite pour lui dans ses hauteurs » [Tirmidhī 1993]

Colère

Traitement pratique	Évidences coraniques, prophétiques et érudites
Recherche du pardon et de l'indulgence	
Lorsque vous avez commis une injustice sous l'emprise de la colère, il est essentiel, une fois apaisée, que vous (en tant qu'agresseur) présentiez des excuses publiques	De même, le Prophète ﷺ a dit : o « Il n'est pas licite pour un musulman d'ignorer (cesser de parler à) son frère au-delà de trois nuits, l'un se tournant dans un sens et l'autre dans l'autre, lorsqu'ils se rencontrent. Le meilleur des deux est celui qui est le premier à saluer l'autre » [Ṣaḥīḥ Bukhārī 6077] o « Ayez taqouā (crainte révérencielle) d'Allāh où que vous soyez, et faites suivre une mauvaise action par son équivalent, qui l'effacera, et comportez-vous avec bonté envers les gens » [Tirmidhī 1987] o « Et quiconque couvre les défauts de son frère, Allāh couvrira ses défauts dans l'Au-delà » [Ṣaḥīḥ Bukhārī 2442, Ṣaḥīḥ Muslim 2580:58]
Vous vous humiliez en présence de la personne que vous avez offensée et vous lui demandez pardon, afin de ramener votre rage à un point d'équilibre	

Colère

Traitement pratique	Évidences coraniques, prophétiques et érudites
Prise de decision controllee	
Lorsque vous avez de l'autorité sur les gens (par exemple en tant que parent, enseignant, dirigeant ou juge), vous n'êtes pas autorisé à rendre un verdict, prendre une décision ou infliger une punition lorsque vous êtes sous l'emprise de la colère, et vous remettez cela à plus tard	Le Prophète ﷺ a dit : o « Un juge ne doit pas décider entre deux parties en étant en colère » [Ṣaḥīḥ Bukhārī 7158, Sunan Abu Dawud 3589]. Allāh ﷻ réclamera au souverain tyrannique les droits qu'il a usurpés même à ses sujets non musulmans. o Moïse (Mūsa ﷺ) demanda à Allāh ﷻ « Qui est le plus honorable de tes serviteurs ? » Allāh ﷻ répondit : « Celui qui pardonne ayant le pouvoir de libérer (sa colère et se venger). » [Bayhāqī / Chou'āb Al-Īmān 7974]
Vous vous souvenez qu'Allāh ﷻ est le défenseur des droits de ceux qui n'ont pas de défenseur et qu'Il exigera donc de l'agresseur (vous-même) les droits des opprimés	Anas ibn Mālik ﷺ a dit : « Je n'ai jamais vu un cas impliquant des représailles légales être soumis au Messager d'Allāh ﷺ, sans qu'il ne recommande la grâce du criminel. » [Sunan Abu Dawud 4497]

COLÈRE

Colère

Traitement pratique

Tolérance et humilité

Vous vous efforcez d'éliminer le facteur de la colère de la situation immédiate, parce que vous vous rendez compte que le motif principal de votre colère est que vous êtes imbu de vous-même ; votre ego s'est mis en travers de votre chemin

Vous agissez avec sagesse, prenez du temps et réfléchissez profondément avant de réagir à toute chose, puis répondez au mal avec générosité

Vous renoncez à la colère, en pardonnant à ceux qui vous ont causé du tort, même s'il est légitime que vous soyez contrarié

Vous ne laissez pas l'insulte pénétrer et manipuler votre émotion

Vous ne vous mettez pas en colère, au point que les gens ne voient que votre rage ; au contraire, vous restez calme et ne perdez jamais le contrôle

Vous vous rappelez les nombreuses louanges et la bonté associées à la tolérance et à l'humilité

Évidences coraniques, prophétiques et érudites

Allāh ﷻ dit : « Sois modeste dans ta démarche, et baisse la voix, car la plus détestée, est bien celle des ânes. Ne voyez-vous pas qu'Allāh vous a assujetti ce qui est dans les cieux et sur la terre ? Et Il vous a comblés de Ses bienfaits apparents et cachés. Et parmi les gens, il y en a qui polémiquent à propos d'Allāh, sans science, ni guidée, ni Livre éclairant. » [Louqmān 31: 19-20]

Le Prophète ﷺ a dit :

- « Quiconque s'humilie d'un degré pour l'amour d'Allāh, Allāh élèvera son statut d'un degré, et quiconque se comporte avec arrogance envers Allāh d'un degré, Allāh abaissera son statut d'un degré, jusqu'à ce qu'Il le fasse figurer au niveau le plus bas » [Ibn Mājah 4176]
- « Répandre la paix et nourrir (les affamés) vous garantissent le Paradis » [Al-Mou'jam Al-Kabīr / Ṭabrānī 467]
- « En effet, au Paradis, il y a des chambres dont on peut voir l'extérieur de leur intérieur, et dont on peut voir l'intérieur de leur extérieur, pour ceux qui parlent avec bonté et nourrissent les autres » [Tirmidhī 2527]
- « Vous avez deux caractéristiques qu'Allāh aime : l'indulgence et la modestie» [Ibn Mājah 4188]

Dans leur persécution du Prophète ﷺ les Qouraysh se sont moqués de lui comme le feraient des enfants, mais le Prophète ﷺ ne s'est pas mis en colère. 'Umar ibn Al-Khattāb رضي الله عنه était connu pour se mettre en colère, mais au cours de son cheminement dans l'Islām, sa colère a cessé de prendre le dessus sur lui. En fait, c'était le contraire ; il avait tendance à être indulgent et compatissant, en particulier vers la fin de sa vie.

Colère

Traitement pratique

Plus grande sagesse dans le pardon

Vous comprenez qu'Allāh ﷻ considère la bonté et miséricorde comme étant plus proches de taqouā (conscience d'Allāh ﷻ) que la colère et la sévérité

Lorsque vous traitez avec d'autres musulmans, vous penchez vers la clémence et le pardon, et non vers la colère et sévérité

Vous réalisez qu'un acte de miséricorde de votre part est plus louable que la vengeance ou les représailles

Vous vous rendez compte que lorsque l'amour est présent et qu'il est autorisé à prendre le pas sur votre colère, votre demande de rétribution s'apaise

Vous apprenez que la miséricorde découle de la sagesse (Ḥikma) et vous reconnaissez donc une plus grande sagesse dans le pardon et un plus grand bien dans l'indulgence et la douceur (lorsque vous êtes lésé)

Évidences coraniques, prophétiques et érudites

Allāh ﷻ dit:

- « Tout ce qui vous a été donné [comme bien] n´est que jouissance de la vie présente; mais ce qui est auprès d´Allāh est meilleur et plus durable pour ceux qui ont cru et qui placent leur confiance en leur Seigneur, qui évitent [de commettre] des péchés les plus graves ainsi que les turpitudes, et qui pardonnent après s´être mis en colère » [La Consultation 42: 36-37]
- « Qui dépensent dans l´aisance et dans l´adversité, qui dominent leur rage et pardonnent à autrui - car Allāh aime les bienfaisants » [La Famille d'Imrān 3: 134]
- « Et Nous ne t´avons envoyé que comme miséricorde pour l´univers » [Les Envoyés 21: 107]
- « La sanction d´une mauvaise action est une mauvaise action [une peine] identique . Mais quiconque pardonne et se réforme, son salaire incombe à Allāh. Il n´aime point les injustes ! » [La consultation 42: 40]
- « Et que les détenteurs de richesse et d´aisance parmi vous, ne jurent pas de ne plus faire des dons aux proches, aux pauvres, et à ceux qui émigrent dans le sentier d´Allāh. Qu´ils pardonnent et absolvent. N´aimez-vous pas qu´Allāh vous pardonne ? et Allāh est Pardonneur et Miséricordieux ! » [La Lumière 24: 22]
- « Et celui qui endure et pardonne, cela en vérité, fait partie des bonnes dispositions et de la résolution dans les affaires » [La Consultation 42:43]
- « Ô vous qui avez cru, vous avez en vos épouses et enfants une tentation. Prenez-y garde donc. Mais si vous [les] excusez passez sur [leurs] fautes et pardonnez, sachez qu´Allāh est Pardonneur, Très Miséricordieux » [La Grande Perte 64: 14]
- «La bonne action et la mauvaise ne sont pas pareilles. Repousse (le mal) par ce qui est meilleur; et voilà que celui avec qui tu avais une animosité devient tel un ami chaleureux » [Les versets détaillés 41 : 34]
- « Accepte ce qu´on t´offre de raisonnable , commande ce qui est convenable et éloigne-toi des ignorants » [Les murailles 7: 199]
- « Ô les croyants ! Soyez stricts (dans vos devoirs) envers Allāh et (soyez) des témoins équitables. Et que la haine pour un peuple ne vous incite pas à être injuste. Pratiquez l´équité : cela est plus proche de la piété. Et craignez Allāh. Car Allāh est certes Parfaitement Connaisseur de ce que vous faites » [La Table servie 5: 8]

Le Prophète ﷺ a dit :

- **Il a dit que lorsqu'Allāh a créé la création alors qu'Il était sur le Trône, Il a écrit dans Son Livre** : « Ma miséricorde submerge Ma Colère » [Ṣaḥīḥ Bukhārī 3194, Ṣaḥīḥ Muslim 2751:14]
- **A demandé aux Compagnons** : « Qu'est-ce que vous considérez comme une bonne lutte ? » **à quoi le Sahaba a répondu:** « L'homme qui n'est pas abattu par les autres (dans la lutte). » **Le Prophète a répliqué avec** : « Ce n'est pas cela, c'est plutôt celui qui peut se contrôler quand il est en colère » [Ṣaḥīḥ Muslim 2608:106]

Colère

## Exceptions	## Évidences coraniques, prophétiques et érudites
S'attaquer aux injustices	
Vous comprenez que la colère n'est acceptable qu'au moment approprié, au bon endroit, pour les raisons justifiées et avec l'intensité adéquate	
Vous l'utilisez comme une motivation positive pour lutter contre les injustices du monde	Le Messager d'Allāh ﷺ se mettait parfois en colère. Il ﷺ a dit un jour : « Je suis l'un des fils d'Ādam ; je me mets en colère, comme vous vous mettez en colère. » [Sunan Abu Dawud 4659]
Vous utilisez la colère pour vous opposer à la tyrannie et prévenir les actes répréhensibles et la corruption (p.ex. : l'exploitation, oppression, les menaces personnelles et actes répréhensibles) ; mais cette forme de colère doit être maitrisée	En ce qui concerne les causes de colère (par exemple : la nourriture, le logement), l'Imām Ghazālī ﵀ dit que cela est sain si cela n'est pas poussé à l'extrême (par exemple, l'excès serait lorsqu' une personne vole les autres afin d'assurer sa nourriture et son logement) [Iḥyā 'Ouloūm Al-Dīn 3: 57].
Vous réagissez avec colère en cas de menace de votre vie ou votre famille	L'Imām Ghazālī ﵀ a dit : « Ô disciple..., si une question se pose entre toi et un individu ou un groupe et que ton intention à son égard est que la vérité soit révélée et ne soit pas perdue de vue, la discussion t'est permise. Cependant, il y a deux indications de cette intention : La première est que vous ne faites aucune distinction entre les vérités divulguées sur votre propre langue, ou sur celle d'un autre. La seconde est que la discussion en privé vous soit préférable à celle en public. » [Lettre à un disciple / Ayyouhā Al-Oualad p.42-43]
Témoigner de l'inadmissible	
Lorsque vous êtes témoin d'actes inadmissibles, vous ressentez de la colère face à ces abominations	
Manque de besoins fondamentaux	
Lorsque votre colère est liée à des besoins fondamentaux, tels que la nourriture, le logement et la vie, vous vous sentez vulnérable et menacé	

Colère

Exceptions	Évidences coraniques, prophétiques et érudites
Rabaissement	
Vous sentez quand les autres tentent de vous rabaisser, ou lorsque vous êtes l'objet de mépris et dédain (atteinte à votre dignité)	Imām Al-Ghazālī dit que ceci (lié à la dignité) est également sain, avec la mise en garde similaire d'éviter deux extrêmes : la fierté ou l'orgueil et l'humiliation abjecte. Le Prophète ﷺ a dit : « Le croyant ne s'humilie pas. » [Iḥyā 'Ulūm Ad-Dīn 1:46]
Faire preuve de jalousie protectrice	
Vous manifestez un sentiment de jalousie protectrice, ou **ghīra**, à l'égard de votre conjoint, ou lorsque votre honneur et prestige sont contestés, ou blessés. Cependant, votre jalousie protectrice ne s'étend jamais à l'oppression de votre conjoint Vous vous mettez en colère en raison de votre sens particulier des valeurs (dignité). Par exemple, en tant qu'érudit dans votre domaine, vous vous mettez en colère lorsque vous constatez qu'un livre est maltraité ; en tant qu'ouvrier, votre colère grandit, lorsque quelqu'un vous fait du mal	Le Prophète ﷺ a dit que lui-même manifestait de la jalousie dans le sens où il gardait et protégeait quelque chose ou quelqu'un d'important pour lui. Sa'd ibn 'Ubāda a dit un jour : « Si je voyais un homme avec ma femme, je le frapperais avec le tranchant de l'épée. » Le Prophète ﷺ a dit (à ses compagnons) : « Êtes-vous étonnés par le sens de l'honneur (**ghīra**) de Sa'd ? (Par Allāh) j'ai un plus grand sens de la ghīra que lui, et Allāh ﷻ a un sens de la **ghīra** encore plus grand que le mien. » [Ṣaḥīḥ Bukhārī 6846]

قَسْوَةُ القَلْب

Dureté du Cœur

SIGNES ET SYMPTÔMES

- Vous ne vous souciez pas de votre relation avec Allāh ﷻ
- Vous vous montrez insensible aux paroles du Coran
- Vous êtes indifférent à ce qui est permis ou interdit
- Vous êtes indifférent aux actes d'adoration
- Vous évitez les assemblées et réunions religieuses
- Vous êtes indifférent aux difficultés de la Oumma
- Vous vous obstinez dans les moments difficiles
- La vie de ce monde et les désirs matériels vous consument
- Vous êtes insensible aux funérailles
- Vous persistez à témoigner de la dureté envers les enfants

TRAITEMENTS

- L'importance de l'état de votre cœur et sa santé spirituelle
- Se reconnecter à Allāh ﷻ
- Réflexion sur le Coran et souvenir d'Allāh ﷻ
- Se souvenir de la mort
- Actions justes
- Fréquenter des personnes vertueuses
- Faire preuve de compassion
- Pardonner

(PAS D') EXCEPTIONS

- Tout niveau de dureté de cœur est blâmable

CHAPITRE 7

Dureté du Coeur

[Qaswat al-Qalb] قَسْوَةُ القَلْب

Le cœur dur est celui qui contient un mélange de rudesse et dureté, un cœur qui est continuellement dépourvu de soumission et du sentiment d'orientation vers Allāh ﷻ dans le repentir. Posséder un cœur dur est en fait le plus sévère des châtiments, car il est inconscient des conséquences de ses péchés, ne se repent donc pas et ne ressent pas une once de culpabilité. Son système immunitaire, pour ainsi dire, se ferme à toutes les autres maladies du cœur. C'est pourquoi les mécréants sont punis pour avoir un cœur dur et sévère.

Le Prophète ﷺ a dit : « Lorsqu'une créature commet un péché (une mauvaise action), un point noir apparaît sur son cœur. Puis, si elle abandonne cette mauvaise action (ce péché), supplie Allāh de lui pardonner et se repent, alors son cœur est libéré (de ce point le recouvrant) ; mais si elle répète la mauvaise action (le péché), alors une tache se répand jusqu'à ce que son cœur en soit complètement recouvert. Et c'est ar-rān qu'Allāh a mentionné (dans le Coran) : "Mais non ! En fait, leurs cœurs ont été souillés par tout (le mal) qu'ils commettaient" » [Les Fraudeurs 83:14] [Tirmidhī 3334]

Dureté du Cœur

Signes et symptômes

Vous ne vous souciez pas de votre relation avec Allāh ﷻ

Vous ne vous souciez pas d'établir ou de revivifier votre lien avec Allāh ﷻ

Insensible aux paroles du Coran

Vous écoutez le Coran et vous vous souvenez des paroles d'Allāh ﷻ, mais vous ne devenez pas craintif et humilié en conséquence.

Vous êtes indifférent à ce qui est permis ou interdit

Vous ne suivez pas les lois de l'Islām et ne vous en souciez pas ; la question de commettre des péchés n'est pas importante pour vous

Vous êtes indifférent au fait qu'une chose soit permise (ḥalāl), ou non permise (ḥarām), ne ressentant que peu ou pas de culpabilité

Vous êtes indifférent aux actes d'adoration

Vous n'appréciez pas les actions d'adoration, telles que la prière, lecture du Coran, ou participation à des rassemblements religieux ; en effet, vous restez indifférent lorsque vous n'accomplissez pas certaines actions recommandées et que vous ratez les moments d'adoration prescrits

Vous évitez les réunions et assemblées religieuses

Lorsque vous assistez à des réunions religieuses, vous zappez, vous n'y prenez aucun plaisir car vous les trouvez inintéressantes ou ennuyeuses

En effet, vous estimez que vous n'avez pas besoin de bénéficier de conseils "spirituels" ou "religieux", car votre définition de la "bonté" est centrée sur le fait d'être un "bon être humain" et vous pensez donc que cela suffit amplement

Vous évitez, ignorez ou découragez la participation à des rassemblements qui impliquent le souvenir (dhikr) d'Allāh ﷻ

Évidences coraniques, prophétiques et érudites

Allāh ﷻ dit :

- « Ainsi, malheur donc à ceux dont les cœurs sont endurcis contre le rappel d'Allāh : ceux-là sont dans un égarement évident » [Les Groupes 39: 22]
- « Le moment n'est-il pas venu pour ceux qui ont cru, que leurs cœurs s'humilient à l'évocation d'Allāh et devant ce qui est descendu de la vérité (le Coran)? Et de ne point être pareils à ceux qui ont reçu le Livre avant eux. Ceux-ci trouvèrent le temps assez long et leurs cœurs s'endurcirent, et beaucoup d'entre eux sont pervers » [Le Fer 57: 16]
- « Et puis, à cause de leur violation de l'engagement, Nous les avons maudits et endurci leurs cœurs : ils détournent les paroles de leur sens et oublient une partie de ce qui leur a été exposé. Tu ne cesseras de découvrir leur trahison, excepté un petit nombre d'entre eux. Pardonne-leur donc et oublie (leurs fautes). Car Allāh aime, certes, les bienfaisants » [La Table servie 5: 13]
- « Pas du tout, mais ce qu'ils ont accompli couvre leurs cœurs ! » [Les Fraudeurs 83: 14]
- « Mais quiconque se détourne de Mon rappel aura certainement une vie misérable, puis Nous les relèverons aveugles le Jour de la Résurrection » [Tāhā 20: 124]

Dureté du Cœur

Signes et symptômes	Évidences coraniques, prophétiques et érudites
Vous êtes indifférent aux difficultés de la Oumma	
Vous ne réagissez pas aux besoins des musulmans en faisant des supplications, la charité ou en offrant de l'aide	
Vous ne vous souciez pas de savoir si vos frères et sœurs sont affligés par une difficulté dans n'importe quelle partie du monde, par exemple s'ils sont accablés et persécutés par des oppresseurs, ou s'ils sont atteints par des catastrophes	Le Prophète ﷺ a dit : o « Il y a deux bénédictions dont beaucoup ne font pas le meilleur usage : la bonne santé et le temps libre » [Ṣaḥīḥ Bukhārī 6412] o « Ne riez pas trop, car le rire endort le cœur » [Tirmidhī 2305, Ibn Mājah 4193]
Vous vous endormez le soir en pensant peu aux épreuves dont souffre la **Oumma** et sans remercier Allāh ﷻ pour les bénédictions que vous avez	
Vous vous obstinez dans les moments difficiles	
Même en période d'épreuves, vous ne revenez pas à la pudeur et humilité envers Allāh ﷻ	Allāh ﷻ dit : « Pourquoi ne se sont-ils pas humiliés, lorsque Nous les avons fait souffrir ? Au contraire, leurs cœurs se sont endurcis, et Satan a rendu leurs méfaits attrayants pour eux » [Les Bestiaux 6:43]

Dureté du Cœur

Signes et symptômes	Évidences coraniques, prophétiques et érudites
La vie de ce monde et les désirs matériels vous consument	Le Prophète ﷺ a dit : o « Il y a deux bénédictions dont beaucoup ne font pas le meilleur usage : la bonne santé et le temps libre » [Ṣaḥīḥ Bukhārī 6412] o « Ne riez pas trop, car le rire endort le cœur» [Tirmidhī 2305, Ibn Mājah 4193]
Vous êtes consumés par la vie de ce bas monde au point d'oublier, ou d'être devenus insouciants et inconscients de la vie future	
Vous êtes devenus si attachés et satisfaits des plaisirs matériels, que votre unique préoccupation concerne les biens, que vous n'avez pas encore acquis et ceux que vous cherchez désespérément à obtenir	
Vous suivez et répondez à vos moindres caprices, désirs et envies, en accordant peu ou pas d'attention à votre spiritualité	
Votre temps libre est centré sur le divertissement et la perte de temps, consacrant des heures interminables à la télévision, internet et aux médias sociaux, ainsi que l'organisation et la participation à des rassemblements ludiques qui se succèdent	
Vous êtes insensible aux funérailles	Allāh ﷻ dit : "« Même alors vos cœurs se sont endurcis comme un rocher ou même plus dur. » [La Vache 2:74]
Vous regardez les gens mourir et assistez à des funérailles, mais cela ne vous émeut pas ; vous pouvez même porter un cadavre et l'enterrer, mais vous marchez dans le cimetière comme si vous vous promeniez entre des pins!	

Dureté du Cœur

Signes et symptômes	Évidences coraniques, prophétiques et érudites
Vous persistez à témoigner de la dureté envers les enfants	
Vous faites constamment preuve d'une dureté injuste envers vos enfants	'Āicha ﵂ a raconté qu'un bédouin est venu voir le Prophète ﷺ et a dit : « En effet, j'ai dix enfants et je n'ai jamais embrassé aucun d'entre eux. » Le Messager d'Allāh ﷺ le regarda et dit : « Celui qui ne fait pas preuve de miséricorde, ne bénéficiera pas de la miséricorde divine. » [Ṣaḥīḥ Bukhārī 5997]
Vos interactions avec vos enfants sont largement basées sur des règles froides et dures, avec un manque évident d'amour, de chaleur et réconfort	

Dureté du Cœur

Traitement académique	Évidences coraniques, prophétiques et érudites
Importance de l'état de votre cœur et de sa santé spirituelle	Allāh ﷻ dit : « C'est par quelque miséricorde de la part d'Allāh que tu **(Muḥammad)** as été si doux envers eux ! Mais si tu étais rude, au cœur dur, ils auraient fui ton entourage. » [La Famille d'Imran 3:159] Le Prophète ﷺ a dit : « Allāh ne regarde pas votre apparence ni votre richesse, mais Il regarde plutôt vos cœurs et actes. » [Ṣaḥīḥ Muslim 2564:33]
Vous comprenez que la qualité essentielle d'un croyant est qu'il ait le cœur tendre	
Vous vous rappelez qu'Allāh ﷻ se soucie de vos actes et la condition de votre cœur et non de votre apparence, ou de votre richesse	
Comme vous êtes vigilant quant à votre santé physique, qu'il s'agisse de surveiller votre tension artérielle, ou votre taux de glucose, vous prenez également des mesures pour surveiller l'état de votre cœur "spirituel", en vous assurant qu'il reste ou devient doux	Allāh ﷻ dit : o « Le moment n'est-il pas venu pour ceux qui ont cru, que leurs cœurs s'humilient à l'évocation d'Allāh et devant ce qui est descendu de la vérité (le Coran) ? » [Le Fer 57: 16] o « N'est-ce point par l'évocation d'Allāh que se tranquillisent les cœurs ? » [Le Tonnerre 13: 28] o « Le rappel d'Allāh est certes ce qu'il y a de plus grand» [L'Araignée 29: 45] o « Ô vous qui croyez ! Rappelez-vous d'Allāh de façon abondante et glorifiez-Le à l'aube et au déclin du jour » [Les Coalisés 33: 41-42] o « Ne considèrent-ils donc pas les chameaux, comment ils ont été créés, le ciel comment il est élevé, les montagnes comment elles sont dressées et la terre comment elle est nivelée ? » [L'Enveloppante 88: 17-20] o « Nous leur montrerons Nos signes dans l'univers et en eux-mêmes jusqu'à ce qu'il leur apparaisse clairement que ceci (le Coran) est la vérité. Ne suffit-il pas que votre Seigneur soit témoin de toute chose ? » [Les Versets détaillés 41: 53]
Se reconnecter à Allāh ﷻ	
Vous réfléchissez à la création d'Allāh ﷻ aux phénomènes naturels, à l'immensité de la mer, l'observation du coucher du soleil, qui sont tous véritablement merveilleux	
Vous surveillez votre lien avec Allāh ﷻ et la fréquence à laquelle vous vous rappelez et vous connectez à Lui	
Vous faites des **douʿā** à Allāh ﷻ pour consolider votre lien et rester ferme dans votre foi et l'ancrage de votre cœur	Le Prophète ﷺ a dit : o « Ô Allāh ! Celui qui oriente les cœurs, oriente nos cœurs vers Ton obéissance » [Ṣaḥīḥ Muslim 2654:17] o « Invoquez Allāh avec la certitude qu'Il vous répondra. Sachez qu'Allāh ne répondra pas à la supplication d'un cœur négligent et distrait » [Tirmidhī 3479] o « Lorsque le croyant commet un péché, une tache noire apparaît sur son cœur. S'il se repent et abandonne ce péché et demande le pardon, son cœur en sera libéré » [Ibn Mājah 4244]

Dureté du Cœur

Traitement académique

Réflexion sur le Coran et souvenir d'Allāh ﷻ

Vous vous rappelez que le dhikr, ou le rappel d'Allāh ﷻ, constitue la nourriture primaire de l'âme et que vous ne devez pas la priver de son alimentation de base

Vous établissez une routine selon laquelle vous faites une certaine quantité de dhikr, ou de rappel chaque jour, et à certains moments (par exemple avant de dormir, au réveil, après la prière obligatoire), y compris la récitation du Glorieux Coran, en vous rappelant que le souvenir d'Allāh ﷻ est la nourriture spirituelle de votre cœur

Évidences coraniques, prophétiques et érudites

Allāh ﷻ dit :

- « Allāh a fait descendre le plus beau des récits, un Livre dont (certains versets)se ressemblent et se répètent. Les peaux de ceux qui redoutent leur Seigneur frissonnent (à l'entendre) ; puis leurs peaux et leurs cœurs s'apaisent au rappel d'Allāh » [Les Groupes 39: 23]
- « Le moment n'est-il pas venu pour ceux qui ont cru, que leurs cœurs s'humilient à l'évocation d'Allāh et devant ce qui est descendu de la vérité (le Coran) ? Et de ne point être pareils à ceux qui ont reçu le Livre avant eux. Ceux-ci trouvèrent le temps assez long et leurs cœurs s'endurcirent, et beaucoup d'entre eux sont pervers » [Le Fer 57: 16]
- « Nous avons certes entendu une Lecture (le Coran)merveilleuse, qui guide vers la droiture. Nous y avons cru, et nous n'associerons jamais personne à notre Seigneur » [Les Djinn 72: 1-2]

Le Prophète ﷺ a dit : « Allāh dit : 'Et Mon serviteur continue à se rapprocher de Moi par des actes surérogatoires jusqu'à ce que Je l'aime. Quand Je l'aime, Je suis son ouïe avec laquelle il entend, sa vue avec laquelle il voit, sa main avec laquelle il sent et ses pieds avec lesquels il marche. S'il Me demandait (un bienfait), Je le lui donnerais sûrement et s'il cherchait refuge auprès de Moi, Je lui accorderais sûrement refuge.' » [Ṣaḥīḥ Bukhārī 6502]

Dureté du Cœur

Traitement pratique	Évidences coraniques, prophétiques et érudites
Se souvenir de la mort	
Vous soignez votre cœur en pensant constamment à l'autre monde et à la vie future, y compris à ceux qui vous étaient autrefois proches et chers et qui ne sont plus là avec vous	Allāh ﷻ dit : « La course aux richesses vous distrait, jusqu'à ce que vous visitiez les tombes, jusqu'à ce que vous visitiez les tombes. Mais non ! Vous saurez bientôt ! » [La Course aux Richesses 102: 1-3]
Vous participez à des rassemblements vertueux, où l'on vous rappelle joyeusement la vie future	Le Prophète ﷺ a dit : o « Je vous avais (autrefois) interdit de visiter les tombes, (et je vous enjoins maintenant) de le faire, car dans leur visite se trouve un rappel bénéfique » [Sunan Abu Dawud 3235] o « ...Car (ces visites) adoucissent le cœur, font venir les larmes aux yeux et servent de rappel de l'Au-delà, (mais faites attention) à ne pas prononcer de paroles interdites (c'est-à-dire pendant la visite)» [Ḥākim 1393]
Actions justes	
Les épreuves et calamités vous rapprochent d'Allāh ﷻ et sont l'occasion d'une prise de conscience de vos imperfections	Le Prophète ﷺ a dit : « Merveilleuse est l'affaire du croyant, car il y a du bien pour lui dans chaque situation et ce n'est le cas pour personne d'autre que le croyant. Si le bonheur l'atteint, il est reconnaissant (à Allāh) et ainsi il y a du bien pour lui. S'il est lésé, alors il fait preuve de patience et ainsi il y a du bien pour lui. » [Ṣaḥīḥ Muslim 2999:64]
Vous accomplissez sincèrement des actes justes pour l'amour d'Allāh ﷻ uniquement parce que vous savez qu'un serviteur d'Allāh ﷻ ne se rapproche de Lui qu'en accomplissant les actes qu'Il lui a rendus obligatoires	Le Prophète ﷺ a dit : o « Allāh donnera de l'ombre, à sept, le jour où il n'y aura plus d'ombre que la Sienne. (Ces sept personnes sont) un souverain juste, un jeune qui a été élevé dans l'adoration d'Allāh (c'est-à-dire qui adore Allāh sincèrement depuis l'enfance), un homme dont le cœur est attaché aux mosquées (c'est-à-dire: qu'il effectue les prières obligatoires à la mosquée en congrégation), deux personnes qui ne s'aiment que pour l'amour d'Allāh et qui ne se rencontrent et ne se séparent que pour la cause d'Allāh, un homme qui refuse l'appel d'une charmante femme de noble naissance pour avoir des rapports illicites avec elle et qui dit : "Je crains Allāh !", un homme qui fait des dons charitables si secrètement que sa main gauche ne sait pas ce que sa main droite a donné (c'est-à-dire que : personne ne sait combien il a donné), et une personne qui se souvient d'Allāh dans la réclusion et ses yeux sont alors inondés de larmes » [Ṣaḥīḥ Bukhārī 1423] o « Le feu de l'enfer est voilé par les choses qui nous plaisent, et le paradis est voilé par les choses qui ne nous plaisent pas » [Ṣaḥīḥ Bukhārī 6487]
Vous accomplissez donc les actes obligatoires et surérogatoires afin de vous rapprocher d'Allāh ﷻ	

Dureté du Cœur

Traitement pratique	Évidences coraniques, prophétiques et érudites
Fréquenter des personnes vertueuses	
Vous êtes attentif à la composition de votre cercle d'amis, en veillant à garder la compagnie de personnes qui vous rapprochent d'Allāh ﷻ	Le Prophète ﷺ a dit : Une personne subit l'influence de la religion de son ami proche, alors méfiez-vous de vos amitiés » [Sunan Abu Dawud 4833, Tirmidhī 2378]
Faire preuve de compassion	
Vous faites de votre mieux pour atténuer les épreuves et les calamités des autres, afin d'apprécier les bénédictions qu'Allāh ﷻ a accordées à vous seul et afin d'adoucir votre cœur (en versant des larmes de reconnaissance et aussi de chagrin)	Un homme vint voir le Messager d'Allāh ﷺ et se plaignit de la dureté de son cœur. Le Prophète ﷺ lui répondit : « Si tu veux adoucir ton cœur, nourris les pauvres et passe ta main sur la tête de l'orphelin. » [Musnad Aḥmad 7576, 9018] Le Prophète ﷺ a dit : o « Rien n'atteint le croyant, pas même une épine qui le pique, sans qu'Allāh n'enregistre pour lui une bonne action, ou lui en efface une mauvaise » [Ṣaḥīḥ Muslim 2572:51] o La ressemblance des croyants dans leur amour mutuel, miséricorde et compassion est comme celle du corps ; lorsqu'une partie de celui-ci souffre, le reste du corps en subit les effets, en restant éveillé et en souffrant de la fièvre » [Ṣaḥīḥ Bukhārī 6011, Ṣaḥīḥ Muslim 2586:66]
Vous faites preuve de bonté et compassion envers vos enfants, car vous réalisez qu'un foyer doté de ces qualités, est un foyer plein de bonheur et joie	

Dureté du Cœur

Traitement pratique	Évidences coraniques, prophétiques et érudites
Pardonner	
Vous vous rendez compte qu'il n'y a personne qui ne commet pas d'erreurs, qu'il est rare de ne pas causer de tort aux autres, ou transgresser leurs droits dans une certaine mesure Vous comprenez que si vous ne pardonnez pas à un autre mortel comme vous, comment pouvez-vous espérer le pardon d'Allāh ﷻ ? Vous laissez donc tomber la douleur que vous ressentez pour l'amour d'Allāh ﷻ à cause d'un faux pas, une erreur ou de l'incompréhension d'un autre, car cela libérera votre cœur de la mauvaise volonté et l'amertume	Allāh ﷻ dit : o « Et que les détenteurs de richesse et d´aisance parmi vous ne jurent pas de ne plus faire de dons aux proches, aux pauvres et à ceux qui émigrent dans le sentier d´Allāh. Qu´ils pardonnent et absolvent. N´aimez-vous pas qu´Allāh vous pardonne ? Et Allāh est Pardonneur et Miséricordieux » [La Lumière 24:22] o « Mais si vous (les) excusez passez sur (leurs) fautes et (leur) pardonnez, sachez qu'Allāh est Pardonneur, Très Miséricordieux » [La Grande Perte 64:14] o « La sanction d´une mauvaise action est une mauvaise action (une peine) identique. Mais quiconque pardonne et se réforme, son salaire incombe à Allāh. Il n´aime point les injustes ! » [La Consultation 42:40] Le Prophète ﷺ a dit : o « Soyez miséricordieux envers les autres et vous recevrez la miséricorde. Pardonnez aux autres et Allāh vous pardonnera » [Musnad Aḥmad 6541, 7041] o « Si tu entends un propos de ton frère que tu rejettes, trouve une excuse pour lui jusqu´au nombre de soixante-dix. Si tu ne peux pas le faire, dis alors : "Peut-être a-t-il une excuse que je ne connais pas." » [Bayhaqī / Chou'ab Al-Īmān 7991]

Dureté du Cœur

Pas d'exceptions

Tout niveau de dureté de cœur est blâmable
Vous comprenez qu'un cœur dur est celui qui renferme un mélange de rudesse et de dureté
Vous comprenez qu'un cœur qui n'est pas soumis et ne se tourne pas vers Allāh ﷻ, en se repentant, subira la plus sévère des punitions
Tu te rappelles que c'est pour cela qu'une des pires punitions des mécréants est de recevoir un cœur dur et sévère

Évidences coraniques, prophétiques et érudites

Le Prophète ﷺ a dit : « Ne parlez pas longtemps sans vous souvenir d'Allāh, car parler beaucoup sans se souvenir d'Allāh endurcit le cœur. Le plus éloigné des gens d'Allāh est celui qui a le cœur endurci » [Tirmidhī 2411]

الحَسَد

Envie

ENVIE

SIGNES ET SYMPTÔMES

- Critique des autres peuples et nations
- Convoitise des possessions des autres
- Concurrence sur les médias sociaux
- Intentions et actions pour supprimer les bénédictions

TRAITEMENTS

- Vous vous contentez du fait qu'Allāh ﷻ est Omniscient
- Vous fuyez l'envie et évitez la dépression
- Vous savez que l'envie consume les bonnes actions
- Vous agissez à l'encontre du caprice (haouā)
- Vous priez pour celui que vous enviez
- Vous recherchez vos moyens de subsistance
- Vous protégez vos bienfaits (sur les médias sociaux)

EXCEPTIONS

- Votre crainte d'Allāh ﷻ prévient le mal
- La richesse pour les actions justes
- La sagesse vertueuse
- La concentration sur l'Au-delà

CHAPITRE 8

Envie [Ḥasad] الحَسَد

L'envie consiste à identifier une bénédiction (ou une bénédiction selon votre perception) accordée à quelqu'un d'autre, puis à désirer, par une ruse ou une tromperie, que cette bénédiction cesse. Elle comporte trois étapes :

1. L'envie en tant que qualité humaine : à ce degré d'envie, l'homme est excusé et n'est pas en tort
2. Agir selon les exigences de l'envie : à ce degré, l'homme est pécheur
3. S'opposer aux exigences de l'envie : à ce degré, l'homme mérite des louanges et sera récompensé

Le Coran nous apprend donc à chercher refuge auprès d'Allāh ﷻ : « Dis (Ô Prophète) : "Je cherche refuge auprès du Seigneur de l'aube... et du mal de l'envieux lorsqu'il est envieux". » [L'Aube naissante 113: 1&5]

Le Prophète ﷺ a dit : « Recourez au secret pour l'accomplissement et la réussite de vos besoins, car -en vérité- quiconque a un bienfait est envié » [Al-Mou'jam Al-Saghīr / Ṭabarānī 1186, Al-Mou'jam Al-Kabīr / Ṭabarānī 183, Bayhaqī / Chou'ab Al-Īmān 6228] ; c'est-à-dire que toute personne jouissant d'un bienfait sera invariablement enviée pour ce qu'elle possède.

L'envie peut être causée par un certain nombre de facteurs : garder de l'animosité envers les autres (l'inimitié, ou **'adāouah**, lorsque quelqu'un fait mieux que soi), l'arrogance, l'orgueil (takabbour), la tromperie (gharour), une mauvaise estime de soi ou une faible estime (ta'azzou), un complexe d'infériorité, la vanité, l'amour du leadership et du statut social, une avidité extrême pour la richesse, le gain matériel, l'argent ou les possessions.

Envie

ENVIE

Signes et symptômes

Critique des autres peuples et nations

Vous critiquez les peuples plus riches, en tenant toutes sortes de discours abusifs, ce qui semble être un outrage moral, mais vous êtes en fait envieux de leurs possessions matérielles

Vous regardez les pays du Golfe et ne pouvez pas vous empêcher de juger la façon dont ils gaspillent "l'argent des musulmans"

Convoitise des possessions des autres

Vous enviez une autre personne pour ses biens matériels, sa célébrité, etc.

Vous pensez ou dites qu'Allāh ﷻ n'aurait pas dû donner un bienfait à une autre personne, ou qu'Il a eu tort de le faire "parce que vous le méritez davantage" (vous désirez avoir ce que possède une autre personne)

En tant que personne en position de leadership, vous n'appréciez pas que les autres réalisent quelque chose d'important, car vous craignez un changement dans l'ordre des choses

Vous désirez que les autres soient privés d'épanouissement professionnel et autorité

Concurrence sur les médias sociaux

Vous ressentez de la jalousie lorsque vous lisez le message de quelqu'un concernant sa réussite, son expérience ou autre

Vous réalisez que la principale raison pour laquelle vous publiez une expérience, ou une réalisation, est que vous êtes en compétition avec quelqu'un d'autre, qui a récemment fait quelque chose de similaire, afin d'égaler, ou de dépasser les réalisations de cette personne

Vous commencez à éprouver de l'envie envers elle, préférant qu'elle perde sa bénédiction tout en vous sentant désemparé parce que vous avez "moins" qu'elle

Évidences coraniques, prophétiques et érudites

Le Prophète ﷺ a dit :

- « L'effet du mauvais œil est un fait » [Ṣaḥīḥ Bukhārī 5740, 5944, Ṣaḥīḥ Muslim 2187:41]
- « Ne vous enviez pas les uns les autres, ne vous haïssez pas les uns les autres, ne vous tournez pas le dos mutuellement (dans le mécontentement), (mais) soyez des esclaves d'Allāh comme des frères » [Ṣaḥīḥ Bukhārī 6066, Ṣaḥīḥ Muslim 2563:28]
- « Méfiez-vous de l'envie, car elle consume les bonnes actions comme le feu consume le bois ou l'herbe » [Sunan Abu Dawud 4903]
- « Méfiez-vous du soupçon, car le soupçon est le plus faux des discours [Ṣaḥīḥ Bukhārī 6066]

Allāh ﷻ dit : « Celui qui nourrit de la jalousie est un ennemi de Mes bienfaits, (c'est comme s'il était) en colère contre Mon jugement et mécontent de Ma répartition (de Mes bienfaits) entre Mes serviteurs. » [Bayhaqī / Chou'ab Al-Īmān 6213]

Envie

Signes et symptômes	Évidences coraniques, prophétiques et érudites
Intention et actions pour supprimer les bénédictions	
Vous désirez un bienfait qui est en réalité la propriété d'un autre (on parle spécifiquement de envie ou **ḥasad**)	
Si vous en étiez capable, par le biais d'une ruse ou d'une tromperie, vous dirigeriez les affaires afin de priver une personne de sa bénédiction : cette "bénédiction" peut aller de la plus petite ou de la plus insignifiante, comme un vêtement ou un bijou, à un bien plus substantiel, comme une maison, voiture ou un emploi	À l'époque du Prophète ﷺ, lorsque les mécréants parmi les Qouraysh protestaient à haute voix et s'exclamaient : « Et ils dirent : "Pourquoi n'a-t-on pas fait descendre ce Coran sur un homme de l'une des deux cités ! ?" » [L'Ornement 43:31] Cela revient à dire : "Comment peut-il être un Prophète, alors qu'il est comme nous et que nous ne sommes pas des Prophètes ?"
Vous êtes profondément absorbé par l'objet de votre envie, consciemment ou inconsciemment, désirant que, de même que vous êtes le premier à vous abstenir de donner aux autres, Allāh ﷻ devrait agir pareillement avec Ses bienfaits	Le Pharaon devint arrogant et envieux lorsque Moïse ﷺ vint à lui avec le message d'Allāh ﷻ Une partie du problème du Pharaon était dû au choix d'un Prophète choisi parmi ceux qu'il jugeait communs, des gens de moindre importance..
Vous voyez un individu bénéficier d'une promotion et vous estimez qu'il n'est pas digne d'un tel avancement. À titre d'exemple direct, vous êtes envieux que votre collègue de travail ait été promu, au point de souhaiter qu'il perde son poste	
Vous enviez une autre personne à cause de son conjoint, au point de souhaiter qu'une crise conjugale frappe le couple et ruine leur relation	

Envie

Traitement académique

Vous vous contentez du fait qu'Allāh ﷻ est Omniscient

Vous réalisez qu'Allāh ﷻ est Omniscient, pleinement conscient et avisé dans ce qu'Il donne aux gens, donc vous ne remettez pas en question le mode de distribution de Ses bénédictions

Vous êtes en admiration devant Allāh ﷻ et avez une conscience vive de Son pouvoir ultime sur toute la création, vous ne remettez donc pas en question le Donneur de la richesse matérielle et du prestige

Vous réalisez que ce que vous percevez comme une bénédiction pourrait être basé sur une notion erronée; en réalité, cela pourrait très bien n'être qu'une source d'ennuis et des difficultés

Vous réalisez également qu'il existe une bénédiction cachée dans la difficulté

Vous ne faites que des critiques constructives (des autres peuples, par exemple) qui ont un impact positif

Vous réalisez que, du point de vue de la loi sacrée, les riches comme les pauvres ont des obligations :

- En tant que pauvre, vous n'enviez pas les riches et ne nourrissez pas de ressentiment à leur égard
- En tant que riche, vous ne devez pas déprécier les nécessiteux, devenir arrogant, amasser des richesses, ou vous évertuer à maintenir les autres dans le besoin

Vous fuyez l'envie et évitez la dépression

Vous fuyez l'envie car vous réalisez que l'envie entretient des pensées négatives pour prospérer, même lorsque les autres autour de vous semblent mieux lotis que vous, et cela vous motive à exceller

Vous évitez l'envie parce qu'ainsi, vous évitez la folie, la dépression et le ressentiment

Évidences coraniques, prophétiques et érudites

Allāh ﷻ dit :

- « Les croyants sont des frères, établissez la concorde entre vos frères, et craignez Allāh, afin qu'on vous fasse miséricorde » [Les appartements 49: 10]
- « Et cramponnez-vous tous ensemble à la corde d'Allāh et ne soyez pas divisés et rappelez-vous le bienfait d'Allāh sur vous : lorsque vous étiez ennemis, c'est Lui qui réconcilia vos cœurs ; puis, par Son bienfait, vous êtes devenus frères. Et alors que vous étiez au bord d'un abîme de Feu, c'est Lui qui vous en a sauvés. Ainsi, Allāh vous montre Ses signes afin que vous soyez bien guidés » [La Famille d'Imran 3: 103]
- « Et (il appartient également) à ceux qui sont venus après eux en disant : « Seigneur, pardonne-nous, ainsi qu'à nos frères qui nous ont précédés dans la foi et ne mets dans nos cœurs aucune rancœur envers ceux qui ont cru. Seigneur, Tu es Compatissant et Très Miséricordieux » [L'Exode 59: 10]

Le Prophète ﷺ a dit : « Les gens resteront dans le bien tant qu'ils ne nourriront pas de jalousie les uns envers les autres. » [Al-Targhīb oua Al-Tarhīb / Moundhiri 4378]

Envie

Traitement académique	Évidences coraniques, prophétiques et érudites
Vous savez que l'envie consume les bonnes actions	
Vous réalisez que l'envie ne vous profite pas et qu'elle ne retire pas la bénédiction ou l'honneur à celui que vous enviez	
Vous vous rendez compte que l'envie est nuisible à votre vie spirituelle et mondaine, car elle détruit à la fois votre Au-delà, confort et tranquillité d'esprit dans ce monde	Le Prophète ﷺ a dit : « Méfiez-vous de la jalousie, car elle consume les bonnes actions comme le feu consume le bois ou l'herbe. » [Sunan Abu Dawud 4903]
Vous réalisez en fait que celui ou celle dont vous êtes jaloux en tire profit car il ou elle hérite de vos actes vertueux en compensation de votre jalousie	

Envie

Traitement pratique

Vous agissez à l'encontre du caprice (haouā)

Vous comprenez que votre objectif devrait être de transformer ces maladies en une chose de bénéfique ; changer un handicap en un avantage, ce que les personnes qui réussissent ont tendance à faire

Vous agissez contrairement à votre impulsion cupide, en étant bienfaisant envers une personne, alors qu'il semble tentant de lui nuire (il n'y a pas d'hypocrisie en cela). Cela l'inclinera vers vous (lorsque vous lui témoignerez du bien)

Vous défiez les injonctions de vos impulsions (et gagnez l'agrément d'Allāh ﷻ), en honorant cette personne et la rencontrant avec respect et humilité

Vous faites l'éloge d'une personne lorsque vous désirez lui trouver des défauts (ou ressentez l'envie de la calomnier), aussi difficile que cela puisse paraître

Vous offrez à cette personne un cadeau (même un simple salut), ou vous lui rendez un service de telle sorte que l'amour (maḥàbba) se crée dans son cœur à votre égard ; elle vous traitera ensuite pareillement, ce qui aura pour conséquence d'éprouver de l'amour pour elle

Vous priez pour celui que vous enviez

Vous priez pour que votre frère ou sœur soit béni(e) au lieu de souhaiter que sa bénédiction cesse d'exister

Vous vous rappelez que cette supplication ne vous fera pas de mal, mais que c'est plutôt une chose dont Allāh ﷻ vous fera bénéficier

Évidences coraniques, prophétiques et érudites

Allāh ﷻ fait l'éloge de ceux qui résistent aux impulsions de leurs âmes et leur promet le Paradis : « Et quant à ceux qui étaient dans la crainte de se tenir devant leur Seigneur et se retenaient des (mauvais) désirs, le Paradis sera certainement (leur) demeure. » [Les Anges qui arrachent les âmes 79:40-41]

Allāh ﷻ dit aussi : Et quiconque est sauvé de l'égoïsme de son âme, ce sont eux qui ont (vraiment) réussi. » [L'Exode 59:9]

Le Prophète ﷺ a dit:

- « Il n'y a pas de serviteur musulman qui invoque pour son frère en son absence, sans que l'ange dise: "Pour toi de même !" » [Ṣaḥīḥ Muslim 2732:85]
- « Celui qui aime pour l'amour d'Allāh, déteste pour l'amour d'Allāh, donne pour l'amour d'Allāh et s'abstient pour l'amour d'Allāh, a parachevé sa foi » [Sunan Abu Dawud 4681]
- « Le meilleur des deux est celui qui initie la salutation à l'autre » [Ṣaḥīḥ Muslim 2560:25]

L'Imām Ghazālī (rahimahullah) dit « J'ai compris que la distribution provenait d'Allāh l'Exalté dans l'éternité, je n'ai donc envié personne et me contentais de la distribution d'Allāh l'Exalté. » [Lettre à un disciple / Ayyouhā Al-Oualad p. 32-33]

Envie

Traitement pratique	Évidences coraniques, prophétiques et érudites
Vous recherchez vos moyens de subsistance	
Vous vous rendez compte que c'est peut-être vous qui n'avez pas été à la hauteur, que la faute vous incombe, que c'est vous qui êtes paresseux	Le Prophète ﷺ a dit: o « La mendicité n'est permise qu'à l'une des trois catégories suivantes : un homme qui s'est porté garant d'un paiement et à qui la mendicité est permise jusqu'à ce qu'il l'obtienne, après quoi il doit cesser (de mendier) ; un homme qui a été frappé par une calamité et qui a détruit ses biens et à qui la mendicité est permise jusqu'à ce qu'il obtienne ce qui lui permettra de vivre (ou, dit-il, ce qui lui assurera une subsistance raisonnable) et un homme qui a été frappé par la pauvreté et à propos duquel trois membres doués de raison de son peuple confirment en disant : "Untel a été frappé par la pauvreté" . A une telle personne, il est permis de mendier jusqu'à ce qu'elle obtienne ce qui permet de subvenir à ses besoins (ou, dit-il, ce qui lui assure une subsistance raisonnable), après quoi elle doit cesser (de mendier) » [Sunan Abīu Dawud 1640]
Vous cultivez en vous la volonté d'employer les moyens de gagner votre propre vie, en évitant de rester assis à ne rien faire et d'être oisif	o « Par Celui qui tient ma vie entre Ses mains, il est préférable pour n'importe lequel d'entre vous de prendre une corde, de couper le bois (de la forêt), de le porter sur son dos et de le vendre (comme moyen de gagner sa vie), plutôt que de demander quelque chose à une personne et que celle-ci puisse la lui donner ou non » [Ṣaḥīḥ Bukhārī 1470] o Le Prophète ﷺ avait l'habitude de chercher constamment refuge auprès d'Allāh ﷻ contre la paresse : « O Allāh ! Je cherche refuge auprès de Toi contre l'incapacité, la paresse, la lâcheté, l'avarice, l'ineptie et le tourment de la tombe... » [Ṣaḥīḥ Muslim 2706:50]

ENVIE

Envie

Traitement pratique

Vous protégez vos bienfaits (sur les médias sociaux)

Lorsque vous lisez le message de quelqu'un qui annonce une sorte de réussite, d'expérience ou autre, vous réfléchissez avant tout aux innombrables bienfaits dont Allāh ﷻ vous a gratifiés

Vous prenez les mesures nécessaires pour protéger et préserver vos précieuses richesses du "mauvais œil"

Vous vous rappelez que vous ne devez convoiter un bien qu'en deux circonstances :

- Chez une personne à qui Allāh ﷻ a accordé la sagesse et qui gouverne par celle-ci et l'enseigne aux gens
- Chez une personne à qui Allāh ﷻ a accordé la richesse et les biens et, en même temps, le pouvoir de les dépenser pour la cause de la Vérité

Vous vous désabonnez d'une personne, si ses commentaires sur les médias sociaux vous dérangent, tout en veillant à ce que cela n'entraîne pas d'autres problèmes

Évidences coraniques, prophétiques et érudites

Le Coran nous enseigne donc à chercher refuge auprès d'Allāh ﷻ : « Dis (ô Prophète) : "Je cherche refuge auprès du Seigneur du lever du jour [...] et du mal d'un envieux lorsqu'il est envieux". » [L'Aube naissante 113: 1&5]

Et Il ﷻ dit : « Le jour où ni les biens, ni les enfants ne seront d'aucune utilité, sauf celui qui vient à Allāh avec un cœur sain. » [Les Poètes 26: 88-89]

Le Prophète ﷺ a dit:

- « Il n'y a pas d'envie (Ḥasad) sauf dans deux cas : une personne à qui Allāh ﷻ a accordé des richesses et des biens et avec cela le pouvoir de les dépenser dans la cause de la vérité et une personne à qui Allāh* a accordé la sagesse, et elle gouverne par cela et l'enseigne aux gens » [Ṣaḥīḥ Bukhārī 73, Ṣaḥīḥ Muslim 816:268] La concurrence n'est pas considérée comme blâmable en général : elle est plutôt considérée comme louable, lorsqu'il s'agit d'une concurrence pour la droiture.
- « Recourez au secret pour l'accomplissement et la réussite de vos besoins car, en vérité, quiconque a un bienfait est envié. » [Al-Mou'jam Al-Ṣaghīr / Ṭabarānī 1186, Al-Mou'jama Al-Aousa / Ṭabarānī 2455] Quelqu'un qui a des moyens se verra envié pour ce qu'il possède.

Envie

Exceptions

Votre crainte d'Allāh ﷻ prévient le mal

Votre sens de la **taqouā** (conscience de la présence constante d'Allāh ﷻ) vous pousse à décliner les murmures maléfiques qui vous appellent à la tromperie qui éteindrait ou diminuerait le bienfait de quelqu'un

Vous considérez avec désir les bienfaits de votre prochain, en espérant que vous les acquerrez également, sans qu'il perde ce qu'il a (ce qu'on appelle **ghibta** ou **rachk**, qui est permis car il n'y a aucune volonté de nuire)

La richesse pour les bonnes actions

Vous désirez la richesse afin de faire une bonne action en donnant aux nécessiteux et vous enviez également une telle personne, mais pas dans le sens où vous souhaitez la perte de sa richesse

La sagesse vertueuse

Vous enviez une personne qui a reçu la sagesse et l'enseigne aux gens, car vous souhaitez être béni avec une partie de cette vertu, afin de l'enseigner aux autres (cependant, vous ne souhaitez pas que l'autre personne perde sa bénédiction)

La concentration sur l'Au-delà

Vous êtes envieux, mais pas pour des choses temporaires, comme les biens de ce bas monde, qui sont généralement amassés et exposés pour le spectacle. Votre désir porte plutôt sur ce qui servira votre avenir (sans souhaiter que l'autre parti perde sa bénédiction) et vous convertissez donc les sentiments négatifs en positifs

Évidences coraniques, prophétiques et érudites

Le Prophète ﷺ a dit: « Il n'y a pas d'envie (Ḥasad) sauf dans deux cas : une personne à qui Allāh a accordé des richesses et des biens et en même temps le pouvoir de les dépenser dans la cause de la vérité et une personne à qui Allāh a accordé la sagesse et elle gouverne par cela et l'enseigne aux gens. » [Ṣaḥīḥ Bukhārī 73, Ṣaḥīḥ Muslim 816:268] La compétition n'est pas considérée comme blâmable en général ; elle est plutôt considérée comme louable lorsqu'on rivalise pour la droiture.

L'Imām Ghazālī affirme que, si une personne déteste l'envie et a honte de la nourrir, elle n'est pas intrinsèquement une personne envieuse. [Iḥyā 'Ouloūm Al-Dīn 3:200]

الإِسْرَاف

Extravagance

SIGNES & SYMPTÔMES

- La suralimentation : au-delà de la modération
- Le gaspillage de l'eau et la nourriture
- Achats extravagants et étalage des marques
- Accumuler des objets inutilisés
- Manquer à ses responsabilités
- Amour et attention excessifs

TRAITEMENTS

- Identifiez votre extravagance
- Supprimez les achats inutiles
- Contrôlez vos achats alimentaires
- Contrôlez vos habitudes alimentaires
- Gérez les restes de nourriture
- Évitez de devenir un accro du shopping
- Contrôlez vos achats de marques

EXCEPTIONS

- Allāh ﷻ aime la beauté
- Modération, sans extravagance, ni arrogance

CHAPITRE 9

Extravagance [Isrāf] الإسْرَاف

L'extravagance se manifeste par un manque de retenue dans les dépenses ou l'utilisation des ressources et est également appelée gaspillage (tabdhir) ou prodigalité. C'est le cas d'une personne qui dépasse les bornes en dépensant, ou en consommant plus que nécessaire, ou raisonnable

Allāh ﷻ a créé un équilibre et une harmonie naturels. Il ﷻ dit : « Et quant au ciel, Il l'a élevé bien haut. Et Il a établi la balance, afin que vous ne transgressiez pas dans la pesée. » [Le Miséricordieux 55 :7-8]

Le Prophète ﷺ a dit : « Par Allāh, ce n'est pas la pauvreté que je crains pour vous, plutôt ce que je crains pour vous, c'est que les richesses mondaines vous soient données comme elles ont été données à ceux qui vous ont précédés, et vous vous les disputerez les uns aux autres comme ils se sont disputés, et cela vous détruira comme cela les a détruits. » [Ṣaḥīḥ Bukhārī 3158]

'Āisha ؓ aurait dit : « La première calamité pour cette nation après la mort du Prophète ﷺ est la plénitude de leur estomac ; quand leur estomac est devenu plein, ils sont devenus obèses : leur cœur s'est affaibli et leurs désirs sont devenus sauvages. » [Al-Joū'ou / Ibn Abu Dounyā 22]

Extravagance

Signes et symptômes	Évidences coraniques, prophétiques et érudites
La suralimentation : au-delà de la modération Vous mangez au-delà de votre point de satiété, y compris les types d'aliments que vous êtes censé éviter, en dépassant les limites de la modération	Le Prophète a dit : o « C'est une extravagance que de manger ce que l'on désire » [Ibn Mājah 3352] o « Un croyant mange dans un intestin (se satisfait d'un peu de nourriture) et un kāfir (mécréant), ou un hypocrite, mange dans sept intestins (mange trop) » [Ṣaḥīḥ Bukhārī 5393, 5934] 'Āisha aurait dit : « La première calamité pour cette nation après la mort du Prophète est la plénitude de leur estomac; lorsque leur estomac est devenu plein, ils sont devenus obèses : leurs cœurs s'affaiblissent et leurs désirs deviennent sauvages. » [Al-Joū'ou / Ibn Abu Dounyā : 22] Un homme a roté en présence du Messager d'Allāh et Il dit : « Garde tes rots loin de nous, car celui qui se rassasie le plus dans ce monde aura faim le plus longtemps au Jour de la Résurrection. » [Al-Mou'jam Al-Aousa / Ṭabarānī 8929] L'Imām Ghazālī a dit : « Celui dont la préoccupation est ce qui entre dans le ventre découvrira que sa valeur se trouve dans ce qui en sort. » [Mīzān Al-'Amal, p.311]
Le gaspillage d'eau et la nourriture Votre extravagance est liée à la façon dont vous dépensez votre argent, ainsi qu'au gaspillage inutile de nourriture et d'eau : o Gaspiller l'eau en faisant vos ablutions o Laisser de la nourriture dans votre assiette parce que vous l'avez remplie au-delà de votre appétit	Allāh dit: o « Mangez des fruits qu'ils portent et payez les droits à la récolte, mais ne gaspillez pas. Certes, Il n'aime pas les gaspilleurs » [Les Bestiaux 6:141] o « Donnez aux proches parents leur dû, ainsi qu'aux pauvres et voyageurs (nécessiteux). Et ne faites pas de dépenses inutiles. Certes, les gaspilleurs sont (comme) les frères des diables. Et le Diable est toujours ingrat envers son Seigneur » [Le Voyage nocturne 17:26-27] Le Prophète a dit :« Satan est présent avec n'importe lequel d'entre vous dans toutes ses affaires et il est même présent avec lui quand il mange. Si l'un d'entre vous fait tomber une bouchée, qu'il enlève la saleté qui s'y est déposée, puis qu'il la mange, sans la laisser à Satan. Et lorsqu'il a terminé, qu'il se lèche les doigts, car il ne sait pas dans quelle partie de sa nourriture se trouve la bénédiction. » [Ṣaḥīḥ Muslim 2033:135] Le Prophète a dit à propos du gaspillage de la nourriture et de sa mise à la poubelle, que c'est mal et une transgression contre la bénédiction d'Allāh et "de ne pas la laisser pour Satan." [Ṣaḥīḥ Muslim 2033:134] Le Prophète passa près de Ṣa'ad alors qu'il faisait le **ouḍoū** et il dit : « Quelle est cette extravagance, ô Sa'd ? qui répondit : « Peut-il y avoir une extravagance dans le **ouḍoū** ? » Il répondit : « Oui, même si tu es sur la rive d'une rivière qui coule. » [Musnad Aḥmad 7065, Ibn Mājah 425]

Extravagance

Signes et symptômes	Évidences coraniques, prophétiques et érudites
Achats extravagants et étalage des marques	Allāh ﷻ dit : o « Et les outranciers sont vraiment les gens du Feu » [Le Pardonneur 40: 43] o « Et donne au proche parent ce qui lui est dû ainsi qu'au pauvre et au voyageur (en détresse). Et ne gaspille pas indûment, car les gaspilleurs sont les frères des diables ; et le Diable est très ingrat envers son Seigneur » [Le Voyage nocturne 17: 26-27] o « Ne porte pas ta main enchaînée à ton cou (par avarice) et ne l'étends pas non plus trop largement, sinon tu te trouveras blâmé et chagriné » [Le Voyage nocturne 17: 29] o « Fils d'Adam, dans chaque lieu de prière (ṣalāt) portez vos habits. Et mangez et buvez ; et ne commettez pas d'excès, car Il (Allāh) n'aime pas ceux qui commettent des excès » [Le Mur d'A'rāf 7: 31] o « Et le jour où ceux qui mécru seront présentés au Feu (il leur sera dit) : "Vous avez dissipé vos (biens) excellents et vous en avez joui pleinement durant votre vie sur terre : on vous rétribue donc aujourd'hui du châtiment avilissant, pour l'orgueil dont vous vous enfliez injustement sur terre et pour votre perversité." » [Les Dunes 46: 20] Le Prophète ﷺ a dit : o « Il y a une litière pour l'homme, une pour sa femme, la troisième pour son invité et la quatrième est pour Satan » [Ṣaḥīḥ Muslim 2084:41] o « Celui qui porte une robe de haute renommée (pour se montrer, ou comme symbole de statut élevé) dans ce monde, sera habillé de vêtements humiliants le jour du Jugement » [Musnad Aḥmad 5664, Sunan Abu Dawud 4029] « Allāh ﷻ l'Exalté dit qu'Il n'aime pas ceux qui transgressent les limites sur une question permise, ou une question interdite, ceux qui vont à l'extrême sur ce qu'Il a permis, permettent ce qu'Il a interdit, ou interdisent ce qu'Il a permis. Il aime que ce qu'Il a permis soit considéré comme tel (sans extravagance) et que ce qu'Il a interdit soit considéré comme tel. Telle est la justice qu'Il a ordonnée. » [Tafsīr / Ibn Kathīr no. 3: 408, verset 7: 31]
Vous acquérez ou achetez ce qui est excédentaire par rapport à vos besoins, en vous vantant et en faisant l'étalage de vos achats	
Vous vous exhibez pour attirer l'attention des autres, ou pour des raisons de pouvoir, fausse fierté, ou pour satisfaire certains désirs (égoïstes)	
Vous vous vantez afin de mépriser les autres en raison du design élégant et de la valeur de votre (nouvelle) acquisition matérielle	
Votre étalage de beauté est une fin en soi à vos yeux et c'est tout ce qui vous importe	
Vous achetez et mettez en évidence des produits de marque coûteux en public en pensant que cela vous apportera prestige et admiration, indépendamment de la qualité ou valeur réelle du produit	
Vous achetez toutes les variantes d'un produit ou d'un service alors qu'une seule suffirait	
Vous vous exposez à des prêts à taux d'intérêt dans le but de rivaliser avec les autres, par exemple pour construire et décorer votre maison et la rendre spacieuse	

Extravagance

Signes et symptômes	Évidences coraniques, prophétiques et érudites
Accumuler des objets inutilisés	
Vos réserves de nourriture (par exemple : dans votre garde-manger) débordent du mois précédent car vous collectionnez et accumulez inutilement des denrées inutilisées (qui arrivent à la date de péremption)	Le Prophète ﷺ a dit : « Personne ne thésaurise, sauf celui qui est dans l'erreur.» [Ṣaḥīḥ Muslim 1605:129]
Vous collectionnez et commencez à accumuler des bibelots sans utilité au fil des ans, mais vous n'arrivez pas à vous convaincre de vous en défaire	
Manquer à ses responsabilités	
Votre comportement excessif et extravagant envers une chose vous conduit à en négliger d'autres, comme les responsabilités envers vos parents, frères et sœurs, votre conjoint, vos enfants, devoirs religieux, votre travail, vos engagements financiers, amis et votre santé physique	Allāh ﷻ dit: o « Et aussi Nous avons fait de vous une communauté de justes pour que vous soyez les témoins des gens, comme le Messager le sera pour vous » [La Vache 2:143] o « Ô gens du Livre, n´exagérez pas dans votre religion » [Les Femmes 4:171]
Votre excès vous amène à priver les autres de leurs droits, ce qui entraîne une instabilité dans vos relations avec les autres	
Amour et attention excessifs	
Vous accordez plus d'attention à un enfant qu'à un autre, ce qui entraîne leur ressentiment et rivalité fraternelle	Allāh ﷻ dit: « Les biens et les enfants sont l'ornement de la vie de ce bas monde; cependant, les bonnes œuvres qui persistent, ont auprès de ton Seigneur une meilleure récompense et [suscitent] une belle espérance. » [La Caverne 18: 46]

Extravagance

Traitement académique et pratique

Évidences coraniques, prophétiques et érudites

Identifiez votre extravagance

Vous prenez des mesures pour identifier l'extravagance dans votre vie :

- Les domaines où vous avez perdu l'équilibre (p.ex. : les domaines d'obsession, ou excès)
- Là où vous n'en faites pas assez, ou bien là, où vous en faites trop

Supprimez les achats inutiles

Vous déterminez où vous dépensez votre argent et après avoir dressé une liste de toutes vos dépenses, vous les hiérarchisez, en supprimant immédiatement les achats inutiles

Évidences : Allāh ﷻ dit : « Et ils n'eurent que cette parole : "Seigneur, pardonne-nous nos péchés, ainsi que nos excès dans nos comportements, affermis nos pas et donne-nous la victoire sur les mécréants." » [La Famille d'Imran 3:147]

Contrôlez vos achats alimentaires

Vous réduisez le gaspillage alimentaire en vous assurant que vous prenez note de ce que vous avez déjà en stock, avant d'acheter des denrées supplémentaires

Vous n'achetez que ce dont vous avez besoin et vous pouvez consommer facilement, en tenant compte de la date de péremption

Évidences : Allāh ﷻ dit : « Qui, lorsqu'ils dépensent, ne sont ni prodigues ni avares mais se tiennent au juste milieu. » [Le discernement 25:67]

Contrôlez vos habitudes alimentaires

Vous ne prenez que ce que vous pouvez consommer facilement

Vous veillez à manger de petites quantités de nourriture et à vous contenter de ce qui est suffisant pour tenir le coup

Vous vous rappelez que ce qui compte c'est :

- Prendre soin de son corps et ne pas lui faire de mal, que ce soit par excès, ou par privation
- Avoir la force d'accomplir les actes d'adoration, ce qui est obtenu en mangeant des quantités modérées et non en mangeant des quantités importantes, en vous affamant

Gérez les restes de nourriture

Vous vous rappelez que le gaspillage et l'extravagance sont prohibés, de même que le gaspillage d'argent

Vous gardez les restes de nourriture pour une autre fois, ou vous les donnez aux personnes dans le besoin, et s'il n'y en a pas, vous les donnez aux animaux

Évidences : Le Prophète ﷺ a dit :

- « Le fils d'Ādam ne remplit aucun récipient pire que son estomac. Il suffit au fils d'Ādam de manger quelques bouchées, qui soutiendront son dos. Si cela n'est pas possible, alors qu'il en remplisse un tiers de nourriture, un tiers de boisson et un tiers d'air » [Tirmidhī 2380]
- Ibn Abbās (ra) a dit : « Mangez ce que vous voulez et portez ce que vous voulez, à condition d'éviter deux choses : l'extravagance et l'arrogance. » [Ṣaḥīḥ Bukhārī (Titre du chapitre 1 du livre 77), Ibn Mājah 3605, Mouṣannaf / Ibn Abu Shaybah 25375]

Extravagance

Traitement académique et pratique

Évitez de devenir un accro du shopping

Pour éviter de devenir un "accro du shopping", il faut :

- Modifier votre point de vue sur le shopping en le considérant comme une source de besoins, ou d'objectifs, plutôt que comme une source d'amusement et de plaisir, gaspillant ainsi un temps précieux
- Maîtriser vos dépenses
- Ne pas vous laisser tenter par toutes les ventes et promotions
- Éviter de faire des achats superflus, sous prétexte d'en acheter deux et d'en avoir un gratuit (alors que vous n'avez besoin que d'un seul article)

Contrôlez vos achats de marques

Vous vous rappelez les conséquences néfastes des plaisirs de ce monde et le mal de la tentation de la compétition avec les autres

Vous réalisez que vous n'êtes qu'une publicité ambulante pour un magasin de vêtements, ou une marque

Vous tirez le meilleur parti de vos vêtements et autres accessoires de mode existants (avant d'envisager d'en acheter d'autres)

Vous gardez à l'esprit votre pudeur, ainsi que les capacités de votre pouvoir d'achat lors de votre prochain shopping

Évidences coraniques, prophétiques et érudites

Allāh ﷻ dit :

- « Qui, lorsqu'ils dépensent, ne sont ni prodigues, ni avares, mais se tiennent au juste milieu.» [Le Discernement 25:67]
- « Que celui qui est aisé dépense de sa fortune et que celui dont les biens sont restreints dépense selon ce qu'Allāh lui a accordé. Allāh n'impose à une personne que selon ce qu'Il lui a donnée et fera succéder l'aisance à la gêne. [Le Divorce 65:7]
- « Et propose-leur l'exemple de la vie ici-bas. Elle est semblable à une eau que Nous faisons descendre du ciel. La végétation de la terre se mélange à elle, puis elle devient de l'herbe desséchée, que les vents dispersent. Allāh est certes Puissant en toutes choses ! » [La Caverne 18:45]

Ibn Abbās ؓ a dit : « Mangez ce que vous voulez et portez ce que vous voulez, tant que vous évitez deux choses : l'extravagance et l'arrogance. »
[Ṣaḥīḥ Bukhārī :Titre du chapitre no. 1 du livre 77 , Ibn Mājah 3605, Muṣannaf / Ibn Abu Shaybah 25375]

Extravagance

Exceptions

Allāh ﷻ aime la beauté

En réfléchissant sur l'amour d'Allāh ﷻ pour la beauté, vous vous habillez bien et êtes présentable :

- Pour Son bien seulement
- Pour vous aider à obéir à Allāh ﷻ
- Pour accomplir Ses ordres, comme lorsque le Prophète ﷺ s'est fait beau pour rencontrer les délégations qui venaient à lui

Vous vous rappelez qu'Allāh ﷻ aime que les effets de Ses bienfaits sur Son serviteur soient apparents (sans extravagance), car cela fait partie de la beauté qu'Il aime et de la gratitude pour Ses bienfaits, qui forme une beauté intérieure (beauté de caractère)

La modération, sans extravagance ni arrogance

La licéité aux yeux d'Allāh ﷻ de manger, boire et d'acheter des commodités matérielles pour votre famille, est tempérée par votre compréhension du fait qu'elle ne doit pas être gâchée par l'extravagance ou l'arrogance

Évidences coraniques, prophétiques et érudites

Allāh ﷻ dit : « Ô enfants d'Adam, Nous avons fait descendre sur vous un vêtement pour cacher vos nudités, ainsi que des parures, mais le vêtement de la piété voilà qui est meilleur ; c'est un des signes (de la puissance) d'Allāh, afin qu'ils se rappellent. » [Le Mur d'A'raf 7:26]

Mālik ibn Nadla ؓ raconte : « Le Prophète m'a vu porter de vieux vêtements en lambeaux et m'a demandé : "As-tu une fortune ?" J'ai répondu : "Oui". Il ﷺ a dit : "Quelle sorte de richesse ?" J'ai répondu : "Tout ce qu'Allāh m'a donné, de chameaux et de moutons." Il ﷺ a dit : "Alors, affiche les généreux bienfaits qu'Il t'a accordés." » [Musnad Aḥmad 15887]

Le Prophète ﷺ a dit : « Il y a quatre choses qui sont les clefs du bonheur : une épouse juste, une maison spacieuse, un bon voisin et un moyen de transport sain. Et il y a quatre choses qui rendent malheureux : un mauvais voisin, une mauvaise épouse, une petite maison et un mauvais moyen de transport.» [Ibn Ḥibbān 4032]

Ibn Abbās ؓ a dit : « Mangez ce que vous voulez et portez ce que vous voulez, à condition d'éviter deux choses : l'extravagance et l'arrogance. » [Ṣaḥīḥ Bukhārī (Titre du chapitre no 1 du livre no 77), Ibn Mājah 3605, Mouṣannaf / Ibn Abu Shaybah 25375]

التَخَيُّل

Fantasmagories

SIGNES ET SYMPTÔMES

— Réflexion sur ce qui est interdit

TRAITEMENTS

- Se repentir à Allāh ﷻ et faire de bonnes actions
- Être conscient de la présence d'Allāh ﷻ
- Meilleur usage du temps et modération dans les relations amicales (médias sociaux)
- Stopper le flux des pensées et baisser le regard (médias sociaux)

EXCEPTIONS

— Ne pas s'attarder sur ce qui vous traverse l'esprit

CHAPITRE 10

Fantasmagories

[Takhayyul] التَخَيُّل

Une réflexion approfondie et l'élaboration d'une action interdite dans son esprit, peut-être en imaginant la fantasmagorie, ou en la décrivant en détails à d'autres personnes, sont à la limite de l'engagement actif : qu'il s'agisse de braquer une banque, gagner à la roulette, ou commettre un adultère. On parle de "fantaisie" lorsque le cœur s'attarde sur des sujets interdits, ou prohibés, et sur des inspirations, qui ne le concernent pas. Cela inclut le fait de penser aux faiblesses, ou aux défauts des autres, qu'ils soient présents, ou non.

Fantasmagories

Signes et symptômes

Réflexion sur ce qui est interdit

Vous pensez à des choses interdites, comme le fait de fantasmer sur la beauté d'une personne avec laquelle vous n'êtes pas marié (par exemple : en rêvassant, regardant, jetant un coup d'œil)

Le résultat de ce regard (abusif) donne lieu à l'adoration de la beauté et l'engouement, gravant dans votre cœur l'impression de la personne "aimée", ou "admirée"

En conséquence de vos regards illicites, vous trouvez que votre cœur et esprit sont toujours dispersés et en désordre, à tel point que vous oubliez votre propre bien-être et permettez une atteinte à votre équilibre et à vos devoirs, vous rendant insouciant et esclave de vos bas désirs

Vous pensez, ou parlez des faiblesses et défauts des autres

Évidences coraniques, prophétiques et érudites

Allāh ﷻ dit : « Et n'obéis pas à celui dont Nous avons rendu le cœur inattentif à Notre Rappel, qui poursuit sa passion et dont le comportement est outrancier. » [La Caverne 18:28]

Le Prophète ﷺ a dit :

- « Le regard furtif (secret) est l'une des flèches empoisonnées de Satan » [Al-Ḥākim 7875]
- « L'adultère des yeux consiste à regarder » [Ṣaḥīḥ Bukhārī 6243] (p.ex. : à regarder ce qu'Allāh ﷻ a interdit).
- « Je crains pour vous les désirs charnels de vos ventres et de vos parties intimes » [Musnad Aḥmad 19772]
- « Je crains pour vous les désirs charnels de vos ventres et parties intimes » [Ṣaḥīḥ Al-Bukharī 6902]
- « Si quelqu'un vous épie sans votre permission et que vous le frappez avec un bâton et lui blessez l'œil, vous ne serez pas blâmé » [Ṣaḥīḥ Bukhārī 7042]

Fantasmagories

Traitement académique	Évidences coraniques, prophétiques et érudites
Se repentir à Allāh ﷻ et faire de bonnes actions	Le Prophète ﷺ a dit : o « En réalité , tout hôte aime que les gens viennent à sa nappe, et en effet la nappe d'Allāh ﷻ est le Coran, ne l'abandonnez donc pas » [Bayhaqī / Chou'ab Al-Īmān 1857] o « Allāh ﷻ a décrété les bonnes actions et mauvaises actions, puis Il a expliqué cela : Quiconque pense à commettre une bonne action, puis ne la commet pas, Allāh ﷻ l'inscrira comme une bonne action complète. S'il pense à faire une bonne action, puis la fait, Allāh l'inscrira entre dix et sept cents fois, ou beaucoup plus. S'il pense à faire une mauvaise action, mais ne la fait pas, Allāh l'inscrira comme une bonne action complète, et s'il y pense, puis la fait, Allāh l'inscrira comme une mauvaise action » [Ṣaḥīḥ Bukhārī 6491, Ṣaḥīḥ Muslim 131:207]
Vous vous repentez à Allāh ﷻ et augmentez votre amour pour Lui, car vous comprenez que cela est plus satisfaisant et pur que toute autre chose	
Vous réfléchissez sur Ses attributs révélés dans le Coran, sur Lui-même (Sa Sublime majesté, Sa connaissance et Sa puissance), afin d'approfondir votre amour pour Lui et votre désir de suivre Ses commandements, et vous préparer ainsi pour l'Au-delà	
Vous craignez Allāh ﷻ et la survenue d'un mal, en conséquence de vos fantasmes, ce qui vous est plus détestable que de vous en défaire	
Vous réalisez que chaque fois que vous obéissez à Allāh ﷻ par amour et crainte et que vous délaissez une action interdite par amour et par crainte, votre amour et votre crainte deviennent plus forts, et tout amour, ou toute crainte d'autre qu'Allāh ﷻ commence à disparaître de votre cœur	
Être conscient de la présence d'Allāh ﷻ	Le Prophète ﷺ a dit : « Ayez la **taqoua** (crainte révérencielle) envers Allāh ﷻ, où que vous soyez, et faites suivre une mauvaise action d'une bonne action, qui l'effacera, et comportez-vous bien envers les gens. » [Tirmidhī 1987]
Vous réalisez que la technologie moderne vous a permis de commettre facilement pratiquement n'importe quel acte répréhensible, ou pécheur, derrière l'intimité (et l'anonymat) de l'écran de votre ordinateur portable, ou de votre téléphone	
Vous vous rappelez qu'Allāh ﷻ vous observe, et vous vous assurez donc que votre face privée est "en phase" avec votre face publique	

Fantasmagories

<table>
<tr><th>Traitement pratique</th><th>Évidences coraniques, prophétiques et érudites</th></tr>
<tr><td>Meilleur usage du temps et modération dans les relations amicales (médias sociaux)</td><td rowspan="5">Allāh ﷻ dit : « A réussi, certes, celui qui la purifie. » [Le Soleil 91:9]

Le Prophète ﷺ a dit :<ul><li>« Une personne subit l'influence de la religion de son ami proche, alors méfiez-vous de vos amitiés » [Sunan Abu Dawud 4833]</li><li>« Aimez celui que vous aimez modérément, peut-être deviendra-t-il un jour détesté de vous. Et détestez modérément celui pour qui vous avez de la haine, peut-être deviendra-t-il un jour aimé de vous » [Tirmidhī 1997]</li></ul></td></tr>
<tr><td>Vous réalisez que passer du temps à penser, ou à parler, des défauts des autres est insensé</td></tr>
<tr><td>Vous essayez de limiter les amitiés, relations ou interactions en ligne aux personnes, que vous avez rencontrées dans la vie réelle, car vous avez une meilleure compréhension de leur système de valeurs, éthique, morale et caractère</td></tr>
<tr><td>Vous réalisez que le temps est compté et qu'il vaut mieux l'investir dans la contemplation de ce qui est permis, dans la reconnaissance de ses propres défauts et dans un travail constant pour les éradiquer</td></tr>
<tr><td>Vous adoptez la modération en amitié et avec les informations, que vous partagez avec les autres, notamment les questions familiales sensibles, car ce que vous partagez pourrait être utilisé contre vous plus tard</td></tr>
</table>

Fantasmagories

Traitement pratique

Stopper le flux des pensées et baisser le regard (médias sociaux)

Vous réalisez que le fait de nourrir des pensées et fantasmes sur une autre personne, alors que vous êtes avec votre partenaire est une sorte d'adultère (zina)

Vous vous abstenez de telles dérives , en réduisant l'utilisation de tout ce qui peut provoquer de tels fantasmes, comme la télévision et les médias sociaux et à la place, vous récitez régulièrement les mots de souvenir prescrits (dhikr) et vous vous concentrez sur le plaisir présent, plutôt que sur celui qui est absent

Vous imaginez que votre partenaire a des fantasmes comme vous, et que cela ne serait donc pas acceptable, et donc vous essayez d'utiliser cette pensée pour chasser ce que vous ressentez

Vous réalisez qu'il est préférable de bloquer, ou de supprimer une personne sur les médias sociaux, qui pourrait être à l'origine de ces fantasmes

Vous vous rappelez que tout le monde ne sait pas apprécier à sa juste valeur la vie privée et pudeur et vous estimez donc qu'il est de votre responsabilité de respecter les autres. Vous évitez de publier des photos sans autorisation et également d'espionner, ou de traquer, le profil d'une personne

Vous vous rappelez que votre cœur s'assombrit avec les regards malveillants et sans retenue et, que de la même manière, votre cœur s'illumine, lorsque vous baissez le regard

Vous abaissez votre regard pour le plaisir d'Allāh ﷻ et, en récompense, vous ressentez une douceur et un sentiment d'harmonie dans votre cœur, qui se ressentira également dans votre adoration

Évidences coraniques, prophétiques et érudites

Allāh ﷻ dit :

- « (Ô Prophète !) Dis aux croyants de baisser leurs regards et de garder leur chasteté. C'est plus pur pour eux. Allāh est, certes, parfaitement Connaisseur de ce qu'ils font. Et dis aux croyantes de baisser leurs regards, garder leur chasteté et de ne montrer de leurs atours que ce qui en paraît » [La Lumière 24:30]
- « Et pour celui qui aura redouté de comparaître devant son Seigneur, et préservé son âme de la passion, le Paradis sera alors son refuge » [Les Anges qui arrachent les âmes 79:40-41]
- « Certes, Allāh nous a favorisés (car, pour) quiconque Le craint avec révérence et patience, très certainement, Allāh ne (lui) fait pas perdre la récompense des bienfaisants » [Joseph 12:90]

Le Prophète ﷺ a dit :

- « Un homme ne regardera pas la nudité d'un (autre) homme, et une femme ne regardera pas la nudité d'une (autre) femme » [Ṣaḥīḥ Muslim 338:74]
- « Prenez garde de vous asseoir sur les routes » Ils dirent : « Ô Messager d'Allāh, nous n'avons nulle part ailleurs où nous asseoir et parler. » Le Prophète ﷺ dit : « Si vous insistez, alors donnez à la route son droit. » Ils dirent : « Quel est son droit, ô Messager d'Allāh ?» Le Prophète ﷺ dit : « Baisser le regard, s'abstenir de nuire à autrui, rendre les salutations de paix, ordonner le bien et interdire le mal » [Ṣaḥīḥ Bukhārī 2465, Ṣaḥīḥ Muslim 2121:114]

L'Imām Ghazālī écrit : « Le moyen d'éloigner les pensées distrayantes est de couper leur source, c'est-à-dire : d'éviter les moyens, qui pourraient créer ces pensées ; si la source de telles pensées n'est pas arrêtée, elle continuera à les générer. » [Iḥyā 'Oulūmou Al-Dīn 1:162]

Fantasmagories

Exceptions	Perspectives coraniques, prophétiques et érudites
Ne pas s'attarder sur ce qui vous traverse l'esprit Rappelez-vous que quelle que soit l'activité interdite, qui vous traverse l'esprit, tant que vous ne vous y attardez pas, ou que vous n'y pensez pas, elle vous est pardonnée	Allāh ﷻ dit : « Allāh n'impose à aucune âme une charge supérieure à sa capacité » [La Vache 2:286] Le Prophète ﷺ a dit : o « Allāh a pardonné à ma **Oumma** (Communauté) tout ce qui lui traverse l'esprit, tant qu'elle n'en parle pas et n'agit pas en conséquence » [Ṣaḥīḥ Bukhārī 5269, Ṣaḥīḥ Muslim 127:201] o (A un autre Compagnon) de ne pas faire suivre le premier regard (involontaire) d'un second regard (délibéré), car le premier est excusé, mais pas le second. Si les yeux tombent involontairement sur un membre du sexe opposé, on doit cesser de regarder dès qu'on s'en rend compte, et ne pas continuer à regarder, ou fixer à nouveau délibérément, car le regard est l'une des flèches empoisonnées de Satan : « Le regard furtif est une des flèches empoisonnées de Satan, sur lui soit la malédiction d'Allāh. Celui qui l'abandonne pour la crainte d'Allāh, recevra de Lui la foi, dont il trouvera la douceur dans son cœur » [Ḥākim 7875] L'Imam Nawawī ﷺ dit : « Quant aux pensées, lorsqu'une personne ne s'y attarde pas, ou ne continue pas à s'y adonner, elles sont pardonnées, selon le consensus des savants. Ceci est dû au fait que l'on n'a pas le choix de leurs survenues, ni le moyen de les éviter. » [Al-Adhkār / Nawawī, p.535] Jarīr ibn Abdullāh ﷺ a dit : « J'ai interrogé le Messager d'Allāh sur (la règle islamique sur) le regard accidentel, et il m'a ordonné de détourner mes yeux. » [Tirmidhī 2776]

الأَمَل

Faux espoir

SIGNES ET SYMPTÔMES

- Indifférence, paresse et négligence des obligations
- Superstition

TRAITEMENTS

- Avoir une bonne opinion d'Allāh ﷻ
- Établir un équilibre entre l'espoir et la crainte
- Considérer l'Au-delà
- Éviter les superstitions
- Donner la priorité à l'Au-delà, en se concentrant sur l'action conformément aux piliers

EXCEPTIONS

- L'espoir prolongé est une condition humaine
- Préparation à l'Au-delà
- Espoir absolu en Allāh ﷻ

CHAPITRE 11

Faux espoir [Amal] الأمَل

Le faux espoir prolongé (Tatouīl al-amal) est un phénomène particulier. Pour beaucoup de gens, c'est un élément omniprésent de leur psyché, une sorte d'assurance quotidienne que la mort est encore loin pour eux. Mais en même temps, en un clin d'œil, elle peut agir sur un individu comme un poison à action rapide et lui inspirer un comportement immoral, ou , à tout le moins , une inclinaison vers les possessions matérielles au détriment de toute préoccupation spirituelle. Il s'agit d'un environnement mental, qui conduit les gens à vivre leur vie, comme si une longue vie leur était garantie. Cette illusion peut engendrer la dureté de cœur et l'inaction en raison de l'insouciance de l'Au-delà.

Un autre type d'espoir (oumniyya) consiste à avoir de l'espérance, mais à négliger les moyens de réaliser ce que l'on espère, ce que l'on appelle souvent un vœu pieu (vain). On espère avoir une meilleure santé, par exemple, mais on reste oisif et ne se soucie pas du tout de son régime alimentaire.

La cause d'un faux espoir (prolongé) peut être due à :

- o Une insouciance de la réalité de la mort
- o Un manque de certitude (incrédulité) quant à l'Au-delà
- o Une compréhension négative de la réalité d'Allāh ﷻ Son, autorité et Sa présence
- o L'ignorance du fait que la totalité des affaires (de cette vie) revient à Allāh ﷻ Seul et que tout appartient à Allāh ﷻ

Une caractéristique durable des enseignements de chaque Prophète et, que la Paix soit sur Eux donc de chaque "Religion révélée", est l'idée que l'entrée au Paradis relève de la miséricorde d'Allāh ﷻ. La récompense de cette Demeure éternelle vient en combinant la foi avec des actes sincères qui confirment la profession de foi de chacun. C'est une extension malavisée de faux espoirs, cependant, qui exclura beaucoup de gens du Paradis : plus d'une âme qui se porte garante de l'Islām se retrouvera en Enfer le Jour du Jugement.

Faux espoir

Signes et symptômes

Évidences coraniques, prophétiques et érudites

Indifférence, paresse et négligence des obligations

- Vous faites preuve de dureté de cœur, d'oisiveté ou de paresse (kasl) en ce qui concerne les questions de l'Au-delà
- Vous pensez que vous vivrez longtemps et vous n'attachez donc pas beaucoup d'importance (voire aucune) à la réflexion sur votre mortalité
- Vous faites preuve d'indifférence, de réticence ou paresse à l'égard de l'accomplissement des actes d'adoration obligatoires et d'autres prescriptions religieuses

Le Coran affirme qu'il y a des gens, qui désirent perpétrer leurs méfaits tout au long de leur vie, demandant (en se moquant) : « A quand, le Jour de la Résurrection? » [La Résurrection 75:6]. **Une interprétation de ce verset, selon les érudits, est que bien que les gens puissent être conscients de leur responsabilité ultime, ils repoussent le repentir comme s'ils avaient la garantie d'une longue vie.**

L'Imām Ghazālī a dit : « Ô disciple, ne sois ni démuni de bonnes actions ni dépourvu d'états spirituels, car tu peux être sûr que la simple connaissance ne t'aidera pas. » [Lettre à un disciple / Ayyouhā Al-Oualad p.8-9]

- Vous trouvez des réservoirs d'énergie, lorsqu'il s'agit d'affaires mondaines, mais vous êtes envahis par la paresse, lorsqu'il s'agit des affaires de l'Au-delà
- Vous trouvez des excuses pour négliger la prière (ṣalāt), le fondement de la spiritualité, en prétendant que vous êtes épuisé par le travail de la journée
- Vous espérez l'Au-delà, mais ne faites rien pour lui en termes de conduite et moralité
- Tout ce que vous avez à montrer pour votre religiosité est la simple déclaration de foi, un témoignage non confirmé par des actes, notamment les rites d'adoration (obligatoires) et actes de charité envers les autres

Allāh dit : « Mais l'absolution n'est point destinée à ceux qui font de mauvaises actions jusqu'au moment où la mort se présente à l'un d'eux, et qui s'écrie : "Certes, je me repens maintenant", non plus pour ceux qui meurent mécréants. Et c'est pour eux que Nous avons préparé un châtiment douloureux. » [Les Femmes 4:18]

L'Imām Ghazālī a dit : « Ô disciple, la connaissance sans action est folie, et l'action sans connaissance est nulle. Sache que la connaissance, qui ne te débarrasse pas aujourd'hui des péchés et ne te convertit pas à l'obéissance, ne te débarrassera pas demain du feu de l'enfer. » [Lettre à un disciple / Ayyouhā Al-Oualad p.16-17]

Faux espoir

Signes et symptômes	Évidences coraniques, prophétiques et érudites
Superstition	
Vous avez un souci quasi paranoïaque de la superstition (**tatayyour**, qui signifie avoir le sentiment que quelque chose de mauvais va arriver), illustré par les comportements suivants : o Vous évitez de passer sous une échelle o Vous évitez les chats noirs o Vous associez le chiffre 13 à la malchance o Vous cautionnez la stigmatisation liée au bris d'un miroir o Vous "touchez du bois" pour éviter la malchance	Le Prophète ﷺ a dit : o « Quiconque tire connaissance de l'astrologie (l'art des étoiles), en vérité, il a pris part à la sorcellerie » [Sunan Abu Dawud 3905] o « Quiconque s'adresse à un devin et s'informe auprès de lui, ses prières ne seront pas acceptées pendant quarante jours » [Ṣaḥīḥ Muslim 2230: 125] o « Quiconque se rend chez un devin, l'interroge et croit en ce qu'il dit, a mécru en ce qui a été révélé à Muḥammad » [Sunan Abu Dawud 3904]
Vous lisez systématiquement la page d'astrologie du journal avant de commencer la journée	Le Prophète ﷺ a mis en garde contre les superstitions, aussi répandues soient-elles dans les sociétés, si ces pratiques revêtent une aura d'innocence et humour léger, elles n'en sont pas moins liées à leur ascendance païenne et idolâtre.
Vous pouvez même acheter et vendre des actions en vous basant sur les conseils d'un astrologue	

Faux espoir

Traitement académique	Évidences coraniques, prophétiques et érudites
Avoir une bonne opinion d'Allāh ﷻ	Le Prophète ﷺ a dit : o « Prenez garde à Allah où que vous soyez, faites suivre la mauvaise action d'une bonne action, elle l'effacera, et adoptez un bon comportement avec les gens. » [Tirmidhī 1987] o « En vérité, avoir une bonne opinion d'Allāh, fait partie de l'excellente adoration d'Allāh .» [Tirmidhī 3604:5] o Allāh ﷻ dit : « Je suis selon l'opinion que Mon serviteur a de Moi et Je suis avec lui quand il Me mentionne. S'il Me mentionne en lui-même, Je le mentionne en Moi-même et s'il Me mentionne dans une assemblée, Je le mentionne dans une assemblée meilleure que la sienne. S'il se rapproche de Moi d'un empan, Je me rapproche de lui d'une coudée. S'il se rapproche de Moi d'une coudée, Je me rapproche de lui d'une brasse, et s'il vient à Moi en marchant, Je vais à lui en M'empressant.» [Ṣaḥīḥ Muslim 2675:2]
Vous reconnaissez le pouvoir et l'autorité d'Allāh ﷻ dans le monde et n'attribuez pas ou n'associez pas une quantité similaire de pouvoir à une partie de la création	
Vous avez beaucoup d'optimisme et espoir, en ce sens que là où votre passé a été entaché de mal, vous croyez fermement qu'il s'agit d'un nouveau jour et une opportunité de renverser la situation	
Vous considérez votre espoir d'une longue vie comme une miséricorde d'Allāh ﷻ, afin que vous ayez plus d'occasions de goûter à la douceur d'être une source de bonté et bienfaits pour les autres	

Faux espoir

Traitement académique

Établir un équilibre entre l'espoir et la crainte

Vous établissez dans votre esprit et vos actions un équilibre entre l'espoir et la crainte, en comprenant que la crainte (khaouf) traite, ou prévient, deux maladies : la complaisance morale et l'autosatisfaction

Vous réalisez que la foi doit être associée à de bonnes œuvres pour que votre religion soit complète

Considérer l'Au-delà

Vous méditez sur la mort, ses agonies et les différents états, qui la suivent

Vous imaginez, tant que vous avez la vie devant vous et que vous êtes en sécurité, l'épreuve de la "Traversée du Pont" (ṣirāṭ), que toute âme doit traverser dans l'Au-delà, et sous laquelle se trouve un effroyable enfer. L'âme qui s'engage dans cette épouvantable traversée entend les cris et les angoisses des malfaiteurs, qui y ont déjà été jetés

Les athlètes visualisent le passage de toutes les étapes nécessaires à la réussite. Ainsi, en tant que croyant, vous visualisez ce qui est plus important et de grande conséquence : vous préparer psychologiquement au voyage ultime

Évidences coraniques, prophétiques et érudites

Allāh ﷻ dit :

- « Et ne semez pas la corruption sur la terre après qu'elle ait été réformée. Et invoquez-Le avec crainte et espoir, car la miséricorde d'Allāh est proche des bienfaisants » [Le Mur d'A'rāf 7:56]
- « Allāh reçoit les âmes au moment de leur mort ainsi que celles qui ne meurent pas au cours de leur sommeil. Il retient celles à qui Il a décrété la mort, tandis qu'Il renvoie les autres jusqu'à un terme fixé. Il y a certainement là des preuves pour des gens qui réfléchissent » [Les Groupes 39:42]

Le Prophète ﷺ a dit :

- « Je vous avais interdit de visiter les tombes puis il m'est apparu qu'elles adoucissent le cœur, font venir les larmes aux yeux et rappellent l'Au-delà, alors visitez-les maintenant. » [Musnad Aḥmad 13487]
- « Visitez les tombes, car cela rappelle la mort » [Ṣaḥīḥ Muslim 976:108]

La visite des tombes est considérée comme une action fortement recommandée (mandoūb), comme le rappel d'Allāh ﷻ.

Traitement pratique

Eviter les superstitions

Vous ne vous plongez pas dans les pratiques superstitieuses, qui sont explicitement interdites dans l'Islām

Vous dites certaines prières et lisez certains passages du Coran, qui éloignent le mal

Vous donnez un supplément de charité, et ainsi de suite, comme un acte d'adoration

Pour éviter le piège de la superstition, vous persistez simplement dans ce que vous faites lorsque vous êtes confronté à un signe considéré comme un mauvais présage

Évidences coraniques, prophétiques et érudites

Le Messager d'Allāh ﷺ a dit : « La **tijara** (dérivée du mot tatayyour, croyance superstitieuse aux présages) est un **chirk**. » [Tirmidhī 1614, Sunan Abu Dawud 3915, Ibn Mājah 3538]

Faux espoir

Traitement pratique	Évidences coraniques, prophétiques et érudites
Donner la priorité à l'Au-delà, en se concentrant sur l'action conformément aux piliers de l'Islām	Allāh ﷻ dit : o « Pensez-vous que Nous vous avons créés sans but et que vous ne serez pas ramenés vers Nous ? Que soit Exalté Allāh, le vrai Souverain ! Pas de divinité en dehors de Lui, le Seigneur du Trône sublime ! » [Les croyants 23: 115-116] o « Ce n'est pas par divertissement que Nous avons créé les cieux et la Terre et ce qui est entre eux. Nous ne les avons créés qu'en toute vérité. Mais la plupart d'entre eux ne savent pas » [La Fumée 44: 38-39] o « (Et que) en vérité, l'homme n'obtient que (le fruit) de ses efforts » [L'Étoile 53: 39] o « Quiconque, donc, espère rencontrer son Seigneur, qu'il fasse de bonnes actions et qu'il n'associe rien dans son adoration à son Seigneur » [La Caverne 18: 110] o « Ceux qui croient et font de bonnes œuvres auront pour résidence les Jardins du Paradis, où ils demeureront éternellement, sans désirer aucun changement » [La Caverne 18: 107-108] Thomas Jefferson a ajouté "la poursuite du bonheur" dans la Déclaration d'indépendance, ce qui implique des "loisirs", cependant, ce que l'on entendait à l'origine par "loisirs" était l'étude et la méditation sur la vie, la poursuite du "vrai bonheur".
Vous comprenez que les gens meurent à tout âge et que vous n'aurez peut-être jamais l'occasion de vous repentir et amender	
Indépendamment de vos réalisations matérielles dans cette vie, vous vivez une vie qui vous prépare au monde suivant, ce qui inclut la jouissance des bénédictions d'Allāh ﷻ. telles que votre famille, vos amis et loisirs, mais pas au point d'oublier votre but et destinée ultime	
Vous réalisez que vous n'avez pas l'éternité pour vous occuper de vos affaires mondaines, alors vous ne perdez pas votre temps, vous vous occupez plutôt de l'Au-delà comme si la mort survenait demain	
Vous ne négligez pas votre travail dans cette vie, mais vous orientez vos intentions de manière qu'il ne nuise pas à l'Au-delà	Allāh ﷻ dit : o « Et recherche à travers ce qu'Allāh t'a donné, la Demeure Dernière, n'oublie pas ta part en cette vie et sois bienfaisant comme Allāh a été bienfaisant envers toi. Ne recherche pas la corruption sur terre, car Allāh n'aime point les corrupteurs » [Le Récit 28:77] o « Mais ils ont été suivis par des générations, qui ont négligé la prière et suivi leurs convoitises, et ainsi feront bientôt face aux mauvaises conséquences » [Maryam 19:59] 'Abdullāh ibn 'Amr ibn Al-'Āṣ ﷺ a dit : « Pour vos affaires mondaines, construisez vos plans en partant du principe que vous vivrez éternellement, et quant aux travaux réservés à l'Au-delà, créez vos programmes en partant du principe que vous allez mourir demain. » [Bughyah Al-Bāḥith 1093]. Les gens comprennent souvent mal cette phrase et l'utilisent comme une justification pour travailler très dur pour ce bas monde uniquement.
Le fait que vous vous concentriez sur l'Au-delà et vous lui accordiez la priorité signifie que vous ne négligez pas la prière (ṣalāt, le fondement de la spiritualité) pendant le travail	

FAUX ESPOIR

Faux espoir

Exceptions

L'espoir prolongé est une condition humaine

Vous comprenez que l'espoir prolongé est une condition humaine nécessaire qui vous donne la possibilité de changer les choses pour le mieux

Préparation à l'Au-delà

Il n'est pas blâmable de s'engager dans la préparation de l'avenir ou d'écrire des ouvrages de connaissance dont de nombreuses personnes peuvent bénéficier, car vous cherchez à vous efforcer de servir Allāh ﷻ, Sa religion et l'humanité

Vous léguez une charité perpétuelle (ṣadaqa jāriya), dont la récompense vous revient même après votre mort (p.ex. : établir un puits d'eau, construire un **masjid**, une mosquée)

Espoir absolu en Allāh ﷻ

Lorsque vous vous retrouvez sur votre lit de mort, vous avez un espoir absolu en Allāh ﷻ, soyez certain qu'Allāh ﷻ vous offrira le pardon et l'entrée au Paradis (avoir une bonne opinion d'Allāh ﷻ)

Perspectives coraniques, prophétiques et érudites

Allāh ﷻ dit : « Quiconque, donc, espère rencontrer son Seigneur, qu'il fasse de bonnes actions et qu'il n'associe rien dans son adoration à son Seigneur. » [La Caverne 18: 110]

Le Prophète ﷺ a prévenu que personne ne devrait mourir sans une bonne opinion d'Allāh. [Ṣaḥīḥ Muslim 2877]

Un célèbre ḥadith rapporté par 'Āisha ﵂ rapporte que le Prophète ﷺ a dit : « Quiconque aime rencontrer Allāh, alors Allāh aime le rencontrer et celui qui n'aime pas rencontrer Allāh, alors Allāh n'aime pas le rencontrer. » Et 'Āisha ﵂ a demandé : « Ô Messager d'Allāh ! Tous, nous n'aimons pas la mort. » Il ﷺ dit : « Ce n'est pas ainsi. Mais lorsque le croyant reçoit la bonne nouvelle de la miséricorde d'Allāh, de Son agrément et de Son Paradis, alors il aime rencontrer Allāh et Allāh aime le rencontrer. » [Tirmidhī 1067]. Ce type d'espoir est connu sous le nom de **rajā**. C'est l'espoir couplé à un effort sincère pour atteindre ce que l'on espère.

Une célèbre histoire persane parle d'un Shah qui demanda : « Crois-tu que cet arbre te soit d'une quelconque utilité, vieil homme ? Tu mourras avant qu'il ne porte ses fruits. » Le vieil homme répondit : « Ceux qui m'ont précédé ont planté et nous en avons profité. Nous devrions planter pour que d'autres après nous puissent en profiter. » Le Shah fut si impressionné qu'il récompensa le vieil homme avec de l'argent (c'est-à-dire : que l'arbre avait déjà commencé à apporter des bénéfices).

Un proverbe arabe similaire dit : « Avant nous, ils ont planté, et maintenant nous mangeons ce qu'ils ont planté. Nous aussi, nous devons planter, pour que ceux qui nous suivent, mangent aussi. »

الغِشّ

Fraude

TRAITEMENTS

- Être conscient de la tromperie et corruption
- Honnêteté et intégrité dans la vie sociale et les affaires
- Éviter la tromperie
- Reconnaître ses torts et rectifier ses affaires
- Être de bonne compagnie
- Cohérence dans l'honnêteté et le pardon
- Honnêteté dans la parole
- Intention et vérification (médias sociaux)
- Demander des preuves

SIGNES ET SYMPTÔMES

- Rumeurs et médias sociaux
- Fausse identité sur les médias sociaux
- Dissimulation de la vérité (p. ex. : défauts de produits ou services)
- Promesses non tenues
- Usage excessif de l'ambiguïté ou absence de clarté du discours indirect

EXCEPTIONS

- Dans la réconciliation
- Dissimulation des péchés par crainte des remontrances
- Ambiguïté ou absence de clarté dans le discours indirect

CHAPITRE 12

Fraude [Ghich] الغِشّ

La maladie suivante est la fraude ou **ghich**. Elle ne se limite pas à la tromperie des clients ou du fisc : il peut s'agir de la dissimulation d'un défaut, une tare ou un mal dans le monde ou dans la religion, éventuellement par cupidité ou amour de la richesse.

Pour certains, la définition de la fraude (qu'elle soit liée à un produit ou service) est l'acte de tromperie consistant à faire passer pour utile et bénéfique une chose inutile ou défectueuse.

Le Prophète ﷺ passa par hasard devant un tas de denrées alimentaires (maïs). Il ﷺ a plongé sa main dans ce (tas) et ses doigts se sont humidifiés. Il ﷺ dit au propriétaire de ce tas d'aliments (maïs) : « Qu'est-ce que c'est ? » Il répondit : « Ô Messager d'Allāh, ceux-ci ont été mouillés par la pluie. « Il (le Prophète ﷺ) remarqua : « Pourquoi n'as-tu pas placé ceci (la partie trempée du tas) au-dessus des autres denrées alimentaires, afin que les gens puissent le voir ? Celui qui trompe n'est pas de moi (n'est pas mon adepte) » [Ṣaḥīḥ Muslim 102:164]

La fausseté ou le mensonge (kidhb) est similaire à la fraude, en ce sens qu'il s'agit du cas où l'on parle de manière contraire aux faits.

Le Prophète ﷺ a dit :

- « Chaque **oumma** (communauté) a une **fitna** (moyen d'épreuve). La **fitna** de ma **oumma** est la richesse » [Tirmidhī 2336]
- « Un temps viendra où l'on ne se souciera pas de la façon dont on gagne son argent : légalement ou illégalement » [Ṣaḥīḥ Bukhārī 2059]

Fraude

Signes et symptômes	Évidences coraniques, prophétiques et érudites
Rumeurs et médias sociaux	
Vous aimez montrer aux autres que vous vous intéressez à certaines causes ou que vous êtes actif sur le plan social, politique ou religieux en commentant tout et n'importe quoi	Allāh ﷻ met en garde chaque musulman contre le fait de parler sans connaissance, comme Il ﷻ le dit : o « Et ne poursuis pas ce dont tu n'as aucune connaissance. L'ouïe, la vue et le cœur : sur tout cela, en vérité, on sera interrogé » [Le Voyage nocturne 17: 36] o « Ô vous qui avez cru ! Si un pervers vous apporte une nouvelle, soyez vigilant [de crainte], que par inadvertance vous ne portiez atteinte à des gens et que vous ne regrettiez par la suite ce que vous avez fait » [Les Appartements 49: 6]
Vous relayez toutes les rumeurs ou faites suivre tous les messages concernant les dernières nouvelles, les ragots ou les prétendus "incidents majeurs", sans chercher à savoir s'ils sont fondés ou non	Le Prophète ﷺ nous a également mis en garde : o « Il suffit de mentir pour qu'un homme parle de tout ce qu'il entend » [Ṣaḥīḥ Muslim 5: 5] o « Un homme peut dire un mot (sans penser à ses implications), mais à cause de cela, il plongera dans le feu de l'enfer plus loin que la distance entre l'Est et l'Ouest » [Ṣaḥīḥ Bukhārī 6477, Ṣaḥīḥ Muslim 2988: 49] o « Le pire type de mensonge est pour un homme de prétendre qu'il a vu une chose que ses yeux n'ont pas vu » [Sunan Abu Dawud] o « Et Il n'aime pas les ragots pour vous » [Ṣaḥīḥ Muslim 1715: 10] o « Il viendra aux gens des années de trahison, où le menteur sera considéré comme honnête, et l'honnête homme sera considéré comme un menteur. Le traître sera considéré comme loyal, et le loyal sera considéré comme un traître. Et les Ruwaybiḍahs décideront des affaires ». Il fut dit : « Qui sont les Ruwaybiḍahs ?» Il ﷺ a dit : « Les ignorants qui commentent les affaires publiques. » [Ibn Mājah 4036]
Vous partagez des informations via les médias sociaux sans les vérifier, contrôler vos sources ou vous assurer que ce que vous partagez est réel. Vos informations ne sont pas fondées sur des faits, mais sont présentées comme exactes : il s'agit de fake news	Qatādah a dit : « Ne dites pas : "J'ai vu" alors que vous n'avez pas vu, ou "J'ai entendu" alors que vous n'avez pas entendu, ou "Je sais" alors que vous ne savez pas, car Allāh vous interrogera sur tout cela. » [Tafsīr (Exégèse du Coran) d'Ibn Kathīr 5: 75, commentaire sous le verset 17: 36]
Fausse identité sur les médias sociaux	
Vous abordez un thème (par exemple, la piété) en ligne et tout son contraire en personne	Le Prophète ﷺ a dit : « Parmi les personnes les plus mauvaises au Jour du Jugement, il y a la personne à deux visages qui montre un visage à un groupe de personnes et un autre visage à un autre. » [Ṣaḥīḥ Bukhārī 6058]

FRAUDE

Fraude

Signes et symptômes	Évidences coraniques, prophétiques et érudites
Dissimulation de la vérité (p.ex. : défauts de produits ou de services)	
En tant qu'homme, ou une femme d'affaires, vous dissimulez les défauts d'un produit ou d'un service, ou du moins vous ne les divulguez pas, intentionnellement	Abdullah ibn Amir ﷺ raconte :Ma mère m'a appelé un jour où le Messager d'Allāh était assis dans notre maison. Elle a dit : 'Viens ici et je vais te donner une chose'. Le Messager d'Allāh ﷺ lui demanda : "Qu'avais-tu l'intention de lui donner ?" Elle répondit : "J'avais l'intention de lui donner des dattes." Le Messager d'Allāh ﷺ dit : "Si tu n'avais pas l'intention de lui donner quelque chose, un mensonge serait enregistré contre toi." [Sunan Abu Dawud 4991] Le Prophète ﷺ a également dit : o « Faire de (faux) serments accélérera la vente de la marchandise mais détruira la **baraka** (bénédiction) » [Ṣaḥīḥ Bukhārī 2087, Ṣaḥīḥ Muslim 1606: 131] o « Un homme dit des mensonges et en prend l'habitude, de telle sorte qu'il est enregistré comme menteur par Allāh ﷻ » [Ṣaḥīḥ Bukhārī 6094] o « Trois types de personnes auxquelles Allāh ﷻ ne parlera pas le Jour du **Qiyāma** (Résurrection). Il ne les regardera pas avec le regard de la miséricorde, ni ne les purifiera, ni ne nettoiera leurs péchés, et un châtiment sévère les attend. (L'un d'entre eux est :) Un homme qui fait un faux serment selon lequel on lui a offert pour ses biens tellement plus que ce qu'on lui donne (c'est-à-dire : qu'il ment sur la qualité de la marchandise, etc. aux gens avec de faux serments) » [Ṣaḥīḥ Bukhārī 2369] o « Prenez garde au mensonge, car le mensonge mène à la transgression, et la transgression mène au Feu » [Sunan Abu Dawud 4989] o « Celui qui trompe (triche) n'est pas de moi » [Ṣaḥīḥ Muslim 102: 164]
Vous vous persuadez que celui qui présente l'argument le plus habile et convaincant a raison, que le plus important est d'être persuasif, que vous disiez la vérité ou que vous mentiez, que vous défendiez la corruption ou que vous défendiez la justice	
Vous avez développé la capacité d'embellir la vérité et de la présenter de manière convaincante	

Fraude

Signes et symptômes

Promesses non tenues

Il existe deux types de promesses :

- Une promesse faite sans intention de la tenir, en tenant un propos qui ressemble à : "Je ferai telle et telle chose, **inch'Allāh.**" En d'autres termes, vous dites un mensonge et brisez votre promesse simultanément
- Une promesse faite avec l'intention de la tenir, mais qui est ensuite rompue par votre propre choix

En conséquence de votre tromperie vous dévorez les droits des nécessiteux, sans-abris, veuves et orphelins. Vous ne dirigez aucune de vos richesses excédentaires vers eux sous forme de zakāt ou de ṣadaqa

Usage excessif de l'ambiguïté ou absence de clarté du discours indirect

Vous faites un usage excessif du discours indirect, ce qui met en danger vos amitiés, car vos amis ont toujours des doutes sur ce que vous voulez dire

Vos amis, ou connaissances, finissent par savoir que la réalité est différente de ce que vous avez dit. Ils n'étaient pas non plus conscients que vous faisiez preuve d'une ambiguïté délibérée et commencent donc à vous considérer comme un menteur

À force d'utiliser fréquemment cette technique (c'est-à-dire : la tromperie), vous devenez fier de votre capacité à profiter des gens

Évidences coraniques, prophétiques et érudites

Et, concernant celui qui rompt un accord et se rend coupable de trahison, Allāh ﷻ dit : « (Car) Allāh n'aime pas les traîtres. » [Le Butin 8:58]

Le Prophète ﷺ a dit :

- « Les signes de l'hypocrite sont au nombre de trois : quand il parle, il ment, quand il promet, il ne le fait pas et quand on lui confie un dépôt, il trahit sa confiance (il fraude)» [Ṣaḥīḥ Bukhārī 33, 2682, 2749, 60955]
- « Le mensonge mène au **foujoûr** (c'est-à-dire la méchanceté, le mal), et **foujoûr** (la méchanceté) mène au Feu (de l'enfer), et un homme peut continuer à proférer des mensonges, jusqu'à ce qu'il soit inscrit devant Allāh comme un menteur » [Ṣaḥīḥ Bukhārī 6094]
- « Malheur à celui qui parle d'une chose pour faire rire les gens, dans laquelle il ment. Malheur à lui ! Malheur à lui ! » [Tirmidhī 2315]
- « Il y a quatre choses qui caractérisent l'hypocrite : quiconque a un attribut parmi eux, alors il a un attribut d'hypocrisie, jusqu'à ce qu'il s'en défait : (1) Quand il parle, il ment ; (2) il ne tient pas ses promesses chaque fois qu'il promet ; (3) il est vulgaire chaque fois qu'il argumente et (4) chaque fois qu'il passe un accord, il s'avère être traître » [Tirmidhī 2632]
- « Quiconque ne renonce pas aux fausses déclarations (c'est-à-dire : au mensonge), actions et paroles envers les autres, Allāh n'a pas besoin qu'il (jeûne et) se prive de nourriture et boisson » [Ṣaḥīḥ Bukhārī 6057]

Fraude

Traitement académique	Évidences coraniques, prophétiques et érudites
Être conscient de la tromperie et corruption	
Vous vous rappelez qu'il existe de nombreuses personnes qui n'hésitent pas à tromper les gens et à les corrompre, en affichant sur leur visage des sourires et apparaissant comme des personnes merveilleuses, mais qu'elles tromperont leur prochain à la première occasion	Le Prophète ﷺ a dit : « "Il viendra aux gens des années de trahison, où le menteur sera considéré comme honnête, et l'honnête homme sera considéré comme un menteur. Le traître sera considéré comme loyal, et le loyal sera considéré comme un traître. Et les **Rouwaybiḍa** décideront des affaires." Il fut dit : "Qui sont les **Rouwaybiḍa** ?" Il ﷺ a répondu : "Les ignorants qui commentent les affaires publiques." » [Ibn Mājah 4036]
Vous comprenez que le fait de profiter de l'ignorance, du manque d'expérience et de la crédulité d'une autre personne est considéré comme un **ghabn** (tromperie)	
Vous vous rappelez que chaque mensonge, contre-vérité, moment de malhonnêteté, marque votre cœur d'un point noir, et que si cela ne cesse pas, vous vous rapprocherez progressivement du point de non-retour, lorsque le cœur sera irréversiblement noirci : à ce moment-là, votre nom rejoindra la liste des menteurs invétérés	

Fraude

Traitement académique	Évidences coraniques, prophétiques et érudites
Honnêteté et intégrité dans la vie sociale et les affaires Vous vous rappelez que si vous parlez ou faites du commerce avec honnêteté et intégrité, vous serez honoré le Jour de la Résurrection de la compagnie des Prophètes, que la Paix soit sur eux, autres hommes honnêtes, martyrs et justes	Allāh ﷻ dit : o Quiconque obéit à Allāh et au Messager, ceux-là seront avec ceux qu'Allāh a comblé de Ses bienfaits : les Prophètes, les véridiques, les martyrs et les vertueux. Et quels compagnons que ceux-là ! Cette grâce vient d'Allāh. Et Allāh suffit comme Parfait Connaisseur » [Les Femmes 4: 69-70] o « Et honorez (vos) engagements, car on sera interrogé à leur sujet » [Le Voyage nocturne 17: 34] o « Soyez fidèles au pacte avec Allāh, après l'avoir contracté, et ne violez pas vos serments après les avoir solennellement prêtés et avoir pris Allāh comme garant [de votre bonne foi]. Vraiment Allāh sait ce que vous faites ! » [Les Abeilles 16: 91] o « Les vrais croyants sont seulement ceux qui croient en Allāh et Son messager, par la suite ne doutent point et luttent avec leurs biens et personnes dans le chemin d'Allāh ; ceux-là sont les véridiques » [Les Appartements 49: 15]
Vous comprenez que le fondement de l'honnêteté et la fiabilité dans les affaires est simplement de tenir votre parole et vos promesses	Le Prophète ﷺ a dit : o « Le commerçant honnête et digne de confiance sera avec les Prophètes, les hommes honnêtes et les martyrs (le Jour de la Résurrection) » [Tirmidhī 1209] o « En effet, les marchands seront ressuscités le Jour du Jugement avec les méchants, sauf celui qui a la **taqouā** (La crainte révérencielle envers Allāh), se comporte charitablement et est véridique » [Tirmidhī 1210] o « Un marchand (homme d'affaires) honnête sera, au Jour du Jugement, à l'ombre du Trône » [Al-Targhīb oua al-Tarhib / Asbahani 794]

Fraude

Traitement pratique	Évidences coraniques, prophétiques et érudites
Éviter la tromperie Vous évitez la tromperie en expliquant les éventuels défauts ou imperfections des produits ou services que vous commercialisez	Le Prophète ﷺ a dit : « Les deux partis engagés dans une transaction ont la possibilité (de l'annuler), jusqu'à ce qu'ils se séparent. S'ils sont honnêtes et révèlent tout défaut, leur transaction sera bénie, mais s'ils mentent et dissimulent des défauts, la bénédiction sera annulée » [Ṣaḥīḥ Bukhārī 2079, Ṣaḥīḥ Muslim 1532:47]
Reconnaitre ses torts et rectifier ses affaires Lorsque vous avez saisi quelque chose de manière illégale, ou que vous avez pris part à une action légale illicite (connue sous le nom de **ghasb**), vous vous repentez auprès d'Allāh ﷻ, rendez le bien saisi à son propriétaire et lui demandez pardon (ou le remplacez, s'il n'existe plus)	Allāh ﷻ dit : o « Et ne dévorez pas mutuellement et illicitement vos biens et ne vous en servez pas pour corrompre des juges, pour vous permettre de dévorer une partie des biens des gens, injustement et sciemment » [La Vache 2:188] o « Ô les croyants, ne dévorez pas illégalement les biens des uns et des autres, mais faites plutôt du commerce par consentement mutuel. Et ne vous tuez pas (entre vous ou) vous-mêmes. Certes, Allāh est toujours miséricordieux envers vous » [Les Femmes 4:29] Le Prophète ﷺ a dit : o « Votre sang, vos biens et votre honneur sont sacrés pour vous » [Ṣaḥīḥ Bukhārī 67, 105, Ṣaḥīḥ Muslim 1679: 29] o « La propriété de son prochain n'est pas permise à une personne, à moins qu'elle ne donne son consentement » [Ḥākim 318] o « Quiconque s'empare illégalement d'un empan de terre, celui-ci l'entourera jusqu'à la profondeur de sept terres au Jour du Jugement » [Ṣaḥīḥ Muslim 1610: 137] o « Quiconque a opprimé une autre personne concernant sa réputation, ou quoi que ce soit d'autre, il doit la supplier de lui pardonner aujourd'hui (avant le Jour de la Résurrection), quand il n'y aura pas de dīnār ou de dirham (pour compenser les mauvaises actions) ; mais s'il a de bonnes actions, ces bonnes actions lui seront enlevées en fonction de l'oppression commise et s'il n'a pas de bonnes actions, les péchés de l'opprimé lui seront transférés » [Ṣaḥīḥ Bukhārī 2449] Le Prophète d'Allāh ﷺ a maudit celui qui donne un pot-de-vin et celui qui en reçoit un, ainsi que l'intermédiaire. [Musnad Aḥmad 22399]

Fraude

Traitement pratique	Évidences coraniques, prophétiques et érudites
Être de bonne compagnie	
Vous comprenez que vous serez influencé par vos amis et connaissances, vous recherchez donc soigneusement la compagnie de ceux, qui vous guident et vous encouragent vers le bien et vous aident à accomplir ce qu'Allāh ﷻ a ordonné	Allāh ﷻ dit : o « Ô vous qui croyez ! Craignez Allāh et soyez avec les véridiques » [Le Repentir 9: 119] o « Le jour où l'injuste se mordra les deux mains et dira : "(Hélas pour moi !) Si seulement j'avais suivi le chemin du Messager ! Malheur à moi ! Hélas ! Si seulement je n'avais pas pris untel pour ami ! Il m'a, en effet, égaré loin du rappel, après qu'il me soit parvenu". Et le Diable déserte l'homme (après l'avoir tenté) » [Le Discernement 25: 27-29] o « Les amis, ce jour-là, seront ennemis les uns des autres; excepté les pieux.» [Les Envoyés 43: 67] Le Prophète ﷺ a dit : « Une personne subit la religion de son ami proche, alors méfiez-vous de qui vous êtes l'ami » [Sunan Abu Dawud 4833, Tirmidhī 2378]
Cohérence dans l'honnêteté et le pardon	
Vous vous assurez que votre état de véracité (ṣidq) est durable et dominant (il n'y a pas d'alternance, ou d'oscillation, entre ṣidq et **ghish** d'un jour à l'autre)	Allāh ﷻ dit : « Ô vous qui croyez, craignez et parlez avec droiture, afin qu'Il améliore vos actions et vous pardonne vos péchés. Quiconque obéit à Allāh et à Son messager, obtient certes une grande réussite » [Les Coalisés, 33: 70-71]
Vous réalisez que la seule façon de laver les taches déjà présents sur votre cœur est de vous repentir sincèrement de vos méfaits, en formulant un vœu honnête envers vous-même et Allāh ﷻ de ne pas répéter les mauvaises actions que vous avez commises	
Vous êtes vigilant à tout moment et compensez vos manquements, en veillant constamment à améliorer et à perfectionner la sincérité de vos actes	

Fraude

Traitement pratique

Honnêteté dans la parole

Lorsque vous parlez, vous êtes prudent et ne parlez pas sans réfléchir

Vous vous rappelez que le fait de dire, répéter et répandre des contre-vérités, tue le cœur, et vous l'évitez donc comme un poison

Vous faites preuve de fermeté en affrontant et en limitant l'envie de dire ce qui est faux, et vous vous demandez d'abord si cela ne va pas mettre Allāh ﷻ en colère

Vous veillez à ne pas utiliser le discours indirect avec régularité : au contraire, votre recours à l'ambiguïté se limite uniquement aux situations de grande difficulté

Vous protégez votre honneur en évitant de donner aux gens des raisons de douter de votre intégrité

Si vous dites des faussetés, vous compensez cette erreur en demandant pardon

Intention et vérification (médias sociaux)

Vous vérifiez toute nouvelle avant d'agir, car vous réalisez que, tout comme les virus développés pour infecter les ordinateurs peuvent endommager le matériel et l'infrastructure, les fausses nouvelles, faits alternatifs ou simples mensonges, agissent également comme des virus, qui peuvent endommager votre esprit et vous corrompre, vous et votre famille, de manière diabolique

Lorsque vous avez relayé de fausses informations, vous vous assurez de supprimer ce que vous avez posté dès que possible, et vous faites tout votre possible pour rectifier ce que vous avez fait en informant les gens de votre erreur, car vous vous rappelez que la caractéristique du musulman devrait être son honnêteté et sa fiabilité

Vous avez l'intention d'utiliser les réseaux sociaux (Twitter, Facebook, Instagram, WhatsApp, Skype, etc.) uniquement pour répandre le bien et la paix : pour maintenir les liens familiaux, pour prendre des nouvelles de vos amis, pour diffuser le message du bien chaque fois que vous le pouvez, et vous vous efforcez de choisir la meilleure approche en faisant preuve de sagesse et clarté d'esprit

Évidences coraniques, prophétiques et érudites

Allāh ﷻ dit :

- « Et quand les croyants virent les Coalisés, ils dirent : "Voilà ce qu'Allāh et Son messager nous avaient promis ; et Allāh et Son messager disaient la vérité." Et cela ne fit que croître leur foi et leur soumission » [Le Pèlerinage 22: 30]
- « Par la sagesse et la bonne exhortation, appelle (les gens) au sentier de ton Seigneur. Et discute avec eux de la meilleure façon, car c'est ton Seigneur, qui connaît le mieux celui qui s'égare de Son sentier et c'est Lui qui connaît le mieux ceux qui sont bien guidés » [Les Abeilles 16: 125]
- « Bienheureux sont certes les croyants, ceux qui se détournent des futilités » [Les Croyants 23: 1 & 3]
- « Il ne prononce pas une parole sans avoir auprès de lui un observateur prêt à l'inscrire » [Qāf 50: 18]
- « Ô vous qui avez cru, si un pervers vous apporte une nouvelle, soyez bien attentifs(de crainte) que par inadvertance vous ne portiez atteinte à des gens et vous ne regrettiez par la suite ce que vous avez fait » [Les Appartements 49: 6]

Le Prophète ﷺ a dit :

- « Celui qui se tait, a réussi » [Tirmidhī 2501]
- « Toute personne qui croit en Allāh et au Jour Dernier doit, soit prononcer de bonnes paroles, soit se taire » [Ṣaḥīḥ Bukhārī 6018, Ṣaḥīḥ Muslim 47: 74]
- « Vous devez être véridiques, car la véracité mène à la droiture, et la droiture au Paradis. Un homme continuera à dire la vérité et s'efforcera de la dire, jusqu'à ce qu'il soit enregistré auprès d'Allāh comme un ṣiddīq (locuteur de la vérité). Gardez-vous de dire des mensonges, car le mensonge mène à l'immoralité, et l'immoralité au feu de l'enfer. Un homme continuera à dire des mensonges et à s'efforcer de mentir, jusqu'à ce qu'il soit enregistré auprès d'Allāh comme un menteur » [Ṣaḥīḥ Muslim 2607: 105]
- « Les actions sont jugées par leurs intentions, ainsi chaque homme aura ce qu'il a mérité . Ainsi, celui dont la migration était pour Allāh et Son messager, sa migration est pour Allāh et Son messager. Mais celui dont la migration était motivée par un avantage mondain, ou pour une femme, qu'il pourrait épouser, sa migration est ce vers quoi il a migré » [Ṣaḥīḥ Bukhārī 1]

Fraude

Traitement pratique	Évidences coraniques, prophétiques et érudites
Demander des preuves	
En supposant qu'une affaire vous concerne, vous vous assurez de demander des preuves, si on vous dit qu'une personne désignée est mauvaise, car vous savez que sans preuve, ce qui a été dit est à la limite du mensonge	Allāh ﷻ dit :« Ô vous qui avez cru, si un pervers vous apporte une nouvelle, soyez vigilants (de crainte) que par inadvertance vous ne portiez atteinte à des gens et ne regrettiez par la suite ce que vous avez fait. Et sachez que le Messager d'Allāh est parmi vous. S'il vous obéissait dans maintes affaires, vous seriez en difficultés. Mais Allāh vous a fait aimer la foi et l'a embellie dans vos cœurs et vous a fait détester la mécréance, la perversité et la désobéissance. Ceux-là sont les bien dirigés, c'est là en effet une grâce d'Allāh et un bienfait. Allāh est Omniscient et Sage. » [Les Appartements 49: 6-8]
Comme la corruption et la fraude sont très répandues, vous êtes rigoureux dans vos investigations, car certaines personnes se présentent souvent comme vivotant dans la pauvreté, alors qu'elles sont aisées	
Vous n'acceptez pas sans réfléchir la nouvelle d'une personne connue, qui s'adonnerait ouvertement à des péchés majeurs	
Vous testez toujours la sincérité et la fiabilité d'une personne avant de lui confier quoi que ce soit d'important (jusqu'à ce que sa bonté devienne manifeste), en particulier lorsque la corruption est importante dans une génération donnée	
Vous êtes prudent dans la distribution de la charité (zakāt) car la charité est considérée comme un dépôt d'Allāh ﷻ, et elle doit être distribuée avec soin	

Fraude

Exceptions

Dans la réconciliation

Dans la réconciliation, quand vous voulez unifier deux musulmans

Vous pouvez vous adresser à l'un d'eux et lui dire : « Untel dit du bien de vous, ou vous respecte vraiment », etc.

Dissimulations des péchés par crainte de remontrances

Lorsqu'une personne est extérieurement et "normalement" vertueuse, il est permis de dissimuler ses péchés, si une erreur a été commise :

- o Dans ce cas, il est considéré comme **hayā** (pudeur) de dissimuler les péchés et d'être affligé par leur exposition, car Allāh ﷻ préfère que les péchés soient dissimulés et Il n'aime pas que les péchés soient exposés et dévoilés
- o Lorsque les péchés sont exposés, cela ne sert aucun intérêt et n'entraîne que des conséquences négatives, telles que le blâme et la réprimande immédiats et généralisés

Perspectives coraniques, prophétiques et érudites

Le Prophète ﷺ a dit : « Le menteur n'est pas celui qui essaie de réconcilier les gens et dit du bien (afin d'éviter les disputes), ou transmet du bien. »

Ibn Shihāb a dit qu'il n'a pas entendu dire que l'exemption était accordée dans le contexte où les gens disent un mensonge, sauf dans trois cas particuliers : 1. dans la bataille, pour amener la réconciliation entre les personnes ; 2. la narration des paroles du mari à sa femme et 3. la narration des paroles d'une femme à son mari (sous une forme arrangée, afin d'amener la réconciliation entre eux). [Ṣaḥīḥ Muslim 2605:101]

Le Prophète ﷺ a dit :

- o « Quiconque enlève une épreuve mondaine à un croyant, Allāh lui enlèvera une des épreuves du Jour de la Résurrection. Quiconque accorde un répit à (un débiteur) en difficulté, Allāh lui accordera un soulagement dans ce monde et l'Au-delà. Quiconque dissimule la faute d'un musulman dans ce monde, Allāh lui dissimulera (ses fautes) dans ce monde et l'Au-delà. Allāh aidera une personne, tant qu'elle aidera son frère » [Ṣaḥīḥ Muslim 2699: 38]
- o « Pardonnez les fautes des personnes de qualité, mais pas les fautes auxquelles s'appliquent les sanctions prescrites » [Sunan Abu Dawud 4375]

Fraude

Exceptions

Ambiguïté ou absence de clarté dans le discours indirect

Dans une situation gênante, ou dangereuse, où vous devez dire ce qui est contraire à la vérité afin de vous protéger, ou de protéger des innocents, il n'y a pas de péché

Vous dites une chose qui a un sens plus proche que l'auditeur comprendra, mais aussi un sens éloigné et qui est linguistiquement correct

Ce que vous dites ne présente pas une vérité comme un mensonge et vice versa (c'est-à-dire, que lorsque vous dites une chose, ce n'est pas ce que vous pensez dans votre cœur)

Vous veillez à ce que votre utilisation de l'ambiguïté soit limitée aux situations de grande difficulté

Évidences coraniques, prophétiques et érudites

Le Prophète ﷺ a dit :« Le discours indirect est un moyen sûr d'éviter le mensonge » [Ṣaḥīḥ Bukhārī (Titre du chapitre 116, livre 78) Al-Adab Al-Moufrad 885]

Une certaine vieille femme vint voir le Prophète ﷺ et lui demanda de prier Allāh ﷻ pour qu'elle entre au Paradis. Le Prophète ﷺ répondit : « Ô mère d'untel ou d'une telle ! Aucune vieille femme n'entrera au Paradis. » En entendant cela, la vieille femme repartit en pleurant. Le Prophète ﷺ dit aux gens qui l'entouraient d'aller dire à la vieille femme qu'elle n'entrerait pas au Paradis en tant que vieille femme (mais plutôt en tant que jeune femme) [Chamāl Al-Mouḥammadiyyah / Tirmidhī 230]. Puis il ﷺ récita le verset : « C'est Nous qui les avons créées à la perfection et Nous les avons faites vierges, gracieuses, toutes du même âge. » [L'Evènement 56: 35-37]

Il est connu que les gens avaient l'habitude de venir fréquemment dans les maisons de certains savants. Ces savants aimaient étudier et préféraient ne pas être dérangés par les gens, ils disaient donc à leurs femmes de ne pas dire aux gens où ils se trouvaient. Lorsque les gens se présentaient à leur porte et demandaient où ils étaient, les épouses répondaient : « Allez le chercher dans la mosquée (masjid). » Leurs épouses ne mentaient pas et ne disaient pas qu'ils n'étaient pas là, mais suggéraient plutôt un endroit où le chercher.

البُغْض

Haine

SIGNES ET SYMPTÔMES

- Haine illégitime
- Empêchement de vous souvenir d'Allāh ﷻ et prier
- Le mal du destin

TRAITEMENTS

- Accepter le décret d'Allāh ﷻ
- Adopter la fraternité universelle
- Comprendre les tromperies de Satan
- Adopter la modération (médias sociaux)
- Supprimer l'ego et se réconcilier avec les autres

EXCEPTIONS

- Détester la corruption
- Simple aversion, sans intention ni désir de nuire

CHAPITRE 13

Haine [Bughd] البُغْض

Allāh ﷻ autorise certains types de haine : en effet, grâce à la révélation et aux actions du Noble Prophète ﷺ, nous voyons qu'il existe certaines conditions pour lesquelles la haine peut être méritoire. Cependant, la haine qui est mal orientée et sort des limites de la loi n'a aucune justification. Ici, il est question de la haine pour toute autre chose qu'Allāh ﷻ a jugée méprisable.

Quelque chose de similaire à la haine est la malice (hiqd), qui se définit comme une colère réprimée et frustrée, lorsqu'on n'a pas le pouvoir de se venger ou d'obtenir une compensation. Une forme plus extrême de colère est la rancœur (ghill), une émotion méprisable qui prend racine dans une colère extrême contre une personne au point de lui souhaiter du mal.

Le Prophète ﷺ a dit un jour à ses compagnons : « Voulez-vous voir un homme du Paradis ? Un homme passa et le Prophète ﷺ dit : « Cet homme fait partie des gens du Paradis. » Un Compagnon du Prophète ﷺ prit sur lui d'apprendre ce qui, chez cet homme, lui valait un tel éloge de la part du Messager d'Allāh ﷺ . Il passa du temps avec lui et l'observa de près : Il remarqua qu'il n'accomplissait pas la veille de la prière de nuit (tahajjoud), ou quoi que ce soit d'extraordinaire ; il semblait être un homme moyen de Médine. Le Compagnon a finalement confronté l'homme, lui a dit ce que le Prophète ﷺ avait dit de lui et lui demanda s'il faisait quelque chose de spécial. L'homme y réfléchit et finit par répondre : « La seule chose à laquelle je pense, en dehors de ce que tu as vu, c'est que je m'assure de ne jamais dormir avec une quelconque rancœur dans mon cœur envers un croyant et de n'envier personne pour une quelconque bonté qu'Allāh lui a accordée. » Tel était son secret. [Musnad Aḥmad 12697]

Haine

Signes et symptômes

Haine illégitime

Vous détestez ou avez une forte aversion pour quelqu'un sans raison légitime

Vous réalisez que lorsque votre colère n'a pas été satisfaite, ses relents envahissent le cœur, produisant un effet de rage qui le fait "bouillir"

Votre cœur nourrit du mal pour un être, en étant occupé à élaborer des projets pour nuire à celui contre qui votre malveillance est dirigée

Vous dormez parfois avec une rancune dans votre cœur envers votre prochain

Vous coupez les ponts, ou boycottez une autre personne, pour une raison tout à fait mesquine ou personnelle

Empêchement de vous souvenir d'Allāh et prier

Vos sentiments de haine vous détournent du souvenir d'Allāh et de la prière

Le mal du destin

Vous souhaitez qu'un mal atteigne la personne que vous détestez et la discriminez, parce qu'elle est différente de vous (en termes de croyance, couleur ou caractère)

Évidences coraniques, prophétiques et érudites

La victime ultime de la rancœur est son porteur. C'est pourquoi les croyants prient : « Notre Seigneur ! Pardonne-nous ainsi qu'à nos confrères qui nous ont précédés dans la foi et ne permets pas que l'amertume entre dans nos cœurs à l'égard de ceux qui croient. Notre Seigneur, en vérité, Tu es toujours gracieux, le plus Miséricordieux. » [L'Exode 59:10]

Allāh dit : « Le plan de Satan est d'attiser l'hostilité et la haine entre vous par les intoxications et jeux de hasard et de vous empêcher de vous souvenir d'Allāh et prier. Ne vous abstiendrez-vous donc pas ? » [La Table servie 5:91]

Le Prophète a dit :

- « Les actes sont présentés tous les jeudis et lundis, et Allāh, l'Exalté et le Glorieux, accorde le pardon à toute personne qui n'associe rien à Allāh à l'exception de celui dans le (cœur) duquel il y a de la rancœur contre son frère. Il sera dit : Mets les deux à l'écart jusqu'à ce qu'ils se réconcilient » [Ṣaḥīḥ Muslim 2565:35]
- « Ne coupez pas les liens entre vous, ne vous abandonnez pas mutuellement, ne vous haïssez pas réciproquement et ne vous enviez pas les uns les autres. Ô adorateurs d'Allāh, soyez frères. Il n'est pas licite pour le musulman de fuir son frère pendant plus de trois jours » [Tirmidhī 1935]

Haine

Traitement académique	Évidences coraniques, prophétiques et érudites
Accepter le décret d'Allāh ﷻ	
Vous réalisez que chaque fois que vous ne désirez pas le bien d'autrui, c'est par envie, et l'envie est un rejet de la part décrétée d'Allāh ﷻ pour la création dans le monde	Allāh ﷻ dit : Et quiconque place sa confiance en Allāh, Il (Allāh) lui suffit. Allāh atteint ce qu'Il Se propose et a assigné une mesure à chaque chose. » [Le Divorce 65:3]
Adopter la fraternité universelle	L'une des grandes bénédictions du Paradis est qu'Allāh ﷻ supprimera complètement tout semblant de rancune du cœur d'une personne. Allāh ﷻ dit : o « Et Nous enlèverons toute la rancune de leurs poitrines, sous eux couleront les ruisseaux, et ils diront : "Louange à Allāh qui nous a guidés à ceci. Nous n'aurions pas été guidés, si Allāh ne nous avait pas guidés. Les messagers de notre Seigneur sont venus avec la vérité." Et on leur proclamera, "Voilà le Paradis qui vous a été donné en héritage pour ce que vous faisiez" » [Le Mur d'A'raf 7:43] o « Et Nous aurons arraché toute rancune de leurs poitrines et ils se sentiront frères, faisant face les uns aux autres sur des lits » [La Vallée des Pierres 15:47]
Vous considérez "frère" ou "sœur" comme partie intégrante d'une fraternité universelle, qui inclut les musulmans et les non-musulmans	
Vous désirez pour votre frère ou votre sœur qu'ils entrent dans un état de soumission (Islām) à Leur Seigneur et priez donc pour leur guidée	
Vous détestez les choses en raison de leur résultat potentiel, plutôt que de vous concentrer sur l'auteur de l'acte	Le Prophète ﷺ nous a enseigné : o « Ne nourrissez pas de haine mutuelle » [Ṣaḥīḥ Bukhārī 5143, 6064, 6065, 6066, Ṣaḥīḥ Muslim 2563:28] o « Un homme croyant ne doit pas haïr une femme croyante. Si une caractéristique chez elle lui déplaît, une autre lui plaîra » [Ṣaḥīḥ Muslim 1469:61] o « N'ayez pas de malice envers un musulman ; n'enviez pas les autres musulmans ; n'allez pas contre un musulman et ne l'abandonnez pas. Soyez comme des frères les uns envers les autres. Il n'est pas permis à un musulman d'abandonner son frère pendant plus de trois jours » [Ṣaḥīḥ Muslim 2559:23] o « Celui qui désire une augmentation de sa subsistance et de son âge doit entretenir de bonnes relations avec ses proches » [Ṣaḥīḥ Bukhārī 2067, 5985] o « Que la meilleure forme de foi est "que l'on aime pour l'amour d'Allāh et que l'on déteste pour l'amour d'Allāh" » [Musnad Aḥmad 22130]
Vous comprenez que : o L'amour est un attribut d'Allāh ﷻ, alors que la haine ne l'est pas o Un nom d'Allāh ﷻ mentionné dans le Coran est **Al-Ouadūd**, l'Aimant o La haine est l'absence d'amour, et ce n'est que par l'amour que la haine peut être retirée du cœur	Umar ibn Al-Khattāb ﷺ a dit : « Celui qui ne fait pas preuve de miséricorde, ne recevra pas de miséricorde. Celui qui ne pardonne pas aux autres, ne sera pas pardonné. Celui qui ne protège pas les autres, ne sera pas protégé. » [Al-Adab Al-Moufrad 371] Un homme a un jour demandé au Prophète ﷺ : « Ô Messager d'Allāh, combien de fois dois-je pardonner à mon serviteur ? » Le Prophète ﷺ répondit : Soixante-dix fois en un jour. » [Tirmidhī 1949]

Haine

Traitement pratique	Évidences coraniques, prophétiques et érudites
Comprendre les tromperies de Satan	Allāh ﷻ dit : « Certes, Allāh commande l'équité, la bienfaisance et l'assistance aux proches. Et Il interdit la turpitude, l'acte répréhensible et la rébellion. Il vous exhorte afin que vous vous souveniez. » [Les Abeilles 16:90] Le Prophète ﷺ a dit : o « Ô Mes serviteurs, J'ai rendu l'oppression illicite pour Moi et pour vous, alors n'oppressez personne » [Ṣaḥīḥ Muslim 2577:55] o Moïse (Mūsa عليه السلام) demanda à Allāh : « Qui est le plus honorable de tes serviteurs ? » Allāh ﷻ répondit : « Celui qui pardonne ayant le pouvoir de libérer (sa colère et de se venger) » [Bayhaqī / Chou'ab Al-Īmān 7974]
Vous comprenez les tromperies de Satan et ses murmures maléfiques, qui peuvent finir par prendre le contrôle total de toutes vos pensées et actions (par exemple, se venger fait partie du chemin du Diable)	
Vous vous rendez compte du lourd fardeau que porte la haine, qui ne vous profite ni ne nuit en aucune façon à l'agresseur	
Adopter la modération (médias sociaux)	Le Prophète ﷺ a dit :« Aime celui que tu aimes modérément, peut-être deviendra-t-il un jour détesté par toi. Et déteste modérément celui pour qui tu as de la haine, peut-être deviendra-t-il un jour aimé de toi. » [Tirmidhī 1997]
Vous adoptez la modération en amitié et avec les informations que vous partagez avec les autres, notamment les questions familiales sensibles, car ce que vous partagez pourrait être utilisé contre vous plus tard	
Vous réalisez qu'il vaut mieux bloquer, ou supprimer quelqu'un sur les médias sociaux que d'afficher ouvertement de l'hostilité à son égard	

Haine

Traitement pratique

Supprimer l'ego et se réconcilier avec les autres
Vous êtes le premier à échanger des salutations, puis à pardonner à l'autre personne et traiter avec elle normalement, même si c'est difficile ou exagéré (au début)
Vous vous rappelez que, par nature, les gens sont enclins à aimer ceux qui leur font du bien, de sorte qu'au bout d'un certain temps, la malice ou les sentiments d'amertume commencent à disparaître
Dans vos supplications, vous demandez au Tout-Puissant Allāh ﷻ de bénir et pardonner la personne pour laquelle vous éprouvez de la haine
Vous la mentionnez par son nom, avec une totale sincérité et conviction, d'une manière qui neutralise votre ego (nafs), en demandant à Allāh ﷻ de lui donner des choses bénéfiques dans cette vie et l'autre
Vous désirez que le bien et le bénéfice parviennent à l'autre, indépendamment de la difficulté que vous pouvez rencontrer
Vous réalisez que la rancune est une affection grave qui s'envenime dans votre cœur et bloque le chemin vers le bien

Évidences coraniques, prophétiques et érudites

Allāh ﷻ dit : « Accepte ce qu'on t'offre de raisonnable, commande ce qui est convenable et éloigne-toi des ignorants. » [Le Mur d'A'raf 7:199]

Le Prophète ﷺ nous a enseigné :

- « Jeune homme, si tu es capable chaque matin et soir d'ôter toute rancœur de ton cœur envers quiconque, alors fais-le. Jeune homme, c'est ma Sunna. Celui qui ravive ma Sunna m'a aimé et celui qui m'aime sera avec moi au Paradis » [Tirmidhī 2678]
- « Il n'est pas permis à quiconque d'abandonner son frère en Islām pendant plus de trois nuits ; lorsqu'ils se rencontrent ils s'ignorent, et le meilleur d'entre eux est celui qui salue l'autre le premier » [Ṣaḥīḥ Bukhārī 6077, Ṣaḥīḥ Muslim 2560:25, Sunan Abu Dawud 4911]
- « Tout ce qui est bon est la charité. Et certes, parmi les biens, il y a le fait de rencontrer son frère avec un visage souriant » [Tirmidhī 1970]
- « Aucun d'entre vous n'a atteint la foi, tant qu'il n'aime pas pour son frère ce qu'il aime pour lui-même » [Ṣaḥīḥ Bukhārī 13, Ṣaḥīḥ Muslim 45:71]

Exceptions

Détester la corruption
Il est louable de détester la corruption, le mal, la mécréance, le meurtre, l'indécence et tout ce qu'Allāh ﷻ a exposé comme étant méprisable
Simple aversion, sans intention ni désir de nuire
Lorsque vous éprouvez un sentiment de simple aversion, qui survient contre votre volonté (où vous n'avez ni l'intention ni le désir de nuire), alors ceci est considéré comme un état naturel et est connu sous le nom de découragement ou **inqibāḍ**

Évidences coraniques, prophétiques et érudites

On a demandé au Prophète ﷺ quelle était la meilleure forme de foi. Il ﷺ a répondu : « C'est que vous aimiez pour l'amour d'Allāh et que vous détestiez pour l'amour d'Allāh. » [Musnad Aḥmad 22130]

كُفْرَانُ النِّعَم

Ignorance des bienfaits ou Ingratitude

SIGNES ET SYMPTÔMES

- Oubli des bénédictions visibles et invisibles
- Mauvaise interprétation de la bénédiction
- Soulagement à court terme
- Désespoir face à la perte

TRAITEMENTS

- Montrer de la gratitude pour les innombrables bénédictions d'Allâh ﷻ
- Avoir conscience que la richesse et restriction sont toutes deux des épreuves
- Démontrer de la gratitude
- Être patient et rechercher des avantages à long terme
- Comparer avec ceux qui sont moins favorisés que vous

(PAS D') EXCEPTIONS

- Tout oubli des bienfaits est blâmable

CHAPITRE 14

Ignorance des bienfaits ou Ingratitude

[Kufrān an-Ni'am] كُفْرَانُ النِّعَم

Allāh ﷻ déclare dans le Coran : « Et tout ce que vous avez comme bienfait provient d'Allāh. » [Les Abeilles 16:53]

Être amèrement hostile, en ignorant cette bénédiction, peut être un choix personnel actif et évident, une sorte de "pied de nez" à la grâce d'Allāh ﷻ. D'une manière plus passive, l'ignorance de Ses bienfaits peut provenir d'un manque de compréhension et réalisation de la part d'une personne. Dans tous les cas, ce manque de reconnaissance constitue une ingratitude.

Allāh ﷻ dit aussi :

- « Et lorsque votre Seigneur proclama : "Si vous êtes reconnaissants, très certainement, J'augmenterai (Mes bienfaits) pour vous. Mais si vous êtes ingrats, Mon châtiment sera terrible" » [Abraham 14:7]
- « Souvenez-vous de Moi donc, Je vous récompenserai. Remerciez-Moi et ne soyez pas ingrats envers Moi » [La Vache 2: 152]

Le Prophète ﷺ a dit : « Si le bonheur l'atteint (le croyant), il est reconnaissant (envers Allāh). » [Ṣaḥīḥ Muslim 2999:64]

Ignorance des bienfaits ou Ingratitude

Signes et symptômes

Oubli des bénédictions visibles et invisibles

Vous vous surprenez à oublier les bénédictions qui se présentent sous toutes les formes, à la fois ce que vous pouvez voir et ce que vous ne pouvez pas voir : nourriture, vêtements, abri, richesse, sécurité, amitié, amour, famille, santé, et protection contre le mal et les calamités

Mauvaise interprétation de la bénédiction

Vous êtes inconscient du concept d'istidrāj, dans lequel Allāh ﷻ vous permet de faire étalage de vos bénédictions, alors qu'Il ne diminue en rien vos bénédictions, et qu'en fait, Il peut les augmenter. En effet, vous commencez à penser qu'Allāh ﷻ vous aime et vous favorise vraiment, alors qu'en réalité, Allāh ﷻ peut vous donner beaucoup de prospérité afin de vous détruire

Soulagement à court terme

Vous ne voyez qu'un soulagement à court terme comme une bénédiction et ignorez les avantages de la patience et l'inconfort temporaire

Désespoir face à la perte

Vous vous effondrez et plongez dans la déprime lorsque vous perdez un bien précieux

Évidences coraniques, prophétiques et érudites

Allāh ﷻ dit :

- « Quant à l'homme, lorsque son Seigneur l'éprouve en l'honorant et en le comblant de bienfaits, il dit : "Mon Seigneur m'a honoré". Mais, cependant, quand Il l'éprouve, en lui restreignant sa subsistance, il dit : "Mon Seigneur m'a avili" » [L'Aube 89: 15-16]
- « Nous l'avons guidé dans le chemin, qu'il soit reconnaissant ou ingrat » [L'Homme 76:3]
- « N'as-tu pas vu ceux qui sortirent de leur demeures (il y en avait des milliers) par crainte de la mort ? Puis Allāh leur dit : "Mourrez". Après quoi Il les rendit à la vie. Certes, Allāh est Détenteur de la Faveur envers les gens ; mais la plupart des gens ne sont pas reconnaissants » [La Vache 2:243]
- **Iblīs a dit** : « Puis je les assaillirai de devant, derrière, leur droite et leur gauche. Et, pour la plupart, Tu ne les trouveras pas reconnaissants » [Le Mur d'A'rāf 7:17]

Le Prophète ﷺ a dit :

- « Lorsque vous voyez Allāh donner de la chance à ses serviteurs qui commettent toujours des péchés (être désobéissants), sachez que la personne reçoit l'istidrāj d'Allāh. » (NdT : **Istidrāj** peut vouloir dire qu'Allāh ﷻ rapproche une personne du châtiment par degrés.) [Al-Mou'jam Al-Kabīr / Ṭabarānī 913, Musnad Aḥmad 17311, Bayhaqī / Chou'āb Al-Īmān 4220]
- « **"J'ai vu le feu de l'enfer et n'ai jamais vu une scène comme aujourd'hui et j'ai vu que la plupart de ses habitants sont des femmes."** Ils (les Compagnons) ﷺ **demandèrent** : "Ô Messager d'Allāh, pourquoi ?" Il ﷺ **a répondu** : "A cause de leur ingratitude". Ils ﷺ ont demandé: "Est-ce qu'elles ne croient pas en (sont-elles ingrates envers) Allāh ?"
Il ﷺ **répondit** : « Elles sont ingrates envers leurs (maris) et sont ingrates pour les faveurs qui leur sont faites ; même si tu fais du bien à l'une d'entre elles toute ta vie, lorsqu'elle verra un manquement de ta part, elle dira : "Je n'ai jamais vu de bien de ta part" » [Ṣaḥīḥ Bukhārī 5197]

Ignorance des bienfaits ou Ingratitude

Traitement académique	Évidences coraniques, prophétiques et érudites
Montrer de la gratitude pour les innombrables bénédictions d'Allāh ﷻ	
Vous vous rappelez que les meilleures bénédictions sont celles liées à l'entrée au Paradis, c'est-à-dire : la foi, la patience, le bon caractère, la rapidité à faire le bien et la promptitude à adorer (car elles sont éternelles) Vous comprenez que toutes les bénédictions, qui vous parviennent (nuit et jour), proviennent d'Allāh ﷻ et vont au-delà de toute énumération Vous comprenez que les bénédictions se présentent sous toutes les formes, ce que nous pouvons voir et toucher (par le biais de biens matériels : nourriture, vêtements, abri, richesse et autres), ainsi que ce que nous ne pouvons pas voir (comme la sécurité, l'amitié, l'amour, la santé et la protection contre le mal et les calamités) `Vous vous rappelez quelques-uns des innombrables bienfaits : o Vous clignez des yeux, par exemple, des milliers de fois par jour sans y penser, cependant il y a des personnes qui ont besoin d'une lubrification artificielle parce que leurs glandes lacrymales ne fonctionnent pas ; et qu'il y existe d'innombrables autres bénédictions liées à l'œil o Votre capacité à marcher en équilibre, même sur la plus petite distance, sans avoir besoin de stimuler consciemment des dizaines de muscles o Vos pouces vous permettent de faire avec vos mains ce que la plupart des créatures ne peuvent pas tenter o Votre nourriture a été rendue délicieuse au lieu d'être fade o On vous a donné de la dignité dans votre rapport à la nutrition, par opposition à la manière inélégante dont les carnivores ravagent et dévorent leurs proies	Allāh ﷻ dit : o « Et tout ce que vous avez comme bienfait provient d'Allāh. Puis quand le malheur vous touche, c'est Lui que vous implorez à haute voix » [Les Abeilles 16:53] o « Que l'homme considère donc sa nourriture : C'est Nous qui versons l'eau abondante, puis Nous fendons la terre par fissures et y faisons pousser graines, vignobles et légumes, oliviers et palmiers, jardins touffus, fruits et herbages, pour votre jouissance personnelle et vos bestiaux » [Il s'est renfrogné 80: 24-32] o « Souvenez-vous de Moi donc, Je vous récompenserai. Remerciez-Moi et ne soyez pas ingrats envers Moi » [La Vache 2:152] o « Et quant au bienfait de ton Seigneur, proclame-le » [Le Jour montant 93:11] o « Il vous a accordé de tout ce que vous Lui avez demandé. Et si vous comptiez les bienfaits d'Allāh, vous ne sauriez les dénombrer. L'homme est vraiment très injuste, ingrat » [Abraham 14:34] o « Dis : "C'est Lui qui vous a créés et vous a donné l'ouïe, les yeux et cœurs. Mais vous êtes rarement reconnaissants !" » [La Royauté 67:23] Le Prophète ﷺ a dit : o « Si le bonheur l'atteint (le croyant), il est reconnaissant » [Ṣaḥīḥ Muslim 2999:64] o « Par Allāh, je t'aime, Mou'ādh. Je te conseille de ne jamais abandonner cette supplication après chaque prière (prescrite), et dis : "Ô Allāh, aide-moi à me souvenir de Toi, à Te rendre grâce et à bien T'adorer" » [Sunan Abu Dawud 1522] o « Allāh est satisfait d'une personne qui mange un aliment puis Le loue pour cela, ou qui boit une boisson puis Le loue pour cela » [Ṣaḥīḥ Muslim 2734:88] 'Āishah ﵂ rapporte que le Prophète ﷺ s'adonnait à la prière de la nuit (pendant un temps si long) que ses chevilles enflaient. Elle ﵂ dit : « O RasoulAllāh ! Pourquoi le fais-tu, puisqu'Allāh t'a pardonné tes fautes du passé et celles à venir ?» Il ﷺ répondit : « Ne devrais-je pas être un serviteur reconnaissant ? » [Ṣaḥīḥ Bukhārī 4837]

Ignorance des bienfaits ou Ingratitude

Traitement académique

Avoir conscience que la richesse et restriction sont toutes deux des épreuves

Tu te rappelles que l'ennemi d'Allāh ﷻ, Iblīs, déploie tous ses efforts pour te rendre négligent et peu attentif au rang élevé du **choukr** (reconnaissance)

Vous comprenez que le fait de vous engager dans la gratitude envers Allāh ﷻ vous protégera de la rétraction de Ses bénédictions

Vous vous rappelez que la richesse est une épreuve pour vous et que plus vous possédez des "ornements de ce monde", plus vous devrez en rendre compte

Vous utilisez Ses bienfaits et faveurs pour obtenir Son bon plaisir

Évidences coraniques, prophétiques et érudites

Allāh ﷻ dit :

- « Et lorsque votre Seigneur proclama : "Si vous êtes reconnaissants, très certainement J'augmenterai (Mes bienfaits) pour vous. Mais si vous êtes ingrats, Mon châtiment sera terrible" » [Abraham 14:7]
- « Ainsi, éprouvons-Nous (les gens) les uns par les autres, pour qu'ils disent : "Est-ce là ceux qu'Allāh a favorisés parmi nous ?" N'est-ce pas Allāh qui sait le mieux lesquels sont reconnaissants ? » [Les Bestiaux 6:53]

Ignorance des bienfaits ou Ingratitude

Traitement pratique	Évidences coraniques, prophétiques et érudites
Démontrer de la gratitude	Allāh ﷻ dit : « Et (rappelez-vous) quand votre Seigneur a proclamé : 'Si vous êtes reconnaissants, Je vous donnerai certainement davantage. Mais si vous êtes ingrats, assurément Mon châtiment est sévère ! » [Abraham 14:7] Le Prophète ﷺ a dit : « Allāh est satisfait d'une personne qui mange un aliment puis Le loue pour cet aliment, ou qui boit une boisson puis Le loue pour cette boisson » [Ṣaḥīḥ Muslim 2734:88]
Vous utilisez licitement vos yeux, oreilles, langues et membres pour obtenir Son bon plaisir	
Vous adoptez une autodiscipline du cœur, dans laquelle vous êtes indifférent (c'est-à-dire : non attaché) au monde matériel, de sorte que votre caractère et niveau de foi ne changent pas, si et quand vous perdez vos bénédictions	
Lorsque votre richesse est restreinte, il s'agit également d'une épreuve. Vous devez donc faire preuve de patience et contentement (vous renoncez au désespoir et à l'amertume)	

Ignorance des bienfaits ou Ingratitude

Traitement pratique	Évidences coraniques, prophétiques et érudites
Être patient et rechercher des avantages à long terme	Allāh ﷻ dit :
Vous comprenez que les choses peuvent être quelque peu inconfortables à court terme, mais bénéfiques à long terme	o « Certes, Allāh est avec ceux qui persévèrent » [Le Butin 8:46] o « Et si vous punissez, infligez (à l'agresseur) une punition égale suite au tort qu'il vous a fait. Et si vous endurez, cela est certes meilleur pour les endurants » [Les Abeilles 16:126]
Vous contrôlez vos désirs lubriques, car vous comprenez que l'intimité sexuelle et la patience jusqu'au mariage sont bien plus importantes que tout plaisir temporaire et le déshonneur de la descente dans le péché. Ce contrôle de soi peut devenir difficile, inconfortable et même frustrant	o « Ils dirent, sous le choc : "Est-ce que tu es vraiment Joseph !" - Il dit : "Je suis Joseph, et voici mon frère (Benjamin) ! Certes, Allāh nous a favorisés. Quiconque craint et patiente, et Allāh certainement ne fait pas perdre la récompense des bienfaisants" » [Joseph 12:90]
Vous évitez de trop manger, parce que vous vous rendez compte que cela entraîne des problèmes de santé à long terme (même si vous pouvez éprouver une certaine satisfaction à court terme)	o « Voilà ceux qui recevront deux fois leur récompense pour leur endurance, pour avoir répondu au mal par le bien et pour avoir dépensé de ce que Nous leur avons attribué » [Le Récit 28:54]
Comparer avec ceux qui sont moins favorisés que vous	Le Prophète ﷺ a dit :
Même lorsque vous rencontrez des problèmes ou désagréments, vous pensez à ceux qui sont dans une situation pire que la vôtre	o « Regardez ceux qui vous sont inférieurs et ne regardez pas ceux qui sont au-dessus de vous : ceci est plus digne, afin que vous ne méprisiez pas les bienfaits d'Allāh » [Ṣaḥīḥ Muslim 2963:8] o « Combien merveilleux est le cas d'un croyant ! Il y a du bien pour lui dans tout ce qui lui arrive, et personne, en dehors de lui, ne jouit de ce bienfait. S'il reçoit quelque libéralité, il est reconnaissant envers Allāh, et cette libéralité lui apporte du bien. Et si quelque adversité l'atteint, il est patient, et cette affliction, elle aussi, lui apporte du bien » [Ṣaḥīḥ Muslim 2999:64]

Ignorance des bienfaits ou Ingratitude

Pas d'exceptions

Évidences coraniques, prophétiques et érudites

Tout oubli des bienfaits est blâmable	
Vous vous rappelez qu'Allāh ﷻ est le plus digne de vos remerciements et louanges, en raison des grandes faveurs et bénédictions, qu'Il vous a accordées, tant sur le plan spirituel, que sur le plan terrestre	Allāh ﷻ dit : « Souviens-toi de Moi ; Je me souviendrai de toi. Et remercie-Moi, et ne sois jamais ingrat » [La Vache 2:152]
Vous vous rappelez qu'Allāh ﷻ vous a ordonné de Lui rendre grâce pour Ses bénédictions et de ne pas les renier	

الغَفْلَة

Inconscience

SIGNES ET SYMPTÔMES

- Irresponsabilité
- Garder de mauvaises fréquentations et ne pas défendre la vérité
- Asservi par la technologie et les médias sociaux

TRAITEMENTS

- Accomplir les droits d'Allāh ﷻ
- Réfléchir à la valeur du temps
- S'entourer de présences bienveillantes et précieuses
- Ne pas oublier la réalité de la mort
- Conseiller les enfants à un jeune âge (médias sociaux)
- Valoriser le temps et son environnement (médias sociaux)
- Rechercher la bonne compagnie et utiliser les médias sociaux pour l'encourager
- Limiter son rire
- Rendre compte de ses actes et rechercher le pardon d'Allāh ﷻ
- Honorer les personnes vertueuses
- Invoquer les bénédictions sur le Prophète ﷺ
- Réciter et méditer le Coran

EXCEPTIONS

- L'humanité est oublieuse

CHAPITRE 15

Inconscience

[Ghaflah] الغَفْلَة

L'inconscience, ou **ghafla**, est le fait d'être négligent (de ne pas prêter attention) envers ce qui est infiniment plus important dans sa vie (que les biens matériels), c'est-à-dire : ce qu'Allāh ﷻ nous a ordonné de faire et ce qui a été interdit. L'inconscience, dont il est question ici, est la forme la plus menaçante : ne pas tenir compte du dessein divin, de la responsabilité, Résurrection, position ultime et du Jugement dans l'Au-delà.

Les savants ont dit que l'inconscience est l'agent pathogène qui engendre toutes les maladies du cœur. Un **moughaffal** (un simplet) est une personne qui se laisse facilement tromper, c'est-à-dire une personne qui est détournée de ce qui est essentiel et conséquent, mais qui est inclinée vers ce qui est temporaire et en fin de compte inutile.

Inconscience

Signes et symptômes

Irresponsabilité
Vous possédez les richesses de l'intellect, du talent et des capacités, mais vous ne réfléchissez pas correctement
Vous n'êtes pas attentifs, ou du moins vous ne prêtez guère attention, au dessein divin, à votre responsabilité, Résurrection, destination finale et à votre Jugement dans l'Au-delà
Vous ne voyez pas les choses telles qu'elles sont réellement, choisissant un mode de vie, qui permet aux signes divins de vous frôler, sans que vous y prêtiez attention
Vous ne tenez pas compte de ce qu'Allāh ordonné et qu'Il a interdit, ou vous considérez la différence entre les deux comme sans importance

Évidences coraniques, prophétiques et érudites

Allāh :

- Dit : « Et n'obéis pas à celui dont Nous avons rendu le cœur inattentif à Notre Rappel, qui poursuit sa passion et dont le comportement est outrancier » [La Caverne 18:28]. Il avertit le Prophète lui-même de ne pas se conformer à la volonté de ceux dont les cœurs sont dans l'état d'inconscience : quant à ceux qui se détournent de la vérité, Allāh augmente leur inconscience.
- Et dit : « Et ne soyez pas comme ceux qui ont oublié Allāh ; Il leur a fait alors oublier leur propre personne ; ceux-là sont les pervers » [L'Exode 59:19]
- Et parle des mécréants insensibles au message des Prophètes comme ayant un voile (ghichoua) sur leurs yeux : « Allāh a scellé leurs cœurs et oreilles; et un voile épais leur couvre la vue, et pour eux il y aura un grand châtiment » [La Vache 2:7]

Le Coran utilise d'autres mots pour désigner l'insouciance : ceux qui se moquent du Coran sont des **As-sāmidoūn** [L'Étoile 53:61], ceux qui sont tellement plongés dans l'amusement, qu'ils sont oublieux de la réalité.

L'Imām Ghazālī dit : « Ô disciple, si tu n'agis pas selon tes connaissances aujourd'hui et ne fais pas amende honorable pour les jours passés, tu diras demain, au Jour de la Résurrection : "Notre Seigneur, nous avons maintenant vu et entendu, alors renvoie-nous, et nous ferons de bonnes actions" [La Prosternation 32:12] Et il vous sera répondu : "Inconscients ! Vous venez juste d'en revenir !" » Lettre à un disciple / Ayyouhā Al-Oualad, p.16-17]

Inconscience

Signes et symptômes

Garder de mauvaises fréquentations et ne pas défendre la vérité

Vous vous asseyez avec les personnes désobéissantes, vous leur tenez compagnie, vous louez leurs actions et vous affichez votre plaisir de leur condition sans les désapprouver

Vous gardez le silence, alors que vous devriez défendre la vérité

Vous ne luttez pas contre l'injustice et la méchanceté, vous n'ordonnez pas le bien et n'interdisez pas le mal

Vous n'invitez pas les autres à emprunter le chemin de la vérité, mais vous employez votre intelligence et temps à des discussions oiseuses, la médisance et aux flatteries devant les détenteurs de la richesse et du pouvoir

Évidences coraniques, prophétiques et érudites

Allāh ﷻ dit :

- « Laisse ceux qui prennent leur religion pour jeu et amusement et qui sont séduits par la vie sur terre » [Le Mur d'A'rāf 6:70]
- « Dans le Livre, il vous a déjà révélé ceci : lorsque vous entendez qu'on renie les versets (le Coran) d'Allāh et qu'on s'en moque, ne vous asseyez point avec ceux-là, jusqu'à ce qu'ils entament une autre conversation. Sinon, vous serez comme eux. Allāh rassemblera, certes, les hypocrites et mécréants, tous, dans l'Enfer » [Les Femmes 4:140]
- « Le jour où l'injuste se mordra les deux mains et dira : "Hélas pour moi ! Si seulement j'avais suivi le chemin du Messager ! Malheur à moi ! Hélas ! Si seulement je n'avais pas pris untel pour ami ! Il m'a, en effet, égaré loin du rappel (le Coran), après qu'il me soit parvenu". Et le Diable déserte l'homme (après l'avoir tenté) » [Le Discernement 25: 27-29]
- « Lorsque cet homme viendra à Nous, il dira (à leurs associés) : "Hélas ! Que n'y a-t-il entre vous et moi la distance entre les deux orients (l'Est et Ouest) ! Quel mauvais compagnon (que vous avez été) !" Il ne vous profitera point ce jour-là, du moment que vous avez été injustes, que vous soyez associés dans le châtiment » [L'Ornement 43: 38-39]
- « Les pires des bêtes auprès d'Allāh, sont (en vérité), les sourds-muets, qui ne raisonnent pas » [Le Butin 8:22]

Le Prophète ﷺ a dit : « Ne parlez pas longtemps sans vous souvenir d'Allāh, car parler beaucoup sans se souvenir d'Allāh endurcit le cœur. La personne la plus éloignée d'Allāh est celle dont le cœur est endurci. » [Tirmidhī 2411]

Inconscience

Signes et symptômes

Asservi par la technologie et les médias sociaux

Vous paniquez, ou vous vous sentez désemparé, lorsque vous n'avez pas votre téléphone portable

Vous êtes accro aux divertissements et plaisirs instantanés ; vous vous perdez dans "l'infini" de l'internet, des jeux vidéo, jeux sur téléphone portable, etc.

Vous vérifiez inconsciemment votre flux (Facebook, Instagram, Twitter, Tumblr, courriel, SMS, WhatsApp, etc.) des dizaines de fois par jour, en marchant, courant, mangeant, vous détendant, faisant la queue, allant aux toilettes, aux feux rouges (et même en conduisant), pour voir combien de likes et commentaires vous avez

Vous laissez volontairement votre flux entrer dans votre espace personnel, ce qui a un effet négatif sur vous et votre bien-être personnel

Vous ne tenez plus compte des bonnes manières, en particulier lorsque vous êtes avec vos parents, votre conjoint et vos enfants :

- Vous conversez avec une personne tout en envoyant des SMS à une autre personne
- Vous regardez constamment votre téléphone pendant que vous parlez à quelqu'un, donnant l'impression que vous avez mieux à faire que de lui parler

Vous vous fiez largement aux mises à jour de statuts "religieux", plutôt que développer votre lien personnel avec Allāh ﷻ

Évidences coraniques, prophétiques et érudites

Allāh ﷻ dit :

- « Ils connaissent un aspect de la vie présente, tandis qu'ils sont inattentifs à l'Au-delà » [Les Romains 30:7]
- « Nous avons destiné beaucoup de **djinns** et d'hommes à l'Enfer. Ils ont des cœurs, mais ne comprennent pas. Ils ont des yeux, mais ne voient pas. Ils ont des oreilles, mais n'entendent pas. Ceux-là sont comme les bestiaux, même plus égarés encore. Tels sont les insouciants » [Le Mur d'A'rāf 7:179]

Le Prophète ﷺ a dit :

- « Ne parlez pas longtemps sans vous souvenir d'Allāh, car parler beaucoup sans se souvenir d'Allāh endurcit le cœur. Le plus éloigné des gens d'Allāh est celui qui a le cœur endurci » [Tirmidhī 2411]
- « Il y a deux bénédictions dont beaucoup ne font pas le meilleur usage : la bonne santé et le temps libre » [Ṣaḥīḥ Bukhārī 6412]

"En 2017, l'utilisation quotidienne moyenne des médias sociaux par les internautes mondiaux s'élevait à 135 minutes par jour, contre 126 minutes l'année précédente." [Statista 2018]

"Les adolescents passent plus d'un tiers de leurs journées sur les médias tels que la vidéo ou musique en ligne, soit près de neuf heures en moyenne, selon une nouvelle étude du groupe à but non lucratif d'éducation technologique familiale, Common Sense Media. Pour les préadolescents, ceux qui ont entre 8 et 12 ans, la moyenne est de six heures environ par jour." [The Washington Post, 2015]

Cumulativement donc, en moyenne une personne peut passer entre 4 et 5 ans de sa vie sur les médias.

Inconscience

Traitement académique	Évidences coraniques, prophétiques et érudites
Accomplir les droits d'Allāh ﷻ	
Vous donnez à Allāh ﷻ le droit qui Lui revient, en reconnaissant l'importance de l'obéissance à Ses commandements et l'éloignement de ce qui est interdit (appelés, connus sous le nom de **Houququllāh**, ou droits d'Allāh ﷻ d'être adoré)	Allāh ﷻ dit : « Ô vous qui croyez, obéissez à Allāh et à Son messager et ne vous détournez pas de lui quand vous l'entendez (parler). » [Le Butin 8:20]
Réfléchir à la valeur du temps	Le Prophète ﷺ a dit : o « Il y a deux bénédictions dont beaucoup ne font pas le meilleur usage : la bonne santé et le temps libre » [Ṣaḥīḥ Bukhārī 6412] o « Profite de cinq choses avant cinq autres : ta jeunesse avant de devenir vieux ; ta santé, avant de tomber malade ; ta richesse, avant de devenir pauvre ; ton temps libre avant de te préoccuper et ta vie, avant ta mort » [Bayhaqī / Chou'ab Al-Īmān 9767]
Vous êtes conscient de la valeur du temps, qu'il s'agit d'une bénédiction d'Allāh ﷻ, et que la vie dans ce monde n'est que temporaire, car vous ne connaissez pas l'heure de votre mort	
Vous comprenez que le fait de perdre ne serait-ce qu'un seul instant est une occasion perdue, qui ne reviendra jamais	
S'entourer de présences bienveillantes et précieuses	Allāh ﷻ dit :« Fais preuve de patience (en restant) avec ceux qui invoquent leur Seigneur matin et soir, désirant Sa Face. Et que tes yeux ne se détachent point d'eux, en cherchant (le faux) brillant de la vie sur terre. Et n'obéis pas à celui dont Nous avons rendu le cœur inattentif à Notre Rappel, qui poursuit sa passion et dont le comportement est outrancier. » [La Caverne 18:28]
Vous réalisez que la compagnie que vous fréquentez a des répercussions sur votre cœur et moralité (comme le reconnaissent pratiquement toutes les traditions et cultures)	
Vous réalisez qu'en étant entouré de personnes sincères et dignes de confiance, vous ne pourrez que bénéficier d'elles, et même si vous vous trompez, les compagnons bienveillants vous le rappelleront et vous redresseront	Le Prophète ﷺ a dit : o « Une personne est influencée par la religion de son ami proche, donc méfiez-vous de qui vous êtes ami » [Tirmidhī 2378] o « Un bon ami et un mauvais ami sont comme un vendeur de parfums et un forgeron : Le vendeur de parfum peut te donner du parfum en cadeau, ou tu peux lui en acheter, ou du moins tu peux sentir son parfum. Quant au forgeron, il pourrait brûler vos vêtements, et au moins vous respirerez les fumées du fourneau » [Ṣaḥīḥ Bukhārī 2101, Ṣaḥīḥ Muslim 2628:146]

Inconscience

Traitement académique	Évidences coraniques, prophétiques et érudites
Ne pas oublier la réalité de la mort	
Vous vous rappelez ce dont Allāh vous a averti dans le Coran, en vous permettant d'avoir un aperçu du Jour du Jugement	Lorsque la mort s'approche de l'un d'entre eux, Allāh dit qu'ils aspireront à revenir et regretteront le temps perdu : o « Puis, lorsque la mort vient à l'un deux, il dit : "Mon Seigneur ! Fais-moi revenir (sur terre), afin que je fasse du bien dans ce que je délaissais". Non, c'est simplement une parole qu'il dit. Derrière eux, cependant, il y a une barrière, jusqu'au jour où ils seront ressuscités » [Les Croyants 23: 99-100] o « Si tu voyais alors les criminels (comparaître), têtes basses devant leur Seigneur ! "Notre Seigneur, nous avons vu et entendu. Renvoie-nous donc afin que nous puissions faire le bien ; nous croyons (maintenant) avec certitude" » [La Prostration 32:12] o « Sont perdants certes ceux qui traitaient de mensonges la rencontre avec Allāh. Et quand soudain l'Heure leur viendra, ils diront : « Malheur à nous pour notre négligence à son égard. Et ils porteront leurs fardeaux sur leurs dos, et quels mauvais fardeaux ! » [Les Bestiaux 6:31] o « Le jour où Il vous appellera, vous Lui répondrez en Le glorifiant. Vous penserez cependant que vous n'êtes restés (sur terre) que peu de temps ! » [Le Voyage nocturne 17:52] Le Jour du Jugement, les insouciants seront conduits à leur châtiment, et on leur dira en chemin : Tu restais indifférent à cela. Eh bien, Nous ôtons ton voile ; ta vue est perçante aujourd'hui » [Qāf 50:22]
Vous vous rappelez ce que les malfaiteurs diront et qu'ils ressentiront précisément lorsqu'ils seront appelés à Sa rencontre	
Vous réalisez que dès que vous mourrez, les voiles sont levés et vous ne vivrez plus dans l'insouciance et d'épreuves porte ses fruits	
Vous avez été créé pour vous souvenir d'Allāh, alors vous préférez être guéri de l'insouciance dans cette vie, là où cela compte, lorsque votre obéissance dans cette arène de tests et d'épreuves porte ses fruits	
Conseiller les enfants à un jeune âge (médias sociaux)	
En tant que parent responsable, vous enseignez à vos enfants comment utiliser les médias sociaux de manière responsable	Le Prophète a dit : « Chacun de vous est un berger et chacun de vous est responsable de son troupeau. Le chef qui est au-dessus du peuple est un berger et est responsable de son troupeau ; un homme est un berger responsable des habitants de sa maison et il est responsable de son troupeau ; une femme est une bergère en charge de la maison et des enfants de son mari et elle en est responsable ; et l'esclave d'un homme est un berger responsable de la propriété de son maître et il en est responsable. Ainsi, chacun de vous est un berger et chacun de vous est responsable de son troupeau. » [Sunan Abu Dawud 2928]
Vous vous réunissez en famille et établissez des directives appropriées, en ayant des conversations ouvertes et honnêtes, et en établissant des principes fermes qui tiennent compte des besoins des enfants, quels que soient les changements technologiques (p. ex. : des limites d'utilisation strictes)	

Inconscience

Traitement pratique	Évidences coraniques, prophétiques et érudites
Valoriser le temps et son environnement (médias sociaux)	Allāh ﷻ dit : o « Par le Temps ! L´homme est, certes, en perdition, sauf ceux qui croient et accomplissent les bonnes œuvres, s´enjoignent mutuellement la vérité et s´enjoignent mutuellement l´endurance » [Le Temps 103: 1-3] o « Ô croyants, obéissez à Allāh et au Messager, et que vos actes ne soient pas vains » [Muḥammad 47:33] Le Prophète ﷺ a dit :« Empressez-vous de faire les bonnes actions avant sept choses. N'attendez-vous que la pauvreté accablante, ou la richesse distrayante, maladie débilitante, sénilité balbutiante, mort soudaine, ou le Dajjāl, la pire chose cachée que l'on attend, ou l'Heure ? L'Heure est plus calamiteuse et amère. » [Tirmidhī 2306]
Vous restez attentif au temps que vous passez sur les médias	
Vous donnez la préférence à ceux qui vous entourent plutôt qu'à ceux avec qui vous discutez via WhatsApp et autres outils de médias sociaux	
Rechercher la bonne compagnie et utiliser les médias sociaux pour l'encourager	Le Prophète ﷺ a dit : « Un bon ami et un mauvais ami sont comme un vendeur de parfum et un forgeron : Le vendeur de parfum peut te donner du parfum en cadeau, ou tu peux lui en acheter, ou au moins tu peux sentir son parfum. Quant au forgeron, il risque de brûler tes vêtements, et au moins tu respireras les fumées du fourneau. » [Ṣaḥīḥ Muslim 2628] On aurait demandé au Prophète ﷺ : « Lequel de nos compagnons est le meilleur ? » Il ﷺ **répondit** : « Celui dont l'apparence vous rappelle Allāh, dont le discours vous augmente en connaissance et dont les actions vous rappellent l'Au-delà. » [Bayhaqī / Chou'ab Al-Īmān 9000] Le Prophète ﷺ a dit : o « Quiconque dirige quelqu'un à faire le bien, recevra une récompense équivalente à celle de celui qui accomplit cette bonne action » [Ṣaḥīḥ Muslim 1893:133] o « Transmettez de ma part, ne serait-ce qu'une **āya** du Coran » [Ṣaḥīḥ Bukhārī 3461] o « Que ceux qui sont présents transmettent à ceux qui sont absents. Car peut-être que celui qui reçoit la transmission la comprendra mieux que celui qui l'a entendue en premier » [Ṣaḥīḥ Bukhārī 67, 1741, 4406, Ṣaḥīḥ Muslim 1679:29]
Vous êtes vigilant quant à la protection de votre environnement et des personnes dont vous accueillez l'influence (y compris sur les médias sociaux)	
Vous gardez (ou recherchez) une compagnie saine et sincère : des personnes justes qui ne trichent pas et ne mentent pas	
Vous utilisez les médias sociaux pour essayer d'encourager les autres à faire le bien et vous vous en servez également comme motivation pour vous-même	

Inconscience

Traitement pratique

Limiter son rire

Vous réalisez que, bien qu'il n'y ait aucune interdiction de rire, un amusement prolongé a la capacité d'anesthésier votre âme, ce qui peut conduire à la folie

Vous contrôlez vos moments de rire et trivialité, en vous rappelant fréquemment la mort

Rendre compte de ses actes et rechercher le pardon d'Allāh ﷻ

Vous analysez votre bilan moral des comptes à la fin de chaque journée, pour calculer vos gains relatifs à ce que vous avez perdu, ou gagné, par rapport au plaisir d'Allāh ﷻ (c'est-à-dire : les bonnes actions par rapport aux mauvaises actions)

Lorsque vous subissez une perte (ce qui, vous l'admettez, est fréquent), vous recherchez le pardon d'Allāh ﷻ pour équilibrer les choses)

Vous vous repentez et recherchez le pardon dans le cadre d'un culte régulier

Évidences coraniques, prophétiques et érudites

Le Prophète ﷺ a dit :

- « Souvenez-vous fréquemment du destructeur des plaisirs (la mort) » [Tirmidhī 2307, Ibn Mājah 4258]
- « Ne riez pas trop, car en vérité, le rire excessif tue le cœur» [Tirmidhī 2305, Ibn Mājah 4193, 4217]

Istighfār (recherche du pardon) au moins cent fois par jour était l'une des pratiques du Prophète ﷺ [Ṣaḥīḥ Muslim 2702:41, Sunan Abu Dawud 1515, 1516], et suivie de près par nos vertueux prédécesseurs (salaf).

Le Prophète ﷺ a supplié Allāh ﷻ de lui montrer les choses dans leur réalité, distinguée et claire : « Montre-moi la vérité comme vérité et donne-moi la capacité de la suivre ; et montre-moi le mensonge comme mensonge et donne-moi la capacité de l'éviter. » [Tafsir Ibn Kathir 1: 571, exégèse du Ḥadith no. 2:213]

Inconscience

Traitement pratique	Évidences coraniques, prophétiques et érudites
Honorer les personnes vertueuses	
Vous comprenez le statut spirituel des personnes justes et érudites et vous les honorez et respectez	Allāh ﷻ dit : « Ensuite, Nous fîmes héritiers du Livre ceux qui de Nos serviteurs Nous avons choisis. » [Le Créateur 35:32]
Vous rendez visite aux vivants et morts pour leur rappeler tristement la mort et l'Au-delà	Le Prophète ﷺ a dit : o « Les savants sont les héritiers des Prophètes » [Tirmidhī 2682] o « Visitez les tombes, car cela rappelle la mort » [Ṣaḥīḥ Muslim 976:108] o « Que la paix soit sur vous, demeures des croyants. Il vous est parvenu ce qui vous a été promis, et si Allāh le veut, nous vous suivrons bientôt. O Allāh, pardonne aux gens de **Baqī' Al-Gharqad** » [Ṣaḥīḥ Muslim 974:102]
Vous vous rendez sur les tombes des grands musulmans de Médine et leur transmettez des salutations de paix, comme le Prophète ﷺ s'est rendu sur les tombes de ses compagnons tombés au combat	Classiquement, l'ordonnancement de l'humanité se déroule ainsi (comme en témoigne le Coran) : « Quiconque obéit à Allāh et au Messager, ceux-là seront avec ceux qu'Allāh a comblé de Ses bienfaits : les Prophètes, les véridiques, les martyrs et les vertueux. Et quels compagnons que ceux-là ! » [Les Femmes 4:69]

Inconscience

<table>
<tr><th>Traitement pratique</th><th>Évidences coraniques, prophétiques et érudites</th></tr>
<tr><td>Invoquer les bénédictions sur le Prophète ﷺ</td><td rowspan="4">Il s'agit, en fait, d'une injonction d'Allāh ﷻ lui-même : En effet, Allāh et Ses anges répandent Leurs bénédictions sur le Prophète. Ô croyants ! Invoquez les bénédictions d'Allāh sur lui, et saluez-le par des salutations dignes de la paix. » [Les Coalisés 33:56]

Le compagnon Ubay ibn Ka'b (رضي الله عنه) a un jour demandé au Prophète ﷺ quelle part de sa litanie de souvenir d'Allāh (dhikr) devait être constituée de bénédictions sur le Prophète ﷺ. Il ﷺ répondit qu'un quart serait bon et « si tu en ajoutes plus, c'est mieux ». Ubay demanda alors : « Et si je la faisais à moitié ? « Le Prophète ﷺ a dit que c'était bon, et « Si tu ajoutes plus, ce serait meilleur ». Ubay demanda ensuite : « Et si j'en faisais les trois quarts ? » Le Prophète ﷺ a dit que c'était bon, et « Si tu en ajoutes plus, c'est meilleur ». Ubay déclara alors qu'il ferait tout son dhikr de cette façon ; le Prophète ﷺ répondit : « Alors tes problèmes seront résolus et péchés pardonnés. » [Tirmidhī 2457]</td></tr>
<tr><td>Vous réalisez qu'une grande lumière est associée à l'invocation des prières de bénédiction sur le Prophète ﷺ</td></tr>
<tr><td>Vous comprenez que les savants des traditions prophétiques sont bien connus pour cette pratique, et que de nombreux savants ont attesté de l'effet purificateur que ces prières de bénédictions sur le Prophète ﷺ ont sur l'âme</td></tr>
<tr><td>Vous vous rappelez que certains savants recommandent de répéter les bénédictions sur le Prophète ﷺ au moins 500 fois par jour, et d'autres les répétaient eux-mêmes 5.000 fois par jour</td></tr>
<tr><td>Réciter et méditer le Coran</td><td rowspan="4">Allāh ﷻ dit :
o « Ô gens, une exhortation vous est venue de votre Seigneur, une guérison de ce qui est dans les poitrines, un guide et miséricorde pour les croyants » [Jonas 10:57]
o « C'est le Livre au sujet duquel il n'y a aucun doute, c'est un guide pour les pieux » [La Vache 2:2]
o « (C'est) un Livre béni que Nous t'avons révélé (ô Prophète), afin qu'ils contemplent ses versets, et que les gens de raison soient attentifs » [Ṣād 38:29]

Le Prophète ﷺ a dit :
o « Celui qui récite dix versets (du Coran) en qiyām (veille) ne sera pas enregistré comme faisant partie des oublieux. Celui qui récite cent versets en qiyām sera enregistré comme l'un des pieux, et qui prie mille versets en qiyām sera enregistré comme un mouqanṭar (celui qui accumule les bonnes actions) » [Sunan Abu Dawud 1398]
o « Une telle personne qui récite le Coran et le maîtrise par cœur, sera avec les nobles et justes scribes (au Paradis). Et une telle personne qui s'efforce d'apprendre le Coran par cœur et le récite avec beaucoup de difficultés, aura une double récompense » [Ṣaḥīḥ Bukhārī 4937]</td></tr>
<tr><td>Vous récitez régulièrement le Coran et abordez le Livre d'Allāh ﷻ, avec tadabbour (réflexion) pour éveiller votre cœur (notant que la simple récitation est également bénéfique)</td></tr>
<tr><td>Vous comprenez qu'il est important de savoir que la beauté du Coran comprend les significations, ainsi que sa sonorité</td></tr>
<tr><td>En tant que nouveau musulman, vous faites de votre mieux pour apprendre à lire le texte du Coran et, en attendant, vous écoutez des récitants connus du Coran, ou lisez une traduction fiable en Français, jusqu'à ce que vous soyez capable de lire l'Arabe</td></tr>
</table>

Inconscience

Exceptions

L'humanité est oublieuse

Vous comprenez que certains linguistes pensent que le mot arabe désignant l'être humain, **insān**, vient du mot arabe **nasya**, qui signifie oublier, ce qui implique que l'une des caractéristiques de l'être humain est l'oubli, ce qui implique en outre que nous avons besoin du rappel fréquent, d'où l'importance de la répétition dans les pratiques spirituelles

Vous vous rappelez que la plupart des versets du Coran qui traitent de l'oubli l'attribuent, ainsi que ses conséquences, à Satan, au même titre que le manque de concentration

Évidences coraniques, prophétiques et érudites

Allāh ﷻ **dit** : « Quand tu vois ceux qui s'enlisent dans des discussions à propos de Nos versets, éloigne-toi d'eux jusqu'à ce qu'ils entament une autre discussion. Et si le Diable te fait oublier, alors, dès que tu te rappelles, ne reste pas avec les injustes » [Les Bestiaux 6:68]

L'adolescent, qui était avec Moïse ﷺ, **dit** : « Quand nous avons pris refuge près du rocher, vois-tu, j'ai oublié le poisson. Le Diable seul m'a fait oublier de (te) le rappeler et il (le poisson) a curieusement poursuivi son chemin dans la mer. » [La Caverne 18:63]

Abdullāh ibn Mas'ūd رضي الله عنه **a rapporté** : « Le Messager d'Allāh ﷺ a prié avec nous cinq unités de prière. Nous avons dit : "O Messager d'Allāh, tu as ajouté quelque chose à la prière." **Le Prophète** ﷺ **a dit** : "Qu'est-ce que c'est ?" On a dit : "Tu as prié cinq unités de prière". **Le Prophète** ﷺ **a dit** :
"En vérité, je ne suis qu'un être humain comme vous. Je me rappelle comme vous vous rappelez et j'oublie comme vous oubliez". Puis le Prophète ﷺ effectua deux prosternations pour l'oubli. » [Ṣaḥīḥ Bukhārī 401, Ṣaḥīḥ Muslim 572:93]

INCONSCIENCE

البَغْي

Iniquité

SIGNES ET SYMPTÔMES

- Opprimer les autres pour l'autorité
- Commettre des injustices (y compris dans les médias sociaux)
- Se détourner d'Allāh ﷻ et se tourner vers les autres êtres humains

TRAITEMENTS

- Certitude de la mort
- Traiter les autres équitablement (et soi-même)
- Satan crée des dissensions dans le cœur des gens
- Être patient et réparer les liens, en ne recherchant que l'agrément d'Allāh ﷻ

(PAS D') EXCEPTIONS

- Toute iniquité est condamnable

CHAPITRE 16

Iniquité [Baghi] الْبَغْي

On parle d'iniquité ou de **baghi** lorsqu'une personne fait du mal au sein de la création, sans droit ni juste cause, généralement parce qu'elle est piégée et éprise de l'amour de ce bas monde et du prestige social. Avec cette écorce dure sur le cœur, il n'y a pas de barrière morale empêchant de faire du mal aux autres. Cependant, comme Allāh ﷻ le promet dans Son Coran, l'iniquité et injustice que les gens réservent aux autres finissent par se retourner contre eux :

« Ô gens, votre transgression ne retombera que sur vous-mêmes. » [Jonas 10:23]

Le Prophète ﷺ a dit : « Après mon départ, vous ferez l'expérience de la discrimination et vous observerez des choses que vous désapprouvez ». Quelqu'un demanda : « Ô Messager d'Allāh, que nous ordonnes-tu de faire alors ? » Il ﷺ **a dit** : « Acquittez-vous de vos obligations et suppliez Allāh ﷻ pour vos droits. » [Ṣaḥīḥ Bukhārī 7052]

Iniquité

Signes et symptômes	Évidences coraniques, prophétiques et érudites
Opprimer les autres pour l'autorité	
Violer les droits des autres pour obtenir ce que vous pensez "mériter" semble faire partie de votre nature Vous opprimez vos subordonnés au bureau, dans le but de marquer votre territoire et de vous assurer un sentiment permanent de supériorité Vous cherchez à vous livrer à des jeux de pouvoir au sein du conseil d'administration de l'entreprise, afin d'acquérir plus d'autorité Vous complotez la chute, ou l'élimination de ceux que vous percevez comme des challengers potentiels Vous protégez vos possessions et votre autorité illusoires comme un avare	Le Prophète ﷺ a dit : o « Attention, si quelqu'un opprime (ou fait du tort) à celui avec qui on a un accord (mou'āhid), ou diminue son droit, le force à travailler au-delà de ses capacités, lui prend quelque chose sans son consentement, je plaiderai pour lui le Jour du Jugement » [Sunan Abu Dawud 3052] o « Celui qui rompt ses liens familiaux, n'entrera pas au Paradis » [Ṣaḥīḥ Bukhārī 5984, Ṣaḥīḥ Muslim 2556:18] o « Ceux qui abusent de leurs esclaves, ne peuvent entrer au Paradis » [Tirmidhī 1946, Ibn Mājah 3691, Musnad Aḥmad 31]
Commettre des injustices (y compris dans les médias sociaux)	
Vous commettez des injustices majeures telles que : o Dévorer les biens des orphelins o La procrastination dans le remboursement des dettes malgré votre capacité à rembourser en temps voulu o Refuser à votre conjoint ses droits tels que la dot, les vêtements et provisions o Refuser à votre employé son salaire ou traitement o Divisions et évaluations inexactes (par exemple en cas d'héritage) o Vous vous démenez sur les réseaux sociaux, ce qui vous amène à négliger votre famille, manquer des occasions de passer un temps précieux avec elle, parce que vous êtes engagé avec d'autres personnes en ligne	Allāh ﷻ dit : o « Et Allāh n'aime pas les injustes » [La Famille d'Imrān 3:57] o «Malheur à ceux qui lèsent les gens et commettent injustement des abus dans ce bas monde; ceux-là auront un châtiment douloureux » [La Consultation 42:42] Le Prophète ﷺ a dit : o « Protégez-vous contre l'injustice, car l'injustice sera l'obscurité le Jour de la Résurrection » [Ṣaḥīḥ Bukhārī 2447 Ṣaḥīḥ Muslim 2578:56] o « Quiconque s'empare illégalement d'une poignée de terre, un collier de sept terres sera autour de son cou (dans l'Au-delà) » [Ṣaḥīḥ Bukhārī 2453, Ṣaḥīḥ Muslim 1612:142]

Signes et symptômes	Évidences coraniques, prophétiques et érudites
Se détourner d'Allāh ﷻ et se tourner vers les autres êtres humains	Le Prophète ﷺ a dit : « Il n'y a pas d'obéissance de la création où il y a désobéissance au Créateur » [Al-Mou'jam Al-Kabīr / Ṭabarānī 381 18/170]
Vous vous détournez de votre Maître vers Ses serviteurs désespérés et avares	
Votre souci de l'affection des autres est épuisant et si vous plaisez à certains, d'autres vous fuient remplis de colère, mécontentement et rancœur	
Vous faites tout ce que vous pouvez pour vous rapprocher des personnes qui exercent une autorité (pouvoir illusoire)	
Vous vous efforcez de plaire aux gens et gagner leur amour, admiration ou approbation par la ruse, l'affichage ostentatoire de la religiosité ou flatterie hypocrite	
Votre quête laisse certaines personnes satisfaites et heureuses, mais d'autres mécontentes et rancunières	

Iniquité

Traitement académique & pratique	Évidences coraniques, prophétiques et érudites
Certitude de la mort	
Vous préservez votre moralité, en gardant la mort constamment devant vos yeux, réalisant que même les dirigeants les plus puissants et les matérialistes avides qui ont "réussi" ont finalement goûté à la mort	Allāh ﷻ dit : « Le jour où Il vous appellera, vous Lui répondrez en Le glorifiant. Vous penserez cependant que vous n´êtes restés [sur terre] que peu de temps ! »[Le Voyage nocturne 17:52]
Lorsque vous êtes seul, en compagnie de proches, ou dans de grands rassemblements, vous insistez sur l'importance de vous souvenir de la réalité de la mort, destructrice des plaisirs	Le Prophète ﷺ a dit : « Souvenez-vous souvent du destructeur des plaisirs (la mort) » [Tirmidhī 2307]

Iniquité

Traitement académique & pratique	Évidences coraniques, prophétiques et érudites
Traiter les autres équitablement (et soi-même)	
Vous comprenez que le principe de justice de l'Islām s'applique à tous, indépendamment de la race, l'ethnie, l'âge, du sexe ou statut	Allāh ﷻ déclare : o « Certes, Allāh vous commande de rendre les dépôts à leurs ayants droit, et, quand vous jugez entre des gens, de juger avec équité. Quelle bonne exhortation qu'Allāh vous fait ! Allāh est, en vérité, Celui qui entend et voit tout » [Les Femmes 4:58] o « Certes Allāh aime ceux qui jugent équitablement » [La Table 5: 42] Le Prophète ﷺ a dit : o « Le plus aimé d'entre vous tous à mes yeux est celui qui a les meilleures manières » [Ṣaḥīḥ Bukhārī 3759] o « Le musulman a six droits dont les autres musulmans doivent s'acquitter : si vous le rencontrez, saluez-le (avec le salut de paix, en disant 'salam') ; s'il vous appelle, répondez à son appel ; s'il vous demande conseil, donnez-lui votre conseil ; s'il éternue et remercie Allāh, demandez à Allāh de le bénir ; s'il est malade, rendez-lui visite et, lorsqu'il meurt, assistez à ses funérailles » [Ṣaḥīḥ Muslim 2162:5] o « Le mot **rahm** (matrice) est dérivé du nom « Al-Raḥmān » (Le Tout - Miséricordieux, un des noms d'Allāh), **et Allāh** ﷻ **a dit** : « Je garderai de bonnes relations avec celui qui garde de bonnes relations avec vous (la matrice, c'est-à-dire « la parenté) et je romprai les relations avec celui qui rompt les relations avec vous » [Ṣaḥīḥ Bukhārī 5988] o « Craignez Allāh et traitez vos enfants de manière égale » [Ṣaḥīḥ Bukhārī 2587] o « Ô Abdoullāh, on m'a informé que tu jeûnes toute la journée et que te tiens en prière toute la nuit ?" J'ai répondu : "Oui, ô Messager d'Allāh !" Il ﷺ a dit : "Ne fais pas cela ! Jeûne certains jours et cesse le jeûne d'autres jours. Tiens-toi debout pour la prière la nuit et dors aussi certaines nuits. Ton corps a un droit sur toi, tes yeux ont un droit sur toi et ta femme a un droit sur toi" » [Ṣaḥīḥ Bukhārī 5199] o « Lorsque trois personnes sont assises ensemble, alors deux d'entre elles ne doivent pas tenir une conversation secrète en excluant la troisième personne. Attendez d'être dans un groupe plus important, afin de ne pas contrarier l'autre personne » [Ṣaḥīḥ Bukhārī 6288, Ṣaḥīḥ Muslim 2184:37] L'Imām Ghazālī رحمه الله a dit : « Chaque fois que vous interagissez avec les gens, traitez-les comme vous souhaiteriez être traité par eux, car la foi d'un adorateur est incomplète tant qu'il ne veut pas pour les autres ce qu'il veut pour lui-même. » [Lettre à un disciple / Ayyouhā Al-Oualad, p.56-57]
Vous êtes donc altruiste, compatissant et sensible aux droits des autres, de sorte que vous ne leur faites pas de tort	
Vous ne vous négligez pas non plus, et vous vous rappelez que votre esprit a un droit sur vous et a besoin de temps pour se reposer et réfléchir également	
Vous savez traiter les autres, comme vous aimeriez être traité	
Vous veillez à ne pas parler, ou même à ne pas envoyer de SMS en secret à un autre membre d'un groupe de trois personnes, car vous savez que les autres personnes se sentent ainsi exclues	

Iniquité

Traitement académique & pratique	Évidences coraniques, prophétiques et érudites
Satan crée des dissensions dans le cœur des gens	Allāh ﷻ dit : « Obéissez à Allāh et Son messager et ne vous disputez pas entre vous, sinon vous seriez découragés et affaiblis. Persévérez ! Certes, Allāh est avec ceux qui persévèrent. » [Le Butin 8:46] Le Prophète ﷺ a dit : o « Iblīs (Satan) place son trône sur l'eau ; il envoie ensuite des détachements (pour créer de la dissension entre les gens) ; les plus proches de lui en rang sont ceux qui sont les plus notoires dans la création de dissensions. L'un d'eux vient et dit : "J'ai fait telle et telle chose". Et lui (Iblīs) dit : "Tu n'as rien fait". Puis l'un d'entre eux vient et dit : "Je n'ai pas épargné untel ou untel, jusqu'à ce que je sème la discorde entre un mari et une femme". Satan s'approche de lui et dit : "Tu as bien fait". Il l'embrasse alors » [Ṣaḥīḥ Muslim 2813:67] o « C'est un péché suffisant pour vous de ne pas cesser de vous quereller » [Tirmidhī 1994]
Vous vous rappelez que c'est Satan qui sème les graines de la discorde, ou du désaccord entre les gens	
Vous êtes patient et fournissez un effort concerté pour cesser de vous quereller (quelle qu'en soit la raison)	
Être patient et réparer les liens, en ne recherchant que l'agrément d'Allāh ﷻ	Allāh ﷻ dit : o « Les croyants ne sont que des frères. Établissez (donc) la concorde entre vos frères et craignez Allāh, afin qu'on vous fasse miséricorde » [Les Appartements 49:10] o « Nous leur montrerons Nos signes dans l'univers et en eux-mêmes, jusqu'à ce qu'il leur devienne évident que c'est cela (le Coran), la Vérité. Ne suffit-il pas que ton Seigneur soit témoin de toute chose ? » [Les Versets détaillés 41:53] o « Accepte ce qu'on t'offre de raisonnable , commande ce qui est convenable et éloigne-toi des ignorants » [Le Mur d'A'rāf 7:199] Le Prophète ﷺ a dit : o « Retissez le lien avec celui qui le rompt, faites la charité à celui qui vous prive et pardonnez à celui qui vous opprime » [Musnad Aḥmad 17452] o « Le musulman qui se mêle aux gens et supporte patiemment leurs paroles blessantes est meilleur que celui qui ne se mêle pas aux gens et ne fait pas preuve de patience sous leurs injures » [Tirmidhī 2507, Ibn Mājah 4032, Musnad Aḥmad 5022] o « Ne soyez pas de ceux qui font aux autres ce que les autres leur font et qui disent que nous leur ferons une faveur s'ils nous font une faveur et que s'ils se montrent méchants et injustes envers nous, alors nous aussi, nous serons méchants et injustes envers eux. Au contraire, décidez que vous ferez le bien, si les autres font le bien, et s'ils font un mal et agissent injustement, même alors vous ne serez pas injustes envers eux » [Tirmidhī 2007]
Vous vous réconciliez avec la personne qui vous a fait du tort, ou à qui vous avez fait du tort sans raison valable	
Vous placez vos espoirs de réconciliation en Allāh ﷻ, et non dans les gens, car Il est Omniscient et Entendeur et vous récompensera pour votre patience et sincérité	
Vous réalisez que l'honneur et la renommée sont à jamais liés au statut dont on jouit auprès d'Allāh ﷻ	
Vous ne recherchez que le plaisir d'Allāh ﷻ et vous ne vous souciez pas des remarques (par exemple : le découragement) des corrompus, avares, avides de pouvoir, orgueilleux, égocentriques et de leurs semblables	

Iniquité

Pas d'exceptions

Toute iniquité est condamnable

Tu comprends qu'Allāh ﷻ enjoint la justice (Al-Adl) et l'adoration de nul autre qu'Allāh ﷻ Seul, et l'action correcte est d'être patient dans l'accomplissement de tes devoirs envers Allāh ﷻ (Al-Iḥsān), totalement pour l'amour d'Allāh ﷻ et en parfait accord avec la Sunna (Traditions du Prophète ﷺ).

Évidences coraniques, prophétiques et érudites

Allāh ﷻ dit :« Certes, Allāh commande l'équité, la bienfaisance et l'assistance aux proches. Et Il interdit la turpitude, l'acte répréhensible et la rébellion. Il vous exhorte afin que vous vous souveniez » [Les Abeilles 16:90]

Le Prophète ﷺ a dit : « Ô Mes serviteurs, J'ai rendu l'oppression illicite pour Moi et pour vous, alors ne commettez pas d'oppression les uns envers les autres » [Ṣaḥīḥ Muslim 2577:55]

البَطَر/ الحِرْص

Insouciance ou cupidité

SIGNES ET SYMPTÔMES

- Extravagance
- Corruption
- Prise de dettes
- Exposition constante aux biens et affaires désirés (sur les médias sociaux)
- Ingratitude
- Mauvaise compagnie
- Détournement de l'obéissance

TRAITEMENTS

- Souvenir de la mort et la vie dans l'Au-delà
- Être reconnaissant
- Corriger son intention et adopter la tenue de taqoua
- Rechercher la bonne compagnie
- Jeûner comme bouclier protecteur
- Réduire l'exposition à des images de débauche (y compris sur les médias sociaux)

EXCEPTIONS

- Besoins physiques
- Obtenir le meilleur de l'Au-delà
- Aider les nécessiteux

CHAPITRE 17

Insouciances [Baṭar] البَطَر ou cupidité [Ḥirṣ] الحِرْص

La démesure, ou le **baṭar**, c'est lorsqu'une personne fait preuve d'une extravagance insouciante ; il existe un désir excessif de convoiter et vouloir plus, généralement parce que l'on accorde une valeur importante à ce que les choses éphémères de ce monde ont à offrir, que ce soit la richesse, le prestige, la célébrité ou autre. La veulerie est également définie comme une exubérance, ou un amusement excessif.

L'avarice (ḥirṣ) est similaire à la démesure. Elle découle de l'obsession du cœur pour la richesse, qui conduit à piller et usurper les droits d'autrui. Quelque chose de similaire est la convoitise (tama'), c'est-à-dire : le fait de préférer des choses qui sont en conflit avec la **charī'a**.

Allāh ﷻ dit:

- « Et combien avons-Nous fait périr de cités, qui étaient ingrates (alors que leurs habitants vivaient dans l'abondance), voilà qu'après eux leurs demeures ne sont que très peu habitées, et c'est Nous qui en fûmes l'héritier » [Le Récit 28: 58]
- « Son peuple lui dit : "Ne te réjouis point. Car Allāh n'aime pas les arrogants" » [Le Récit 28: 76]
- « Quiconque se premunit contre sa propre avarice, ceux-la sont ceux qui reussissent » [Le Rassemblement 59 :9]

Le Prophète ﷺ a dit : « Le fils d'Adam vieillit et deux (désirs) vieillissent aussi avec lui, l'amour de la richesse et (le souhait) d'une longue vie. » [Ṣaḥīḥ Bukhārī 6421]

Insoucianse ou Cupidité

Signes et symptômes	Évidences coraniques, prophétiques et érudites
Extravagance	
Vous êtes extrêmement satisfait de votre niveau de vie et ne vous rendez pas compte de votre extravagance et de votre suffisance	Allāh ﷻ dit : o « Ou bien l'homme aura-t-il tout ce qu'il désire ? » [L'Étoile 53: 24] Par le biais d'une question rhétorique, Allāh ﷻ rappelle à l'humanité qu'il n'est pas possible de satisfaire tous les désirs. o « Et ne suis pas la passion : sinon elle t'égarera du sentier d'Allāh » . Car ceux qui s'égarent du sentier d'Allāh, auront un dur châtiment pour avoir oublié le Jour des Comptes » [Ṣād 38:26] o « Et ne gaspille pas indûment, car les gaspilleurs sont les frères des diables, et le Diable est très ingrat envers son Seigneur » [Le Voyage nocturne 17: 26-27]
Avant que l'un de vos désirs ne soit satisfait, un autre se développe, et lorsque ce désir n'est pas satisfait, le résultat est la frustration et l'inquiétude	

Insouciance ou Cupidité

Signes et symptômes

Corruption

Vous êtes avide de revenus malhonnêtement acquis, et vous vous impliquez dans des pratiques douteuses centrées sur l'argent. Vous vous abaisserez même à vous livrer à la corruption, en persuadant une autre personne d'agir en votre faveur par le biais d'un cadeau ou une incitation financière

Prise de dettes

Vous vous endettez (et vous pouvez même payer des intérêts sur cette dette) et vous vous en contentez, vivant au-dessus de vos moyens afin de maintenir l'apparence de richesse et d'atteindre un certain niveau de vie matérielle

Exposition constante aux biens et affaires désirés (sur les médias sociaux)

Votre exposition aux médias sociaux et à ce que les autres possèdent en termes de richesse, santé, statut, beauté, etc. encourage un désir excessif et une inclinaison vers ce genre de choses

Vous êtes constamment exposé à (des publicités qui montrent) des visages de débauche (par exemple : des images sur Facebook), personnes aux postures extatiques, sourires exagérés et bouches béantes. Cela est une invitation à un bonheur suprêmement construit et niveau de vie improbable, qui vous incline vers ce produit, ou service, et augmente votre désir pour ce style de vie

Ingratitude

Vous vous surprenez à oublier vos innombrables bénédictions visibles et invisibles : nourriture, vêtements, abri, richesse, sécurité, amitié, amour, santé et protection contre le mal et les calamités

Mauvaise compagnie

Vous recherchez et appréciez la compagnie constante de compagnons qui ne s'occupent que des "biens" éphémères de cette vie et en font la substance de leur conversation

Détournement de l'obéissance

Vous êtes distrait de l'obéissance, vous vous éloignez du droit chemin (ce qui conduit finalement à la mécréance et à associer d'autres personnes à Allāh ﷻ)

Évidences coraniques, prophétiques et érudites

Allāh ﷻ dit :

- « Laisse ceux qui considèrent leur religion comme jeu et amusement et qui sont séduits par la vie sur terre. Et rappelle par ceci (le Coran) pour qu'une âme ne s'expose pas à sa perte selon ce qu'elle aura acquis, elle n'aura en dehors d'Allāh ni allié ni intercesseur. Et quelle que soit la compensation qu'elle offrirait, elle ne sera pas acceptée. Ceux-là se sont abandonnés à leur perdition à cause de ce qu'ils ont acquis. Leur breuvage sera l'eau bouillante, et ils auront un châtiment douloureux, pour avoir mécru » [Les Bestiaux 6:70]
- « N'as-tu pas vu ceux qui sortirent de leur demeures, il y en avait des milliers, par crainte de la mort ? Puis Allāh leur dit : "Mourez". Après quoi Il les rendit à la vie. Certes, Allāh est Détenteur de la Faveur, envers les gens, mais la plupart des gens ne sont pas reconnaissants » [La Vache 2:243]

Le Prophète ﷺ a dit :

- « Par Allāh, ce n'est pas la pauvreté que je crains pour vous, mais plutôt que l'on vous donne les richesses du monde comme on les a données à ceux qui vous ont précédés. Vous vous disputerez pour elles, comme ils se sont disputés pour elles, et elles vous détruira comme elles les a détruits » [Ṣaḥīḥ Bukhārī 6425, Ṣaḥīḥ Muslim 2961:6]
- « L'insensé est celui qui poursuit des plaisirs vains et compte sur Allāh l'Exalté pour réaliser ses souhaits » [Tirmidhī 2459]
- « Méfiez-vous de la cupidité car elle a détruit ceux qui vous ont précédés : elle leur a ordonné d'être avares et ils l'ont été, elle leur a ordonné d'être oppresseurs et ils l'ont été et elle leur a ordonné de rompre les liens de parenté et ils l'ont fait » [Ṣaḥīḥ Muslim 2578:56]

Insoucance ou Cupidité

Traitement académique

Souvenir de la mort et la vie dans l'Au-delà
Vous réfléchissez sérieusement (avec effort) à la mort et l'Au-delà, ses différents états et scènes chaotiques
Vous réfléchissez à l'état de la tombe, qui sera soit une parcelle du Paradis, soit une fosse de l'Enfer
Vous apprenez à mieux connaître les différentes stations et passages de l'Au-delà, y compris la « traversée » (ṣirāṭ), que les gens doivent effectuer et sous laquelle se trouve le terrible enfer du feu
Votre réflexion constante diminue l'attrait de l'extravagance et, en général, de toutes les choses éphémères de ce monde, qu'il s'agisse de richesse, prestige, célébrité ou autres
Vous vous rappelez les ruines du passé et notez le silence total de ces cités ; chaque âme, qui y a vécu, est maintenant dans une autre dimension, en attente du jugement final d'Allāh ﷻ

Évidences coraniques, prophétiques et érudites

Allāh ﷻ dit :

- « Et combien avons-Nous fait périr de cités qui étaient ingrates (alors que leurs habitants vivaient dans l'abondance) ; voilà qu'après eux leurs demeures ne sont que très peu habitées, et c'est Nous qui en fûmes l'héritier » [Le Récit 28:58]
- « Puis, quand leur terme vient, ils ne peuvent ni le retarder d'une heure ni l'avancer » [Les Abeilles 16:61]

Le Prophète ﷺ a dit :

- « Courez pour faire de bonnes actions avant sept choses. N'attendez-vous que la pauvreté accablante, ou la richesse distrayante, la déchéance, la richesse distrayante, la maladie débilitante, la sénilité balbutiante, la mort soudaine, le **Dajjāl** (la pire chose cachée, qui est attendue) ou l'Heure ? L'Heure est plus calamiteuse et plus amère » [Tirmidhī 2306]
- « Rappelez-vous souvent le destructeur des plaisirs (la mort) » [Tirmidhī 2307]

Insouciance ou Cupidité

Traitement académique	Évidences coraniques, prophétiques et érudites
Être reconnaissant	
Lorsque vous êtes exposé à des images montrant un bonheur forcé et niveau de vie plus élevé, vous vous rappelez les innombrables bénédictions que vous avez (nourriture, vêtements, abri, richesse, sécurité, amitié, amour, santé et protection contre le mal et les calamités) et aussi ceux qui sont dans une condition moins confortable que la vôtre	Allāh ﷻ dit : « Souvenez-vous de Moi donc, Je vous récompenserai. Remerciez-Moi et ne soyez pas ingrats envers Moi » [La Vache 2:152] Le Prophète ﷺ a dit : o « Si le bonheur l'atteint (le croyant), il est reconnaissant » [Ṣaḥīḥ Muslim 2999:64] o « Regardez ceux qui vous sont inférieurs et ne regardez pas ceux qui vous sont supérieurs : ceci est plus digne de vous, afin que vous ne méprisiez pas les bienfaits d'Allāh » [Ṣaḥīḥ Muslim 2963:9]
Vous vous rappelez qu'Allāh ﷻ ne retirera pas une bénédiction, à moins que vous ne fassiez preuve d'ingratitude ; la gratitude envers Allāh ﷻ protège de la suppression des bénédictions	

Insouciance ou Cupidité

Traitement pratique	Évidences coraniques, prophétiques et érudites
Corriger son intention et adopter la tenue de taqoua	
Vous comprenez que l'extravagance est généralement la conséquence de votre intention déplacée et infructueuse de vous montrer, sentir meilleur que les autres et d'afficher votre grandeur ; la frontière est mince entre l'embellissement et l'extravagance, alors vous revoyez votre intention (c'est-à-dire, votre intention de vous parer de l'embellissement)	Allāh ﷻ dit : o « Ô enfants d'Adam, Nous avons fait descendre sur vous un vêtement pour cacher vos nudités, ainsi que des parures, mais le vêtement de la piété voilà qui est meilleur. C'est un des signes (de la puissance) d'Allāh, afin qu'ils se rappellent » [Le Mur d'A'rāf 7:26] o « Qui, lorsqu'ils dépensent, ne sont ni prodigues ni avares mais se tiennent au juste milieu » [Le Discernement 25:67]
Vous inversez votre intention erronée, en évitant de dépenser pour satisfaire votre orgueil intérieur, votre "statut" ou votre "exclusivité" (qui a conduit à votre extravagance dans les dépenses), afin de rester dans vos "vraies" limites (sans pour autant rejeter complètement la parure et l'embellissement)	Le Prophète ﷺ a dit : « Les actions sont jugées par leurs intentions, ainsi chaque homme aura ce qu'il a voulu. Ainsi, celui dont la migration était pour Allāh et Son messager, sa migration est pour Allāh et Son messager. Mais celui dont la migration était pour un avantage mondain, ou pour une femme qu'il pourrait épouser, sa migration est ce pour quoi il a migré » [Ṣaḥīḥ Bukharī 1]
Vous réduisez vos dépenses, ce qui atténue votre préoccupation et désir d'obtenir davantage de gains, tout en gardant à l'esprit que l'avarice est toujours répugnante	L'Imām Ghazālī a dit : « J'ai vu les hommes se laisser guider par leurs plaisirs et précipiter vers ce que leur ego désirait, alors j'ai médité sur Sa parole (l'Exalté) : « Et pour celui qui aura redouté de comparaître devant son Seigneur et préservé son âme de la passion, le Paradis sera alors son refuge. [Les Anges qui arrachent les Âmes 79: 40-41]. J'étais certain que le Coran est la vérité authentique, alors je me suis précipité vers ce à quoi mon ego s'opposait et je me suis mis à le combattre et à le retenir de ses plaisirs, jusqu'à ce qu'il se satisfasse de l'obéissance à Allāh, le Glorifié et Exalté, et qu'il l'abandonne. » [Lettre à un disciple / Ayyouhā Al-Oualad, p.28-31]
Vous comprenez que c'est le vêtement de **taqouā** qui vous aidera à parer votre moi intérieur avec les traits louables du cœur, tels que l'humilité et la générosité, qui finiront par embellir votre caractère	
Vous comprenez que c'est le vêtement de **taqoua** qui vous fournira une protection contre toutes les épreuves de ce monde et l'Au-delà	

InsoucIance ou Cupidité

Traitement pratique

Évidences coraniques, prophétiques et érudites

Rechercher la bonne compagnie

Vous vous entourez de personnes sincères et dignes de confiance, qui ne sont pas animées d'un désir excessif de posséder et vouloir plus

Vous évitez la compagnie des personnes riches, car vous vous rendez compte que cela vous incite à désirer ce qu'elles possèdent

En ce qui concerne l'Au-delà, vous fréquentez des personnes qui vous sont supérieures dans leur désir et compréhension de l'Au-delà

Vous recherchez la compagnie de ceux qui vous aident à atteindre le contentement d'Allāh ﷻ, car lorsque vous êtes satisfait, les moyens matériels modestes vous suffiront

Allāh ﷻ dit :

- « Le jour où l'injuste se mordra les deux mains et dira : "[Hélas pour moi !] Si seulement j'avais suivi le chemin du Messager !" » [Le Discernement 25:27]
- « Fais preuve de patience (en restant) avec ceux qui invoquent leur Seigneur matin et soir, désirant Sa Face. Et que tes yeux ne se détachent point d'eux, en cherchant (le faux) brillant de la vie sur terre. Et n'obéis pas à celui dont Nous avons rendu le cœur inattentif à Notre Rappel, qui poursuit sa passion et dont le comportement est outrancier » [La Caverne 18:28]

Le Prophète ﷺ a dit : « Un bon ami et un mauvais ami sont comme un vendeur de parfum et un forgeron : Le vendeur de parfum peut te donner du parfum en cadeau, ou tu peux lui en acheter, ou au moins tu peux sentir son parfum. Quant au forgeron, il risque de brûler tes vêtements, et au moins tu respireras les fumées du fourneau » [Ṣaḥīḥ Bukhārī 2101]

On aurait demandé au Prophète ﷺ « Lequel de nos compagnons est le meilleur ? » Il ﷺ répondit : « Celui dont l'apparence vous rappelle Allāh, dont le discours vous augmente en connaissance et dont les actions vous rappellent l'Au-delà » [Bayhaqī / Chou'ab Al-Īmān 9000]

Jeûner comme bouclier protecteur

Vous comprenez que le jeûne affaiblit votre désir excessif de vouloir plus, ce qui vous rend plus apte à résister à toute tentation de commettre des actes de débauche

Vous faites volontairement l'expérience de la faim par le biais du jeûne volontaire (saoum), parce qu'il s'agit d'un bouclier protecteur contre la luxure

Allāh ﷻ dit : « Ô les croyants, on vous a prescrit le **siyām** (le jeûne) comme on l'a prescrit à ceux avant vous, ainsi atteindrez-vous la piété » [La Vache 2:183]

Le Prophète ﷺ a dit :

- « Le jeûne est un bouclier » [Ṣaḥīḥ Bukhārī 7492]
- « Il vous suffit de jeûner trois jours chaque mois, car pour chaque bonne action, vous aurez (la récompense de) dix autres semblables, donc ce sera comme jeûner toute une vie » [Ṣaḥīḥ Bukhārī 1976]

Insoucance ou Cupidité

Traitement pratique	Évidences coraniques, prophétiques et érudites
Réduire l'exposition à des images de débauche (y compris les médias sociaux)	Allāh ﷻ dit : o « Dis aux croyants de baisser leurs regards et garder leur chasteté. C'est plus pur pour eux. Allāh est, certes, parfaitement Connaisseur de ce qu'ils font » [La Lumière 24:30] o « Et dis aux croyantes de baisser leurs regards, de garder leur chasteté » [La Lumière 24:31] o « Et pour celui qui aura redouté de comparaître devant son Seigneur et préservé son âme de la passion, le Paradis sera alors son refuge » [Les Anges qui arrachent les Âmes 79: 40-41] Le Prophète ﷺ a dit : o « Gardez-vous de vous asseoir sur les routes » . Ils dirent : « Ô Messager d'Allāh, nous n'avons nulle part ailleurs où nous asseoir et parler » Le Prophète ﷺ a dit : « Si vous insistez, alors donnez à la route son droit » Ils dirent : « Quel est son droit, ô Messager d'Allāh ? » Le Prophète ﷺ dit : « Baisser le regard, s'abstenir de nuire à autrui, rendre les salutations de paix, ordonner le bien et interdire le mal » [Ṣaḥīḥ Bukhārī 2465, Ṣaḥīḥ Muslim 2121:114]
Vous réduisez votre exposition à des images (telles que des publicités ou photos sur les médias sociaux), montrant des visages de la démesure (postures extatiques, joie suprême)	
Vous réduisez vos inclinations vers de tels produits matériels et modes de vie (y compris la compagnie de telles personnes), ce qui vous donne plus de possibilités de réfléchir au sens de votre vie et destin ultime	
Vous rejetez le style de vie et la culture associés à la publicité, qui glorifie le gaspillage et décourage subtilement la réflexion	
Vous gardez à l'esprit qu'une personne avide glisse toujours vers le bas de l'échelle des faveurs d'Allāh ﷻ	

Insouciance ou Cupidité

Exceptions

Besoins physiques

Vous voulez les choses de ce monde pour vos besoins physiques et pour ne pas avoir à faire peser vos besoins sur les autres

Obtenir le meilleur de l'Au-delà

Vous désirez les biens de ce monde afin d'atteindre le meilleur de l'Au-delà

Aider les nécessiteux

Vous atteignez la richesse et le statut social pour le bénéfice des nécessiteux

Évidences coraniques, prophétiques et érudites

Allāh ﷻ dit :« Et Il vous a assujetti tout ce qui est dans les cieux et sur la terre, le tout venant de Lui. Il y a là des signes pour des gens qui réfléchissent »
[L'Agenouillée 45:13]

Le Prophète Muḥammad ﷺ a interdit l'abandon du monde. Il ﷺ a dit : « Les richesses licites sont un bénéfice pour l'homme pieux » [Bayhaqī / Chou'ab Al-Īmān 1190]. Il en bénéficie parce qu'il dépense sa richesse de manière vertueuse.

كَرَاهِيَةُ القَدَر

Mécontentement à l'égard du Décret Divin

SIGNES ET SYMPTÔMES

- Injustices perçues
- Abus des bénédictions
- Regret et frustration
- Mépris envers les autres

TRAITEMENTS

- Amour pour Allāh ﷻ
- Reconnaître les tribulations du Prophète ﷺ
- Réponse aux afflictions et épreuves
- Repentir à Allāh ﷻ pour la désobéissance
- Montrer de la gratitude
- Être reconnaissant en accomplissant les actions obligatoires

EXCEPTION

- Mécontentement face à l'immoralité

CHAPITRE 18

Mécontentement à l'égard du Décret Divin

[Karahiyā al-Qadr] كَرَاهِيَةُ القَدر

Il a été dit qu'il existe une qualité chez les gens, dont la plupart ne sont pas conscients, mais qui consume les bonnes actions : lorsqu'on est mécontent de ce qu'Allāh ﷻ a décrété (c'est-à-dire : le Décret Divin d'Allāh ﷻ ou **qadr**), ce qui entraîne une plongée dans l'insouciance (ghafla). Cela est généralement dû au fait que l'on adopte une attitude, qui découle d'un déni de la nature toute-puissante d'Allāh ﷻ, et du fait qu'Allāh ﷻ est le Seul à décréter toutes choses. En termes simples, on peut également parler d'ingratitude.

Allāh ﷻ dit : « Or, il se peut que vous ayez de l'aversion pour une chose, alors qu'elle vous est un bien. Et il se peut que vous aimiez une chose, alors qu'elle vous est mauvaise. C'est Allāh qui sait, alors que vous ne savez pas » [La Vache 2:216]

Il existe quatre états possibles dans lesquels l'être humain peut vivre, selon les sources révélées. Une personne reçoit des bénédictions (ni'ma) ou des tribulations (balā') d'Allāh ﷻ, ou vit dans l'obéissance (ṭā'a) à Allāh ﷻ ou dans la désobéissance (ma'ṣiya). Chaque condition est délibérément imposée à l'individu, dans le cadre de l'épreuve d'Allāh ﷻ et conçue pour susciter une réponse.

Mécontentement à l'égard du Décret Divin

Signes et symptômes	Évidences coraniques, prophétiques et érudites
Injustices perçues	
Vous vous dites souvent : "Je ne mérite pas cela !" ou "Pourquoi moi ?" ou "Je n'ai pas mérité que cela m'arrive !" ou "Qu'ai-je fait pour mériter cette souffrance ?" ou des déclarations similaires	Allāh ﷻ dit : o « Or, il se peut que vous ayez de l'aversion pour une chose, alors qu'elle vous est un bien. Et il se peut que vous aimiez une chose, alors qu'elle vous est mauvaise. C'est Allāh qui sait, alors que vous ne savez pas » [La Vache 2:216] o « Est-ce que les gens pensent qu'on les laissera dire : "Nous croyons !" sans les éprouver ? » [L'Araignée 29:2]
Lorsque vous êtes affligé par une calamité, vous éprouvez des sentiments d'hostilité, anxiété et incrédulité, voire vous vous plaignez et perdez patience	
Vous êtes tellement accablé et déprimé, que vous abandonnez vos obligations et négligez vos engagements	
Vous croyez qu'il n'y a que ce monde, et cette perception vous voile la splendeur de la création d'Allāh ﷻ et les signes qui la parsement.	Le Prophète ﷺ a dit : « Le croyant fort est meilleur et plus aimé d'Allāh que le croyant faible, bien que les deux soient bons. Efforcez-vous de faire ce qui vous sera bénéfique et recherchez l'aide d'Allāh et ne vous sentez pas impuissant. Si quelque chose vous arrive, ne dites pas : "Si seulement j'avais fait (telle ou telle chose), telle ou telle chose serait arrivée", dites plutôt : "Allāh a décrété et ce qu'Il veut, car 'si seulement' ouvre la porte à l'œuvre de Satan". » [Ṣaḥīḥ Muslim 2664:34]
Abus des bénédictions	
Vous abusez de vos biens matériels, en les amassant, sans tenir compte des nécessiteux, ou les exploitant pour des affaires interdites (un acte d'ingratitude évident)	
Regret et frustration	
Vous êtes frustré par un certain résultat et vous regrettez d'avoir choisi une autre voie	

Mécontentement à l'égard du Décret Divin

Signes et symptômes	Évidences coraniques, prophétiques et érudites
Mépris envers les autres	
Vous regardez avec dérision ceux qui sont dans la tribulation, faisant preuve d'un sarcasme moqueur envers ceux qui semblent (à vos yeux) non guidés	Allāh ﷻ dit :« Et ceux qui offensent les croyants et les croyantes sans qu'ils l'aient mérité, se chargent d'une calomnie et un péché évident. » [Les Coalisés 33:58]
Par exemple, vous éprouvez ce sentiment à l'égard des sans-abris, qui, selon vous, se sont retrouvés dans de telles circonstances de leur propre fait	Le Prophète ﷺ a dit : « Quiconque se moque d'un frère avec un péché (que ce frère a commis), ne mourra pas avant d'avoir (le railleur) commis le même péché. » [Tirmidhī 2505]

Mécontentement à l'égard du Décret Divin

Traitement académique	Évidences coraniques, prophétiques et érudites
Amour pour Allāh ﷻ Vous comprenez que pour être satisfait du décret d'Allāh ﷻ, vous devez L'aimer ﷻ, et pour L'aimer ﷻ, vous devez Le connaître ﷻ	Allāh ﷻ dit : o « Ô vous qui avez cru ! Quand on vous dit : "Faites place (aux autres) dans les assemblées", alors faites place. Allāh vous ménagera une place (au Paradis). Et quand on vous dit de vous lever, levez-vous. Allāh élèvera en degrés ceux d'entre vous qui auront cru et qui auront reçu le savoir. Allāh est parfaitement Connaisseur de ce que vous faites » [La Discussion 58:11] o « Dis : "Sont-ils égaux, ceux qui savent et ceux qui ne savent pas? Seuls les doués d'intelligence se rappellent" » [Les Groupes 39:9]
Vous vous rappelez que la voie la plus rapide pour accéder à Allāh ﷻ est la poursuite de la connaissance	Le Prophète ﷺ a dit : o « La personne à qui Allāh destine du bien, Il la bénit avec la compréhension du **dīn** » [Ṣaḥīḥ Bukhārī 71, 3116, 7312, Ṣaḥīḥ Muslim 1037:100] o « Cette personne qui foule le chemin vers l'acquisition du savoir, Allāh ﷻ lui simplifie un chemin vers la **Janna** » [Ṣaḥīḥ Muslim 2699:38]
Reconnaître les tribulations du Prophète ﷺ Vous êtes conscient du fait que personne n'a affronté de plus grandes tribulations que le Prophète ﷺ	Le Prophète ﷺ a fait face aux tribulations suivantes, cependant pas une seule fois dans un seul ḥadīth il n'y a une plainte de sa part, sauf lorsqu'il implorait son Seigneur : o Il a vécu pour voir tous ses enfants enterrés, sauf Fāṭima ﷺ o Son père est mort avant sa naissance o Sa mère est morte alors qu'il n'était qu'un garçon o Son grand-père tutélaire est mort à un moment où sa présence était précieuse o Lorsqu'il a reçu sa vocation, il a vu les gens se retourner contre lui avec véhémence et brutalité o Les gens qui l'avaient autrefois honoré l'ont maintenant calomnié, le traitant de fou, menteur et sorcier o Les gens le traquaient et lui jetaient des pierres jusqu'à ce qu'il saigne o Les gens l'ont boycotté et ont proféré des propos cinglants et injurieux à son encontre o Il a perdu ses plus proches amis et parents, comme Ḥamza, qui a été tué sur le champ de bataille o Sa femme bien-aimée Khadīja ﷺ, après 25 ans de mariage heureux, est morte pendant la période la plus éprouvante pour le Prophète ﷺ o Abū Ṭālib, son oncle protecteur, est également mort o Il a été la cible de 13 tentatives d'assassinat
Vous réalisez que, bien que vous ne puissiez pas choisir ce qui vous arrive, vous pouvez choisir vos réponses aux inévitables épreuves de la vie	Lorsque le Prophète ﷺ voyait des personnes gravement éprouvées, il faisait l'invocation suivante : « Louange à Allāh qui m'a préservé de ce dont Il vous a affligé et de m'avoir honoré par rapport au reste de Sa création » [Tirmidhī 3431, Ibn Mājah 3892]. Le Prophète ﷺ disait cette **dou'ā** sans que la personne affligée ne l'entende, afin de ne pas la blesser.

Mécontentement à l'égard du Décret Divin

Traitement pratique

Réponse aux afflictions et épreuves

Votre connaissance de la nature de ce monde vous rappelle qu'il s'agit d'un terrain d'essai temporaire, épreuves et de purification. Vous êtes donc plus patient face aux afflictions et épreuves

Vous dites : "Allāh ﷻ me teste, mais c'est Sa volonté et il y a de la sagesse dans tout cela". Cela vous mine au départ, mais avec le temps et une réflexion régulière, cela devient une qualité ancrée

Vous vous engagez immédiatement dans un souvenir prescrit (dhikr) à chaque moment de difficultés et d'épreuves

Vous méditez sur le fait que vous êtes la propriété exclusive d'Allāh ﷻ, vous Lui ﷻ appartenez, et Il ﷻ a le plein droit d'utiliser et disposer de Sa propriété comme Il ﷻ l'entend ; vous vous contentez donc de Son Décret Divin

Vous vous efforcez d'appliquer l'une des deux réactions suivantes aux choses qui vous déplaisent :

1. Vous faites preuve de contentement ou de bonheur (riḍā)
2. Vous faites preuve de patience (ṣabr), en usant de persévérance et détermination

Vous comprenez que riḍā (contentement) est plus vertueux et recommandé (moustaḥab), alors que ṣabr est nécessaire (ouājib)

Vous devez être certain que les difficultés ne vous affecteront que dans la mesure où vous leur permettez de le faire

Vous reconnaissez que ce qu'Allāh ﷻ exige de Ses créatures est simplement de réaliser que leur obéissance est un don d'Allāh ﷻ, que ce qui vous arrive dans votre vie peut vous aider à vous rapprocher d'Allāh ﷻ

Repentir à Allāh ﷻ pour la désobéissance

Vous vous repentez auprès d'Allāh ﷻ (taouba), en recherchant Son pardon, Sa grâce et miséricorde, en éprouvant des remords pour le passé et prenant la résolution de ne plus jamais sombrer dans la désobéissance

Évidences coraniques, prophétiques et érudites

Allāh ﷻ dit :

- « Qui disent, quand un malheur les atteint : "Certes nous sommes à Allāh, et c'est à Lui que nous retournerons" » [La Vache 2:156]
- « Si Allāh vous donne Son secours, nul ne peut vous vaincre. S'Il vous abandonne, qui donc après Lui vous donnera secours ? C'est en Allāh que les croyants doivent placer leur confiance » [La Famille d'Imrān 3:160]
- « Peut-être que vous n'aimez pas une chose, qui est un bien pour vous et que vous aimez une chose, qui est un mal pour vous. Allāh sait et vous ne savez pas » [La Vache 2:216]

Le Prophète ﷺ a dit :

- « Aucun malheur, ou maladie n'atteint le musulman, aucun souci, chagrin, mal, ou détresse, pas même une épine qui le pique, sans qu'Allāh n'expie certains de ses péchés à cause de cela » [Ṣaḥīḥ Bukhārī 5641]
- « En effet, une plus grande récompense vient avec une plus grande épreuve. Et en effet, lorsqu'Allāh aime un peuple, Il le soumet à des épreuves, ainsi quiconque est satisfait, alors pour Lui c'est le plaisir, et quiconque est mécontent, alors pour Lui c'est la colère » [Tirmidhī 2396]
- **Lorsque le Prophète ﷺ voyait des gens sévèrement éprouvés, il ﷺ faisait la supplique suivante :** « Louange à Allāh, qui m'a sauvé de ce dont Il vous a affligé et pour m'avoir honoré par rapport au reste de Sa création » [Tirmidhī 3432]

Abdullah Ibn 'Umar ؓ avait l'habitude de dire : « Quand tu arrives au soir, ne t'attends pas à voir le matin et quand tu arrives au matin, ne t'attends pas à voir le soir. Pendant la santé, prépare-toi à la maladie et pendant que tu es en vie, prépare-toi à la mort » [Ṣaḥīḥ Bukhārī 6416]

Mécontentement à l'égard du Décret Divin

Traitement pratique	Évidences coraniques, prophétiques et érudites
Montrer de la gratitude	Allāh ﷻ dit : o « Leur récompense auprès d'Allāh sera les Jardins de Séjour, sous lesquels coulent les ruisseaux, pour y demeurer éternellement. Allāh les agrée et ils L'agréent. Telle sera [la récompense] de celui qui craint son Seigneur » [La Preuve 98: 8] o « Dis : "Rien ne nous atteindra, en dehors de ce qu'Allāh a prescrit pour nous. Il est notre Protecteur. C'est en Allāh que les croyants doivent mettre leur confiance" » [Le Repentir 9: 51] o « Certes, Nous vous avons donné du pouvoir sur terre et Nous vous y avons assigné votre subsistance. (Mais) vous êtes très peu reconnaissants ! » [Le Mur d'A'rāf 7: 10] o « Et si vous comptez les bienfaits d'Allāh, vous ne sauriez pas les dénombrer, car Allāh est Pardonneur et Miséricordieux » [Les Abeilles 16: 18] o « Et sachez que vos biens et enfants ne sont qu'une épreuve, et auprès d'Allāh il y a une énorme récompense » [Le Butin 8: 28] o « Et il se peut que vous aimiez une chose, alors qu'elle est un mal pour vous . C'est Allāh qui sait, alors que vous ne savez pas » [La Vache 2: 216] Le Prophète ﷺ a dit : o « De la bonne fortune de l'homme est son contentement de ce qu'Allāh a décrété pour lui » [Tirmidhī 2151] o « Quiconque parmi vous se réveille le matin en sécurité dans sa demeure, sain dans son corps, ayant sa nourriture pour la journée, alors c'est comme si le monde avait été rassemblé pour lui » [Tirmidhī 2346] o « Le bonheur est dû à celui qui est guidé vers l'Islām et possède une provision qui lui suffit pour sa journée et reste satisfait » [Tirmidhī 2349]
Vous intériorisez le concept de riḍā (contentement), ce qui signifie que même si vous faites l'expérience de la douleur et difficulté, vous l'acceptez de tout cœur comme Décret Divin et vous n'espérez même pas son élimination	
Lorsque vous recevez des bénédictions, votre réponse est la gratitude dans toutes ses manifestations ; il y a un éveil d'appréciation dans votre cœur, reconnaissant de ce que vous avez reçu	
Lorsque vous voyez des personnes en difficulté, vous réagissez avec compassion pour celles qui sont dans la tribulation, et avec gratitude pour votre propre bien-être	
Vous développez une plus grande conscience d'Allāh ﷻ, lorsqu'on vous demande ce que votre Seigneur vous a donné, en disant que tout est bon	
Être reconnaissant en accomplissant les actions obligatoires	
L'expression de votre gratitude au niveau intellectuel (en acceptant que tout bénéfice provient du véritable Bienfaiteur) se manifeste dans la façon dont vous employez l'usage de vos yeux, oreilles, de votre langue et de vos membres, en vous assurant que leur utilisation est conforme à la **charī'a**	
Votre gratitude s'exprime d'abord en accomplissant ce qui est obligatoire (ouājib), puis au-delà en accomplissant des actes vertueux et recommandés (mandoūb)	
Vous développez une confiance inhérente au seul Créateur (appelée **tawakkoul**), ce qui signifie que vous agissez conformément au plan d'Allāh ﷻ, c'est-à-dire, que vous adoptez les principes et commandements de la **charī'a** et placez votre confiance en Allāh ﷻ	

Mécontentement à l'égard du Décret Divin

Exceptions

Mécontentement face à l'immoralité
Lorsque vous voyez des sociétés tomber dans la fosse du péché, c'est quelque chose qui vous déplaît
En effet, vous ne l'aimez pas, mais vous comprenez aussi que le mal qu'Allāh ﷻ a décrété, existe dans le monde comme une épreuve pour l'humanité et pour des raisons qui s'accordent avec Sa sagesse ultime

Évidences coraniques, prophétiques et érudites

Allāh ﷻ dit : « Vous êtes la meilleure communauté qu'on ait fait surgir pour les hommes, vous ordonnez le convenable, interdisez le blâmable et croyez en Allāh. Si les gens du Livre croyaient, ce serait meilleur pour eux ; il y en a qui ont la foi, mais la plupart d'entre eux sont des pervers » [La Famille d'Imrān 3:110]

كَراهِيَةُ الإِسْتِنْكار

Mécontentement avec Blâme ou Désapprobation

SIGNES ET SYMPTÔMES

- Ne pas encourager le bien et interdire le mal
- Les médias sociaux et le fait de gâcher votre intention
- S'engager dans des affaires interdites et négliger ses obligations

TRAITEMENTS

- Seul Allāh ﷻ profite et nuit
- Autoréflexion
- Défendre la vérité pour l'amour d'Allāh ﷻ
- Utiliser la sagesse pour informer la vérité

EXCEPTIONS

- Quand Allāh ﷻ ou quelqu'un de bien guidé désapprouve

CHAPITRE 19

Mécontentement avec Blâme ou Désapprobation

[Karāhiya al-Istinkār] كَرَاهِيَةُ الإسْتِنْكار

Ce comportement indésirable particulier est si extrêmement efficace pour orienter une personne vers l'amour de ce bas monde qu'il peut en venir à former une barrière considérable entre une personne et la station de **l'iḥsān** (excellence dans l'adoration).

Mal à l'aise à l'idée d'un blâme ou d'une critique et à la recherche de louanges de la part de la création d'Allāh ﷻ, on oublie que la véritable louange est pour le Créateur et le plus méritant, Allāh ﷻ, le **Ḥamīd**. Cette compréhension cruciale est occultée et s'empare de l'intégrité de l'individu qui se plie ainsi à ses propres caprices et aspire à l'approbation des autres.

Mécontentement avec Blâme ou Désapprobation

Signes et symptômes

Ne pas encourager le bien et interdire le mal

Vous renoncez à encourager ce qui est juste par crainte de déplaire aux autres

Vous niez l'existence des valeurs divines pour obtenir les louanges et l'approbation des gens

Pour éviter le blâme ou la désapprobation des autres, vous ne témoignez pas de la vérité, qu'elle soit bonne ou mauvaise

Les médias sociaux et le fait de gâcher votre intention

Vous faites preuve d'une utilisation addictive (répétitive) des médias sociaux, ce qui entraîne la déception, le mécontentement et, dans certains cas, la dépression

Vous ressentez de l'agacement lorsque vous ne recevez pas le nombre de likes attendus après avoir posté le dernier selfie, ou toute autre photo que vous considérez comme digne du regard des autres (y compris votre dernière assiette de nourriture)

Votre quête de plaire aux gens, ou de rechercher leur faveur, interfère avec votre intention d'accomplir des actes pour l'amour d'Allāh ﷻ

S'engager dans des affaires interdites et négliger ses obligations

Vous avez une peur excessive du blâme et de la critique. Vous vous inquiétez souvent de la façon dont les gens peuvent vous percevoir, lorsque vous pratiquez votre foi, ce qui vous amène à négliger vos obligations, ou à vous engager dans des activités interdites

Évidences coraniques, prophétiques et érudites

Le Prophète ﷺ a dit :

- « Allāh n'envoie pas Son châtiment sur tous les gens pour les péchés d'un groupe spécifique, jusqu'à ce qu'ils voient le mal autour d'eux et, bien qu'ils soient capables de l'empêcher, ils ne l'empêchent pas. S'ils font cela, alors Allāh punira tous les gens et le groupe spécifique » [Musnad Aḥmad 17720]
- « Je jure par Allāh, Celui entre les mains duquel se trouve ma vie, de continuer à ordonner et guider les gens vers les actes vertueux et d'empêcher les gens de commettre des actes immoraux et des péchés. Dans le cas contraire, Allāh le Tout-Puissant enverra sûrement Son châtiment sévère sur vous ; puis vous l'invoquerez, mais Il ne vous répondra pas » [Tirmidhī 2169]

Mécontentement avec Blâme ou Désapprobation

Traitement académique	Évidences coraniques, prophétiques et érudites
Seul Allāh ﷻ profite et nuit	Deux des noms les plus excellents d'Allāh ﷻ sont **Al-Nāf'i** et **Al-Dārr**, le Donneur de bienfaits et le Porteur de maux
Vous croyez que si vous êtes aimé aux yeux d'Allāh ﷻ, alors les critiques des gens ne peuvent pas vous nuire	
Vous vous rappelez que la critique des gens est due à un facteur temporaire imaginé, alors que déplaire à Allāh ﷻ peut entrainer la disgrâce et le déshonneur dans ce monde et l'autre	Allāh ﷻ dit : o « Tout bien qui t'atteint vient d'Allāh et tout mal qui t'atteint vient de toi-même . (Et) Nous t'avons envoyé aux gens comme Messager et Allāh suffit comme témoin » [Les Femmes 4: 79]
Vous remplissez vos obligations, parce que vous ne vous inquiétez pas de la façon dont les gens vous considéreront, lorsque vous pratiquez votre foi	o « En vérité, Allāh n'est point injuste à l'égard des gens, mais ce sont les gens, qui se font du tort à eux-mêmes » [Jonas 10: 44]
Vous surmontez un obstacle en réalisant qu'il n'y a pas de bénéfice ou de mal sauf par la permission et selon le plan d'Allāh ﷻ, le Possesseur de toute domination	o « Tout malheur qui vous atteint est dû à ce que vos mains ont acquis. Et Il pardonne beaucoup » [La Consultation 42: 30]
Auto-réflexion	o « Il (l'homme) a par devant lui et derrière lui des Anges, qui se relaient et qui veillent sur lui par ordre d'Allāh. En vérité, Allāh ne modifie point l'état d'un peuple, tant que les [individus qui le composent] ne modifient pas ce qu'est en eux-mêmes. Et lorsqu'Allāh veut (infliger) un mal à un peuple, nul ne peut le repousser : ils n'ont en dehors de lui aucun protecteur » [Le Tonnerre 13: 11]
Vous reconnaissez vos propres méfaits, en admettant à vous-même vos propres faiblesses, et vous en tirez des leçons en les corrigeant	o « Dis : "Rien ne nous atteindra, en dehors de ce qu'Allāh a prescrit pour nous. Il est notre Protecteur." C'est en Allāh que les croyants doivent mettre leur confiance » [Le Repentir 9: 51]

Mécontentement avec blâme ou désapprobation

Traitement pratique	Évidences coraniques, prophétiques et érudites
Défendre la vérité pour l'amour d'Allāh ﷻ	Le Prophète ﷺ a dit : o « Quiconque cherche à plaire à Allāh avec ce qui déplaît aux gens, alors Allāh sera suffisant pour lui. Celui qui cherche à plaire aux gens avec ce qui déplaît à Allāh, alors Allāh le livrera aux gens » [Ibn Ḥibbān 277] o « Soyez attentifs à Allāh, et Allāh vous protégera. Soyez attentifs à Allāh, et vous Le trouverez en face de vous. Si vous demandez, demandez à Allāh. Si vous cherchez de l'aide, cherchez l'aide d'Allāh. Sachez que si toute la nation se réunissait pour vous faire bénéficier d'un bien, elle ne vous ferait bénéficier que de ce qu'Allāh vous a déjà prescrit. Et si (toute la nation) se réunissait pour vous nuire, elle ne vous ferait du tort que de ce qu'Allāh vous a déjà prescrit. Les plumes ont été levées, et l'encre a séché » [Tirmidhī 2516] o « Le **jihād** le plus précieux consiste à prôner la justice face à un souverain injuste » [Sunan Abu Dawud 4344, Tirmidhī 2174, Ibn Mājah 4011] Ce que nous avons vu chez les Compagnons du Prophète ﷺ, c'est une loyauté totale envers l'éthique de l'Islām. À de nombreuses reprises, ils ont été confrontés à des décisions qui susciteraient le mécontentement des gens et tribus autour de Médine, mais ils les ont tout de même prises en accord avec les enseignements du Prophète ﷺ.
En matière de vérité, tu réagis indifféremment à la louange ou condamnation, car ton cœur est rempli de ces effluves dans lesquelles résident l'agrément et le bonheur d'Allāh ﷻ	
Vous êtes prêt à défendre la vérité, aussi impopulaire soit-elle, car vous réalisez que la vérité a le pouvoir de pénétrer le cœur des gens	
Vous agissez uniquement pour le bien d'Allāh ﷻ et gardez à l'esprit que vos actes ne peuvent partager d'autres intentions, à savoir plaire aux gens, ou rechercher leurs faveurs (que quelqu'un vous loue ou non ne revêt aucune importance)	
Utiliser la sagesse pour informer la vérité	Allāh ﷻ dit : « Ainsi, Nous avons fait de vous (les croyants) une communauté intègre, afin que vous soyez des témoins de l'humanité » [La Vache 2:143] C'est ainsi qu'Allāh ﷻ appelle Sa **oumma** (communauté) à agir collectivement, en enjoignant à la fois les droits de ses semblables et les droits dus à Allāh ﷻ.
Vous faites preuve d'une sagesse inébranlable pour choisir le meilleur moment et la meilleure façon d'appliquer la vérité. Le tact et la diplomatie sont vos traits constants, mais pas par crainte d'un quelconque blâme	

Mécontentement avec Blâme ou Désapprobation

Exceptions

Quand Allāh ﷻ, ou quelqu'un de bien guidé, désapprouve

Vous ressentez du déplaisir lorsqu'Allāh ﷻ, ou quelqu'un de bien guidé, désapprouve ou voit d'un mauvais œil votre action ou votre intention par rapport à ce qui est commandé ou interdit, ce qui vous incite continuellement à parfaire vos agissements

Évidences coraniques, prophétiques et érudites

Allāh ﷻ dit :

- « Ô gens ! Une exhortation vous est venue, de votre Seigneur, une guérison de ce qui est dans les poitrines, un guide et une miséricorde pour les croyants » [Jonas 10:57]
- « Quant à ceux qui par la suite se repentiront et se réformeront : Allāh est certes Pardonneur et Miséricordieux » [La Famille d'Imran 3:89]

Le Prophète ﷺ a dit : « La supériorité du savant religieux ('Ālim) sur l'adorateur est comme ma supériorité sur le plus petit d'entre vous. » [Tirmidhī 2685]

MÉCONTENTEMENT AVEC BLÂME

الرِيَاء

Ostentation ou Étalage

TRAITEMENTS

- Lutter à l'intérieur de soi pour corriger son intention
- La droiture, pas la richesse
- Seul Allāh ﷻ peut vous faire du bien ou nuire
- Se souvenir de la vie dans l'Au-delà
- Réfléchir à ceux qui sont moins fortunés et aux méfaits de l'étalage
- Réfléchir au temporaire et transitoire
- Demander l'aide d'Allāh ﷻ pour surmonter l'ostentation
- Faire des actes en privé et abondance
- Éviter de se vanter sur les médias sociaux
- Réfléchir à ses propres faiblesses
- Gérer les murmures maléfiques
- Réciter régulièrement le Coran, pardonner et se souvenir en privé

SIGNES ET SYMPTÔMES

- Actes vertueux pour un gain personnel
- Paresseux et léthargique lorsqu'il est seul
- Se prépare à se livrer à une ostentation blâmable
- Insouciance à l'égard du mal de l'envie
- Utilisation d'un langage complexe
- Recherche du plaisir des autres et médias sociaux
- Esclave de la mode

EXCEPTIONS

- Cause de l'inspiration
- Embellissement uniquement pour l'amour d'Allāh ﷻ

CHAPTER 20

Ostentation ou Étalage [Riyā'a] الرِيَاء

On parle d'ostentation lorsqu'on accomplit un acte de dévotion pour un motif autre que celui du Créateur, dans le but de rechercher un avantage matériel, une louange ou une admiration de la part de Sa création. L'ostentation est une branche du **ḥoubb al-jah**, l'amour de la renommée et de la gloire.

Lorsque vous divisez l'objectif de l'adoration en vous efforçant d'atteindre à la fois l'acclamation publique et le plaisir d'Allāh ﷻ (c'est-à-dire : en vous associant à Allāh ﷻ), il y a là un soupçon de polythéisme (**chirk** inférieur).

Le Messager d'Allāh ﷺ a dit :

- « Si quelqu'un veut que ses actes soient largement médiatisés, Allāh médiatisera (son humiliation). Et si quelqu'un fait un étalage hypocrite de ses actes, Allāh l'exposera » [Ṣaḥīḥ Muslim 2986:47]
- « En vérité, même une petite ostentation est du **chirk** » [Ibn Mājah 3989]
- « Ne dois-je pas vous parler de ce que je crains pour vous, plus que la présence du Faux Messie ? » Nous avons répondu : « Bien sûr ! » Il ﷺ a dit : « Le polythéisme caché ; qu'un homme se tienne debout pour la prière et embellisse sa prière parce qu'il voit un autre homme le regarder » [Ibn Mājah 4204]

Les gens sont connus pour commettre des **riyā'a** en raison de :

- La recherche de la louange et l'acclamation (l'admiration des gens) plutôt que le plaisir d'Allāh ﷻ, parce que leur foi en Lui est devenue faible
- La peur de la critique ou l'humiliation, en faisant un étalage de bonnes actions (par exemple, prier à la mosquée par peur d'être critiqué par les gens pour ne pas l'avoir fait)
- Une avidité envieuse pour les richesses terrestres : en voyant les possessions des autres, ils s'y accrochent, en grande partie dans l'espoir de pouvoir un jour exhiber des trophées et des bibelots similaires

Ostentation ou Étalage

Signes et symptômes	Évidences coraniques, prophétiques et érudites
Actes vertueux pour un gain personnel Vous affichez prétentieusement la vertu, afin que l'on vous confie les biens d'autrui (par exemple un orphelin, des fonds collectés à des fins religieuses), puis vous en faites un usage abusif pour vos besoins personnels **Paresseux et léthargique lorsqu'il est seul** Vous devenez paresseux et manquez d'action pour l'amour d'Allāh ﷻ lorsque vous êtes seul et hors de la vue des autres Lorsque vous êtes seul, vous devenez léthargique, incapable (ou non désireux) d'accomplir des actes de dévotion. Cependant, dans les lieux de culte publics, vous trouvez d'une manière ou autre la motivation de réciter le Coran ou méditer	Allāh ﷻ dit : o « Les hypocrites cherchent à tromper Allāh, mais Allāh retourne leur tromperie (contre eux-mêmes). Et lorsqu'ils se lèvent pour la **ṣalat**, ils se lèvent avec paresse et par ostentation envers les gens. A peine invoquent-ils Allāh » [Les Femmes 4:142] o « Ô les croyants, n'annulez pas vos aumônes par un rappel ou tort, comme celui qui dépense son bien par ostentation devant les gens sans croire en Allāh et au Jour Dernier. Il ressemble à un rocher recouvert de terre ; qu'une averse l'atteigne, elle le laisse à découvert. De pareils hommes ne tireront aucun profit de leurs actes. Et Allāh ne guide pas les gens mécréants » [La Vache 2:264]
Se prépare à se livrer à une ostentation blâmable Vous abordez un sujet difficile à comprendre et, pensant qu'il serait bon d'en parler en public, vous l'écrivez ou le mémorisez, vous préparant pour le grand moment où vous dévoilerez cette nouvelle connaissance devant les gens	Le Prophète ﷺ a dit : « Si quelqu'un veut que ses actes soient largement médiatisés, Allāh médiatisera (son humiliation). Et si quelqu'un fait un étalage hypocrite de ses actes, Allāh l'exposera. » [Ṣaḥīḥ Muslim 2986:47]
Insouciance à l'égard du mal de l'envie Vous oubliez de réaliser qu'il suffit d'un seul œil envieux pour que votre bénédiction soit détruite, c'est-à-dire que vous (qui avez des moyens) aurez quelqu'un qui vous envie pour ce que vous possédez **Utilisation d'un langage complexe** Vous utilisez un langage complexe alors qu'une explication simple suffirait	Le Prophète ﷺ a dit : « Recourez au secret pour l'accomplissement et la réussite de vos besoins car, en vérité, quiconque a un bienfait est envié. » [Al-Mou'jam Al-Kabīr / Ṭabarānī 183, Bayhaqī / Chou'ab Al-Īmān 6228] L'Imām Ghazālī ﷺ a dit : « Faites attention à la prétention dans la parole, par le biais d'idiomes, allusions, éclats, de vers et poèmes, car Allāh l'Exalté déteste les prétentieux. » [Lettre à un disciple / Ayyouha Al-Oualad]

Ostentation ou Étalage

Signes et symptômes

Recherche du plaisir des autres et médias sociaux

Vous augmentez vos actions lorsqu'elles sont louées et les diminuez en l'absence de telles louanges

Vous dépensez beaucoup d'énergie à rechercher les biens des autres, en essayant d'obtenir du prestige, de la reconnaissance ou une promotion en plaisant à une personne en position d'autorité

Vous utilisez les médias sociaux (par exemple Snapchat) pour "afficher et vanter" votre dernière réalisation, ou expérience, en transmettant des mises à jour, clips médiatiques, etc., pour établir et asseoir votre présence

Vous annoncez vos fiançailles avant que l'événement ne soit certain, vos plus belles photos de mariage, votre nouvel emploi ou nouvelle voiture, vos photos de vacances, les dernières échographies de bébé et vos mignons enfants sur Instagram, WhatsApp et Facebook

Évidences coraniques, prophétiques et érudites

Le Prophète ﷺ a dit :

- « Ils (les croyants) n'adoreront pas le soleil, la lune, un rocher ou une idole, mais ils seront ostentatoires dans leurs actes » [Musnad Aḥmad 17120]
- « Ce que je crains le plus pour vous, c'est le **chirk** mineur, c'est-à-dire le **riyā'a**. Allāh ﷻ dira le Jour du Jugement Dernier, lorsqu'Il récompensera les gens pour leurs actions : "Allez vers ceux pour qui vous avez fait **riyā'a** dans le monde : voyez alors si vous trouvez la récompense chez eux" » [Musnad Aḥmad 23630]
- « Tous mes adeptes verront leurs péchés pardonnés, sauf ceux qui les rendent publics. Un exemple de ceci est celui d'un homme, qui commet un péché la nuit, et, même si Allāh le met à l'abri du public, il entre dans la maison. Il arrive le matin et dit : "J'ai commis tel et tel péché la nuit dernière". Il a passé la nuit sous l'écran protecteur de son Seigneur (personne ne connaissant son péché) et, au matin, il a retiré de lui-même l'écran protecteur d'Allāh » [Ṣaḥīḥ Bukhārī 6069]
- « Il y a trois (types de) personnes auxquelles Allāh ne parlera pas le Jour de la Résurrection, ne les regardera pas et ne les purifiera pas, et elles subiront un châtiment douloureux. Le Messager d'Allāh ﷺ l'a répété trois fois . Abū Dharr (رضي الله عنه) fit remarquer : Ils sont ruinés. Qui sont-ils, ô Messager d'Allāh ? Sur ce, Messager d'Allāh ﷺ dit : Celui qui laisse tomber ses vêtements inférieurs sous ses chevilles (par arrogance), celui qui se vante de ses faveurs faites à un autre ; et celui qui vend ses biens en faisant un faux serment » [Ṣaḥīḥ Muslim 106:171]
- « On fera venir (au Jour du Jugement) un homme qu'Allāh avait rendu abondamment riche et auquel il avait accordé toutes sortes de richesses. Il sera amené et Allāh lui fera raconter Ses bienfaits, et il les racontera et (admettra en avoir profité de son vivant). Allāh ﷻ demandera (alors) : "Qu'as-tu fait (de ces bienfaits) ?" Il dira : "J'ai dépensé de l'argent dans toutes les causes dans lesquelles Tu as souhaité qu'il soit dépensé". Allāh ﷻ dira : "Tu mens. Tu as fait cela (pour) qu'on dise de (toi) : "C'est une personne généreuse" et c'est ainsi qu'on a dit". Alors Allāh passera les ordres et il sera traîné avec son visage vers le bas et jeté en Enfer » [Ṣaḥīḥ Muslim 1905:152]

L'Imām Ghazālī (رحمه الله) a dit : « Sachez que l'absence de sincérité est causée par la surestimation de l'humanité » [Lettre à un disciple / Ayyouhā Al-Oualad, p.40-41]

OSTENTATION OU ÉTALAGE

Ostentation ou Étalage

Signes et symptômes	Évidences coraniques, prophétiques et érudites
Esclave de la mode	Allāh ﷻ dit : o « Ces gens-là aiment (la vie) éphémère (la vie sur terre) et laissent derrière eux un jour bien lourd (le Jour du Jugement) [L'Homme 76: 27] o « Lorsqu'Il les a sauvés, les voilà qui, sur terre, transgressent injustement. Ô gens, votre transgression ne retombera que sur vous-mêmes. C'est une jouissance temporaire de la vie présente. Ensuite, c'est vers Nous que sera votre retour, et Nous vous rappellerons alors ce que vous faisiez. [Jonas 10: 23] o « Tout ce qui vous a été donné est la jouissance éphémère de la vie ici-bas et sa parure, alors que ce qui est auprès d'Allāh est meilleur et plus durable. Ne comprenez-vous donc pas ? [Le Récit 28: 60] o « C'est Lui qui nous a installés, par Sa grâce, dans la Demeure de la Stabilité, où nulle fatigue, nulle lassitude ne nous touchent » [Le Créateur 35: 5] o « Sachez que la vie présente n'est que jeu, amusement, vaine parure, une course à l'orgueil entre vous et une rivalité dans l'acquisition des richesses et des enfants. Elle est en cela pareille à une pluie : la végétation qui en vient émerveille les cultivateurs, puis elle se fane, et tu la vois donc jaunie ; ensuite elle devient paille sèche. Et dans l'Au-delà il y a un dur châtiment et aussi pardon et agrément d'Allāh. Et la vie présente n'est que jouissance trompeuse » [Le Fer 57: 20] o « Ceux qui veulent la vie présente avec sa parure, Nous les rétribuerons exactement selon leurs actions sur terre, sans que rien ne leur en soit retiré . Ceux-là n'ont rien d'autre, dans l'Au-delà, que le Feu. Ceux qu'ils auront fait ici-bas sera un échec, et vain sera ce qu'ils auront œuvré » [(Le Prophète) Houd 11: 15-16] o « Dis : « Voulez-vous que Nous vous apprenions lesquels sont les plus grands perdants en œuvres ? Ceux dont l'effort, dans la vie présente, s'est égaré, alors qu'ils s'imaginent faire le bien » [La Caverne 18: 103-104] Le Prophète ﷺ a dit : o « Allāh ne regarde pas votre apparence extérieure et richesse, il regarde plutôt vos cœurs et actes » [Ṣaḥīḥ Muslim 2564:33] o « Lorsque l'obscénité fait partie d'une chose, elle devient défectueuse, et lorsque la **ḥayā** (pudeur) fait partie d'une chose, elle devient belle » [Tirmidhī 1974]
Vous vous tenez au courant des tendances, styles et designs, au détriment du bon sens, au point d'être consumé par les paillettes de la mode, ce qui se traduit par une prodigalité qui dépasse les limites de la charī'a et ignore le sort des nécessiteux	
Vous êtes obsédé par la consommation de luxe ou "l'utilisation ostentatoire de biens ou de services", de manière à pouvoir étaler votre statut à votre famille, vos amis et aux autres membres de la société	
Vous vous habillez de manière extravagante, en gardant à l'esprit que "personne n'a les vêtements que j'ai", ou "personne ne me ressemble ou ne devrait me ressembler", ou encore "mes vêtements montrent que je suis meilleur que les autres"	
Vous ne vous préoccupez guère des personnes moins fortunées, qui sont au chômage, ou tout simplement moins chanceuses, et qui n'ont peut-être pas les moyens élémentaires de survivre	
Vous oubliez la réalité inéluctable de la mort	
Vous vous arrêtez rarement pour penser qu'un jour, très bientôt, vous quitterez ce monde enveloppé dans un simple **kafan** (linceul), dont le motif et style n'ont pas de noms de créateurs ou de marques, et qui est resté et restera toujours le même	

Ostentation ou Étalage

Traitement académique	Évidences coraniques, prophétiques et érudites
Lutter à l'intérieur de soi pour corriger son intention	Allāh ﷻ dit : « Dis (Ô Prophète) : "Je suis en fait un être humain comme vous. Il m'a été révélé que votre Dieu est un Dieu unique ! Quiconque, donc, espère rencontrer son Seigneur, qu'il fasse de bonnes actions et n'associe rien dans son adoration à son Seigneur" » [La Caverne 18:110] Le Prophète ﷺ a dit : « Les actions sont conformes aux intentions, et chacun obtiendra ce qui était prévu » [Ṣaḥīḥ Bukhārī 1] L'Imām Ghazālī a dit : « Vous m'avez interrogé sur la sincérité. C'est que tous tes actes soient pour Allāh l'Exalté, et que ton cœur ne soit pas réjoui par les louanges des hommes, ni ne se soucie de leur censure. » [Lettre à un disciple / Ayyouhā Al-Oualad, p.40-41]
Vous comprenez que lorsque votre motif fondamental est d'être vu par les autres (dès le début), cela invalide votre acte d'adoration, et vous êtes passible de punition	
Vous développez la **riyā'a** pendant un acte d'adoration (dont l'intention était à l'origine sincère), où votre frime se développe et vous commencez, par exemple, à allonger votre prière, alors vous combattez cette pensée et rétablissez votre **niyya** (intention), uniquement pour l'amour d'Allāh ﷻ. Vous êtes pleinement conscient de la punition pour la **riyā'a**	
Vous luttez en vous, craignant que toute votre action devienne nulle et non avenue, si vous ne corrigez pas votre intention	
Vous savez que Satan vous décourage de faire de bonnes actions, mais vous n'abandonnez pas l'acte par crainte de **riyā'a** : vous prenez plutôt un moment, réalignez votre intention, puis poursuivez	
Vous développez un sentiment de fierté après une bonne action, car les gens commencent à vous louer, cependant vous comprenez que c'est simplement le signe d'un croyant, et que le fait que vous soyez loué par les autres, ou non, devient sans importance	

Ostentation ou Étalage

Traitement académique

La droiture, pas la richesse

Vous développez une plus grande conscience d'Allāh ﷻ, Qui vous voit, et cela suscite en vous le respect et la crainte de Lui ; ce que les autres pensent devient alors insignifiant

Vous vous rappelez que plus vous accordez d'importance à ce monde, plus il vous empêtre dans une toile de désirs sans fin et d'ambitions toujours plus pesantes, qui vous piègent dans ses plaisirs éphémères

Vous vous rappelez que l'Islām vous interdit l'étalage extravagant de richesse et supériorité, et met l'accent sur la pudeur

Votre cœur est donc enclin à la préparation à la vie éternelle, et vous recherchez donc le plaisir d'Allāh ﷻ, avant de quitter ce monde et d'entrer dans votre tombe, en vous efforçant de respecter les enseignements de l'Islām dans votre vie quotidienne en priorisant la pudeur

Évidences coraniques, prophétiques et érudites

Allāh ﷻ dit :

- « Ô hommes, Nous vous avons créés d'un mâle et une femelle, et Nous avons fait de vous des nations et tribus, pour que vous vous entreconnaissiez. Le plus noble d'entre vous, auprès d'Allāh, est le plus pieux. Allāh est certes Omniscient et Grand Connaisseur » [Les Appartements 49: 13]
- « Ni vos biens, ni vos enfants, ne vous rapprocherons à proximité de Nous. Sauf celui qui croit et œuvre dans le bien. Ceux-là auront une double récompense pour ce qu'ils œuvraient, tandis qu'ils seront en sécurité, aux étages supérieurs (du Paradis) » [Sabā' 34: 37]
- « Il ne leur a été commandé, cependant, que d'adorer Allāh, Lui vouant un culte exclusif, d'accomplir la ṣalāt (l'adoration quotidienne) et de s'acquitter de la zakāt (aumône légale). Et voilà la religion de la droiture » [La Preuve 98: 5]

Abu Houraira ﷺ a rapporté qu'en réponse à la question d'un homme sur le terme **iḥsan**, le Prophète ﷺ a expliqué : « Iḥsān consiste à adorer Allāh comme si vous Le voyiez, et si vous ne parvenez pas à cet état de dévotion, alors (tenez pour acquis) qu'Allāh vous voit « [Ṣaḥīḥ Bukhārī 4777, Ṣaḥīḥ Muslim 8:1]

Traitement académique

Seul Allāh ﷻ peut vous faire du bien ou nuire

Vous cherchez activement et sincèrement à purifier votre cœur en nourrissant la certitude que Seul Allāh ﷻ peut vous faire du bien ou nuire

Vous tentez d'éliminer les choses suivantes : l'amour des louanges et le désir d'obtenir des avantages mondains grâce aux gens

Vous réalisez que Lui ﷻ Seul détient les récompenses pour vos actions dans les deux demeures, qu'Il ﷻ est Tout-Puissant

Vous réalisez que si toute la création devait unir ses forces pour s'opposer à vous ou vous soutenir, elle ne pourrait le faire que par Sa permission

Évidences coraniques, prophétiques et érudites

Le Prophète ﷺ a dit : « Soyez attentifs à Allāh, et Allāh vous protégera. Soyez attentifs à Allāh, et vous Le trouverez en face de vous. Si vous demandez, demandez à Allāh, si vous cherchez de l'aide, cherchez l'aide d'Allāh. Sachez que si la nation se rassemblait pour vous faire bénéficier de quoi que ce soit, elle ne vous ferait bénéficier que de ce qu'Allāh vous a déjà prescrit, et que si elle se rassemblait pour vous nuire avec quoi que ce soit, elle ne vous nuirait que de ce qu'Allāh a déjà prescrit pour vous. La plume a été levée, et les pages ont séché » [Tirmidhī 2516]

L'Imām Ghazālī ﷺ a dit : « Le remède à cela (l'insincérité) est que vous les voyez (les hommes) comme soumis à la Toute-puissance et vous les considérez comme des objets inanimés, impuissants à conférer l'aisance, ou le malheur, de sorte que vous deveniez libres de l'insincérité envers eux. Tant que vous les considérez comme ayant le contrôle et libre arbitre, l'insincérité ne s'éloignera pas de vous. » [Lettre à un disciple / Ayyouhā Al-Oualad, p.40-41]

Ostentation ou Étalage

Traitement académique	Évidences coraniques, prophétiques et érudites
Se souvenir de la vie dans l'Au-delà	
Vous vous souvenez de l'Au-delà et des difficultés qui peuvent vous attendre	L'Imām Ghazālī a dit : « L'idée de l'admonestation consiste pour l'adorateur à se remémorer le feu de l'Au-delà..., considérer sa propre vie passée qu'il a consacrée à ce qui ne le concernait pas. Il envisagera les difficultés qui l'attendent, comme l'absence de fermeté de la foi dans les derniers moments de sa vie, la nature de son état dans les serres de l'Ange de la Mort, et, s'il sera capable de répondre à **Mounkar** et **Nakīr**. Puis, il s'inquiètera de son état lors de la Résurrection et ses étapes, et il verra s'il traversera le Pont sans encombre, ou dégringolera dans l'abîme. » [Lettre à un Disciple / Ayyouhā Al-Oualad, p.48-49]
Vous pensez à ceux qui sont moins fortunés et aux méfaits de l'ostentation	Allāh dit : « Et ne soyez pas comme ceux qui sortirent de leurs demeures pour repousser la vérité et avec ostentation publique, obstruant le chemin d'Allāh. Et Allāh cerne ce qu'ils font. » [Le Butin 8:47] Le Prophète a dit : « Un acte souillé par ne serait-ce qu'un atome d'ostentation est inacceptable pour Allāh » [Al-Targhīb oua-l Tarhīb / Moundhirī 54] Considérez que le Prophète Jacob ne voulait pas que son fils, Sayyidunā Joseph raconte à ses frères un rêve qu'il avait fait, car il craignait que cela ne déclenche de mauvais sentiments dans leurs cœurs. Il soupçonnait à juste titre que les frères essaieraient ensuite de faire du mal à Joseph. Alors, quel devrait être notre cas lorsque nous exposons tous les dons qu'Allāh nous a donnés ? Des statistiques récentes sur la pauvreté : o 'En 2015, 10 % de la population mondiale vivait avec moins de 1,90 dollar par jour' [The World Bank, 2018] o 'Il y avait 4,1 millions d'enfants vivant dans la pauvreté au Royaume-Uni en 2016-17. Cela représente 30 % des enfants, soit 9 enfants sur une classe de 30. Les familles connaissent la pauvreté pour de multiples raisons, mais sa cause fondamentale est le manque d'argent pour faire face aux circonstances dans lesquelles elles vivent. [Department for Work and Pensions, 2018]
Vous réfléchissez à la situation des moins fortunés, de ceux qui ont moins que vous, de ceux qui sont au chômage et qui n'ont pas les moyens de survivre	
Vous vous rappelez que ces richesses que vous êtes sur le point d'exhiber peuvent susciter la jalousie et l'envie des autres, alors vous les préservez et protégez	
Vous prenez conscience de la vanité et des méfaits de l'ostentation, ce qui vous amène à la détester et repousser	
Vous êtes conscient du fait que si Allāh le souhaite, Il peut faire en sorte que les gens soient mécontents de vous, ce qui les amènera à vous réprimander et critiquer plutôt que louer	

Ostentation ou Étalage

Traitement académique	Évidences coraniques, prophétiques et érudites
Réfléchir à ceux qui sont moins fortunés et aux méfaits de l'étalage	
Vous réfléchissez à la situation des moins chanceux, qui ont moins que vous, qui sont au chômage et qui n'ont pas les moyens de survivre	Le Prophète ﷺ a dit : « Ce que je crains le plus pour vous, c'est le **chirk** (polythéisme) mineur, c'est-à-dire le **riyā'a.** Allāh dira le jour du Jugement Dernier, lorsqu'Il récompensera les gens pour leurs actions : "Allez vers ceux pour qui vous avez fait du **riyā'a** dans le monde : voyez alors si vous trouvez la récompense chez eux" » [Musnad Aḥmad 23630]
Vous vous rappelez que ces richesses, que vous êtes sur le point d'étaler, peuvent susciter la jalousie et l'envie des autres ; vous les préservez donc et les protégez.	
Vous prenez conscience de la vanité et des méfaits de l'ostentation, ce qui vous amène à la détester et à la repousser.	
Vous êtes conscient du fait que si Allāh ﷻ le veut, Il ﷻ peut rendre les gens mécontents de vous, ce qui les amènera à vous réprimander et critiquer, plutôt qu'à vous louer.	
Demander l'aide d'Allāh ﷻ pour surmonter l'ostentation	
Votre récitation de cette **āya** de la Sourate Al-**Fātiḥa** (Chapitre ouvrant du Coran) renforce votre foi ; lorsque vous dites que vous adorez Allāh ﷻ Seul, vous faites suivre cette affirmation de vos actes	Allāh ﷻ, le Très Miséricordieux, connaît la faiblesse de chaque humain et nous a également donné le remède. Le meilleur moyen est la supplication auprès de Lui ﷻ. Allāh ﷻ dit que nous devons dire : « C'est Toi (Seul) que nous adorons et c'est Toi (Seul) dont nous implorons secours » [L'Ouvrante 1:5]
Votre adoration signifie votre obéissance et confiance, suivies d'actes qui ont pour seul objectif l'acceptation d'Allāh ﷻ	
Vous faites abstraction de votre désir de louanges mondaines	

Ostentation ou Étalage

Traitement pratique	Évidences coraniques, prophétiques et érudites
Faire des actes en privé et abondance	Allāh ﷻ dit : o « Dis : « Je suis en fait un être humain comme vous. Il m´a été révélé que votre Dieu est un Dieu unique ! Quiconque, donc, espère rencontrer son Seigneur, qu´il fasse de bonnes actions et qu´il n´associe rien dans son adoration à son Seigneur » [La Caverne 18:110] o « Si vous donnez ouvertement vos aumônes, c´est bien; c´est mieux encore, pour vous, si vous êtes discrets avec elles et les donniez aux indigents. Allāh effacera une partie de vos méfaits. Allāh est Parfaitement Connaisseur de ce que vous faites » [La Vache 2:271] Le Prophète ﷺ a dit : « Les actions sont conformes aux intentions, et chacun obtiendra ce qui était prévu » [Ṣaḥīḥ Bukhārī 1]
Vous comprenez que Satan est toujours à l'affût, lorsque vous montrez une quelconque inclination et faiblesse à impressionner les autres, et il suscite donc en vous le désir de vous afficher	
Vous accomplissez donc votre acte d'adoration en privé, afin d'éduquer votre âme, de purifier votre intention et la préserver de l'ostentation (cependant, en ce qui concerne la prière en congrégation, la suppression de l'amour de la gloire est suffisante)	

Ostentation ou Étalage

Traitement pratique	Évidences coraniques, prophétiques et érudites
Éviter de se vanter sur les médias sociaux	
Vous vous rappelez que toutes les personnes qui se sont liées d'amitié avec vous sur les réseaux sociaux ne sont pas nécessairement votre ami ou ne vous souhaitent pas nécessairement du bien, vous utilisez donc les réseaux sociaux avec prudence.	
Avant de partager votre dernier message, interrogez-vous d'abord : o Pourquoi partagez-vous quelque chose, ou une mise à jour de statut particulière ? o Quel est le message sous-jacent que vous essayez de transmettre ? o Pour qui l'écrivez-vous vraiment ?	Le Prophète ﷺ a dit : o « "Ne vous dirai-je pas qui, parmi vous, m'est le plus cher et sera le plus proche de moi le Jour de la Résurrection ?" Il ﷺ le répéta deux ou trois fois, et ils répondirent : "Oui, ô Messager d'Allāh". Il ﷺ dit : "Ceux d'entre vous qui sont les meilleurs dans leurs manières et leur caractère" » [Musnad Aḥmad 7035] o « Lorsque la débauche fait partie d'une chose, elle devient défectueuse ; et lorsque la **hayā** (pudeur) fait partie d'une chose, elle devient belle » [Tirmidhī 1974] o « Les actions sont jugées par leurs intentions, chaque homme aura donc ce qu'il a voulu. Ainsi, celui dont la migration était pour Allāh et Son messager, sa migration est pour Allāh et Son messager. Mais celui dont la migration était pour un avantage mondain, ou pour une femme qu'il pourrait épouser, sa migration est ce vers quoi il a migré » [Ṣaḥīḥ Bukhārī 1]
Lorsque d'autres personnes prennent inopinément conscience de votre bonne action (sans que vous le fassiez pour leur attention ou plaisir), vous faites **choûkr** (remerciement) à Allāh ﷻ, qui a rendu vos actes publics, dissimulé vos péchés et maux aux yeux des gens, s'assurant que votre acte reste louable	
Vous n'êtes pas fier du nombre de followers (sur les médias sociaux), que vous avez, car en réalité, vous commencez à savoir que cela n'a que peu, ou pas de valeur, ou substance	
Vous évitez de poster des images de vous-même, vos expériences, réalisations, votre famille, etc., parce que la richesse, santé, beauté et le statut, etc. sont tous instables et peuvent donc être supprimés d'un seul coup (que ces bienfaits ne proviennent que d'Allāh ﷻ et Il ﷻ peut choisir n'importe quelle manière de les restreindre et diminuer)	

Ostentation ou Étalage

Traitement pratique	Évidences coraniques, prophétiques et érudites
Réfléchir à ses propres faiblesses	
Vous êtes conscient de vos propres faiblesses et gardez donc un œil sur vos propres défauts, sans vous laisser emporter par les éloges qui vous sont adressées	Allāh ﷻ dit : o « (Voici) un Livre béni, que Nous avons fait descendre vers toi, afin qu'ils méditent sur ses versets, et que les doués d'intelligence réfléchissent ! » [Ṣād 38:29] o « Ô vous qui avez cru, craignez Allāh ! Que chaque âme voie bien ce qu'elle a avancé pour demain. Et craignez Allāh, car Allāh est parfaitement Connaisseur de ce que vous faites » [L'Éxode 59:18] o « Souvenez-vous de Moi, Je me souviendrai de vous et remerciez-moi. Ne soyez pas ingrats envers Moi » [La Vache 2:152]
Vous prenez conscience que c'est Allāh ﷻ Seul qui vous rend capable de tout ce que vous pourriez accomplir, vous Le remerciez donc pour vos réalisations, et cela limite efficacement votre désir de vous attribuer le mérite de vos bonnes actions	
Gérer les insinuations maléfiques	
Vous n'abandonnez pas une bonne action par peur de l'ostentation, car vous réalisez qu'il s'agit simplement d'une peur irrationnelle, qui est peut-être inspirée par des chuchotements maléfiques destinés à vous détourner	Allāh ﷻ dit : « Et si jamais le Diable t'incite à faire le mal, cherche refuge auprès d'Allāh. Car Il entend, et sait tout » [Le Mur d'A'rāf 7:200] Un homme demanda : Ô Apôtre d'Allāh, qu'est-ce que **l'iḥsān** ? » Le Prophète ﷺ répondit : « **L'iḥsān** consiste à adorer Allāh comme si vous Le voyiez, et si vous ne parvenez pas à cet état de dévotion, alors (tenez pour acquis qu') Allāh vous voit » [Ṣaḥīḥ Bukhārī 4777, Ṣaḥīḥ Muslim 8:1] Il est recommandé de réciter souvent la sourate (Chapitre du Coran) no. 112, Al-Ikhlāṣ, une sourate qui affirme l'unicité d'Allāh ﷻ et nie la possibilité qu'il existe quelque chose de comparable à Lui ﷻ.
Tout comme Satan suscite en vous la vanité et le désir d'autoglorification, vous vous rendez compte qu'il utilise aussi ses stratégies sournoises pour vous faire éviter de faire le bien par peur de vous montrer	
Lorsque vous vous rendez compte que votre intention est souillée, vous la purifiez et prenez la ferme résolution d'accomplir l'acte pour le plaisir d'Allāh ﷻ	
Vous vous rappelez que si votre cœur est fortifié par une foi solide et une intention sincère, il ne sera pas troublé par les murmures de Satan, lorsque vous pratiquerez les vertus secrètement, ou ouvertement	

Ostentation ou Étalage

Traitement pratique	Évidences coraniques, prophétiques et érudites
Réciter régulièrement le Coran, pardonner et se souvenir en privé	
Vous récitez régulièrement la sourate Al-Ikhlāṣ (112) et le **Sayyed Al-Istighfār** (la supplication principale du pardon)	Allāh ﷻ dit : « Dis (Ô Prophète) : "Je suis en fait un être humain comme vous. Il m'a été révélé que votre Dieu est un Dieu unique ! Quiconque, donc, espère rencontrer son Seigneur, qu'il fasse de bonnes actions et n'associe dans son adoration rien à son Seigneur" » [La Caverne 18:110] The Prophet ﷺ a dit : à propos de la belle supplication connue sous le nom de **Sayyed Al-Istighfār** (la supplication maîtresse pour le pardon) que : « Si quelqu'un la récite pendant la journée avec une foi ferme en elle et meurt le même jour avant le soir, il sera du peuple du Paradis ; et si quelqu'un la récite la nuit avec une foi ferme en elle et meurt avant le matin, il sera du peuple du Paradis » [Ṣaḥīḥ Bukhārī 6306]
Vous faites la veille de la prière de nuit (tahājjoud), vous engagez dans des litanies de **dhikr** (souvenir d'Allāh ﷻ), récitez le Coran, et autres, le tout en privé	
Vous mémorisez une supplication pour vous aider à n'associer personne à Allāh ﷻ	Le Prophète ﷺ a dit : « Ô gens, méfiez-vous de ce **chirk** (forme de polythéisme), car il est plus subtil que les pas d'une fourmi ». Lorsqu'une personne a demandé : « Comment pouvons-nous nous en méfier alors qu'il est plus subtil que les pas d'une fourmi, ô Messager d'Allāh ? » Il ﷺ a répondu : « Dis : "Ô Allāh, nous nous réfugions auprès de Toi pour ne pas t'associer sciemment à quoi que ce soit et nous demandons Ton pardon pour ce que nous faisons à notre insu." » [Musnad Aḥmad 19606]

Ostentation ou Étalage

Exceptions

Cause de l'inspiration

Vous faites ouvertement de bonnes actions, parce que vous êtes inspiré en compagnie de personnes, qui en font également

Vous apprenez, ou faites quelque chose en public, pour que les autres puissent également en bénéficier

Embellissement uniquement pour le plaisir d'Allāh ﷻ

Lorsque vous vous habillez et vous parez, vous faites les intentions suivantes :

- Pour acquérir le plaisir d'Allāh ﷻ seulement
- Suivre la **Sunna** de **Rasoūlullāh** ﷺ
- Pour faire plaisir à vos proches, par exemple votre conjoint, vos parents, enfants, et ainsi faire plaisir à Allāh ﷻ également

Évidences coraniques, prophétiques et érudites

Allāh ﷻ dit :

- « Ceux qui, de nuit et jour, en secret et ouvertement, dépensent leurs biens (dans les bonnes œuvres), ont leur salaire auprès de leur Seigneur. Ils n'ont rien à craindre et ne seront point affligés » [La Vache 2:274]
- « (Ceux) qui donnent ce qu'ils donnent, tandis que leurs cœurs sont pleins de crainte [à la pensée] qu'ils doivent retourner à leur Seigneur [Les Croyants 23: 60-61]

Le Messager d'Allāh ﷺ a dit :

- « Quiconque dirige quelqu'un à faire le bien, recevra une récompense équivalente à celle de celui qui pratique cette bonne action » [Ṣaḥīḥ Muslim 1893:133]
- « Quiconque établit un bon précédent dans l'Islām aura la récompense pour cela, et la récompense de ceux qui le font après lui, sans que cela nuise le moins du monde à leur récompense. Et quiconque établit un mauvais précédent dans l'Islām portera le fardeau du péché pour cela, et le fardeau de ceux qui le font après lui, sans que cela ne porte atteinte à leur fardeau le moins du monde » [Ṣaḥīḥ Muslim 1017:15]
- « En effet, Allāh est beau et aime la beauté » [Ṣaḥīḥ Muslim 91:147]

خَوْفُ الفَقْر

Peur de la Pauvreté

SIGNES ET SYMPTÔMES

- Préoccupé par la perte de richesse
- Inquiétude constante
- Garder de mauvaises fréquentations

TRAITEMENTS

- Bonne opinion d'Allāh ﷻ
- Confiance en Allāh ﷻ et abandon de l'espoir en autrui
- Contentement
- Reconnaître et se détourner des chuchotements diaboliques
- Dépenser pour les pauvres et nécessiteux
- Rechercher le pardon en abondance
- Garder les transactions libres de tout péché
- Adorer Allāh ﷻ et faire constamment des dou'a (supplications)
- Entretenir les liens de parenté

EXCEPTIONS

- Incapacité à soutenir les nécessiteux

CHAPITRE 21

Peur de la Pauvreté

[Khaouf al-Faqr] خَوْفُ الفَقْر

Lorsque le cœur n'est pas correctement aligné avec le décret du Tout-Puissant, l'insatisfaction est toujours présente. Le dégoût de la pauvreté peut habiter une personne lorsqu'elle est pauvre, mais la maladie de loin la plus répandue est la peur de la pauvreté lorsque la richesse intervient.

La caractéristique de cette peur est que l'argent, le capital, patrimoine ou les ressources d'une personne seront détruits, ou diminués, ce qui aura un impact sur le style de vie et l'estime de soi. Lorsque cette peur s'installe dans le cœur d'une personne, son avidité s'intensifie et elle redouble d'efforts pour accumuler davantage de richesses.

Sans aucun doute, l'insatisfaction de la part qui lui est allouée va de pair avec le fait de consacrer peu, ou pas de temps, à l'adoration d'Allāh ﷻ, ou à l'accomplissement de véritables actes de charité. La poursuite des richesses et conforts mondains devient le but de la vie de celui qui souffre.

Le Prophète ﷺ a dit : « Celui qui fait de l'Au-delà son but, Allāh ﷻ enrichit son cœur et organise ses affaires, et le monde vient à lui, qu'il le veuille ou non. Et quiconque fait du monde son objectif, Allāh ﷻ met sa pauvreté devant ses yeux et désorganise ses affaires, et le monde ne vient pas à lui, sauf ce qui a été décrété pour lui » [Tirmidhī 2465]

Peur de la Pauvreté

Signes et symptômes

Préoccupé par la perte de richesse

Vous êtes préoccupé par la peur de perdre votre richesse et, par conséquent, vous vous accrochez désespérément à votre argent et privez les nécessiteux et vous-même du bienfait de donner pour l'amour d'Allāh ﷻ

Vous êtes prompt à transgresser les lois, même au point de vous livrer à l'indécence, dans le but d'obtenir, ou de protéger un profit personnel ou une richesse familiale

Vous compromettez votre religion (par exemple, vous tardez à faire la charité) afin d'obtenir des gains matériels, souvent par peur de la pauvreté ou par simple cupidité

Inquiétude constante

Vous vous affligez d'une abondance de préoccupations et de problèmes, qui vous contrôlent, bien qu'aucun ne se soit encore matérialisé

Vous êtes constamment préoccupé par votre patrimoine et sa perte potentielle

Vous n'avez pas l'esprit tranquille et votre vie est pleine de conflits, disputes et trahisons

Évidences coraniques, prophétiques et érudites

Allāh ﷻ dit :

- « Le Diable vous fait craindre l'indigence et vous recommande des actions honteuses; tandis qu'Allāh vous promet pardon et faveurs venant de Lui. La grâce d'Allāh est immense et Il est Omniscient » [La Vache 2:268]
- « Sachez que la vie présente n'est que jeu, amusement, vaine parure, une course à l'orgueil entre vous et rivalité dans l'acquisition des richesses et enfants. Elle est en cela pareille à une pluie : la végétation, qui en vient, émerveille les cultivateurs, puis elle se fane et tu la vois donc jaunie ; ensuite elle devient paille sèche. Et dans l'Au-delà, il y a un dur châtiment, aussi pardon et agrément d'Allāh. Et la vie présente n'est que jouissance trompeuse » [Le Fer 57:20]

Le Prophète ﷺ a dit :

- « Quiconque fait de l'Au-delà son objectif, Allāh enrichit son cœur et organise ses affaires, et le monde vient à lui, qu'il le veuille ou non. Et quiconque fait du monde son but, Allāh met sa pauvreté sous ses yeux, et désorganise ses affaires, et le monde ne vient pas à lui, sauf ce qui a été décrété pour lui » [Tirmidhī 2465]
- « La ressemblance de celui qui affranchit un esclave (ou fait la charité) au moment de sa mort est celle de celui qui ne donne sa nourriture qu'après s'être rassasié » [Tirmidhī 2123, Sunan Abu Dawud 3968]
  Ce type de charité n'est pas l'idéal ; une personne devrait faire la charité lorsqu'elle est en forme et bonne santé.

Peur de la Pauvreté

Signes et symptômes	Évidences coraniques, prophétiques et érudites
Garder de mauvaises fréquentations	
Vous tenez compagnie aux personnes désobéissantes par crainte de perdre votre richesse, en louant leurs actions et affichant votre plaisir devant leur état sans les condamner (c'est-à-dire : que vous recherchez un avantage matériel)	Le Prophète ﷺ a dit : o « Lorsque vous voyez ceux qui répandent des louanges (indues) sur les autres, jetez la poussière sur leurs visages » [Ṣaḥīḥ Muslim 3002:69, Tirmidhī 2393, Sunan Abu Dawud 4804] o « Un bon ami et un mauvais ami sont comme un vendeur de parfums et un forgeron : Le vendeur de parfum peut te donner du parfum en cadeau, ou tu peux lui en acheter, ou du moins tu peux sentir son parfum. Quant au forgeron, il pourrait brûler vos vêtements, et au moins vous respirerez les fumées du fourneau » [Ṣaḥīḥ Bukhārī 2101, 5534, Ṣaḥīḥ Muslim 2628:146]

Peur de la Pauvreté

PEUR DE LA PAUVRETÉ

Traitement académique

Bonne opinion d'Allāh ﷻ

Vous avez une bonne opinion d'Allāh ﷻ

Vous vous rendez compte qu'Allāh ﷻ est le Pourvoyeur et la Source de la richesse et du bien-être

Vous vous contentez de faire le bien et avez confiance en Allāh ﷻ

Vous réalisez que Sa domination n'est jamais diminuée le moins du monde, lorsqu'Il donne à Sa création tout ce dont elle a besoin

Confiance en Allāh ﷻ et abandon de l'espoir en autrui

Vous établissez une confiance absolue en Allāh ﷻ, et cela signifie que vous devenez complètement indépendant d'autrui

Vous commencez à couper tout espoir dans ce que les autres ont

Vous comprenez que votre approvisionnement dépend d'Allāh ﷻ et qu'Il ﷻ l'a garanti, alors vous vous occupez plutôt de L'adorer

Contentement

Vous ne nourrissez pas de mauvaises pensées envers quelqu'un qui reçoit plus que vous

Vos pensées saines s'expriment par votre contentement de ce que vous possédez et parce que vous n'orientez pas votre regard vers les biens des autres

Vous vous rappelez que la grande générosité du **'ilm** (connaissance) est la vraie richesse, que rien ne peut être comparé à la grande générosité de la connaissance et l'intelligence (en particulier la richesse matérielle)

Vous vous rappelez que la grande générosité de 'ilm (la connaissance) est la vraie richesse, que rien ne peut être comparé à la grande générosité de la connaissance et de l'intelligence (en particulier la richesse matérielle)

Évidences coraniques, prophétiques et érudites

Allāh ﷻ a révélé :

- « Le Diable vous fait craindre l'indigence et recommande des actions honteuses ; tandis qu'Allāh vous promet pardon et faveurs venant de Lui. La grâce d'Allāh est immense, et Il est Omniscient » [La Vache 2: 268]
- « Et quiconque craint Allāh, Il lui donnera une issue favorable et accordera Ses dons par (des moyens) sur lesquels il ne comptait pas. Et quiconque place sa confiance en Allāh, Il (Allāh) lui suffit » [Le Divorce 65 : 2-3]
- « Allāh ne suffit-Il pas à Son serviteur (comme soutien) ? Et ils te font peur avec ce qui est en dehors de Lui. Et quiconque Allāh égare, n'a point de guide » [Les Groupes 39: 36]
- « Je ne cherche pas d'eux une subsistance et ne veux pas, qu'ils me nourrissent » [Qui éparpillent 51: 57]
- « Le combat vous a été prescrit, alors qu'il vous est désagréable. Or, il se peut que vous ayez de l'aversion pour une chose, alors qu'elle vous est un bien. Et il se peut que vous aimiez une chose, alors qu'elle vous est mauvaise. C'est Allāh qui sait, alors que vous ne savez pas » [La Vache 2: 216]
- « Si Allāh attribuait Ses dons avec largesse à (tous) Ses serviteurs, ils commettraient des abus sur la terre; mais, Il fait descendre avec mesure ce qu'Il veut. Il connaît parfaitement Ses serviteurs et en est Clairvoyant » [La Consultation 42: 27]
- « Et si vous comptez les bienfaits d'Allāh, vous ne saurez pas les dénombrer. Car Allāh est Pardonneur et Miséricordieux » [Les Abeilles 16: 18]
- « Il n'y a point de bête sur terre dont la subsistance n'incombe à Allāh, qui connaît son gîte et son dépôt; tout est dans un Livre explicite » [Hoūd 11: 6]

Le Prophète ﷺ a dit :

- « Le contentement est un trésor qui ne s'épuise jamais » [Al-Mou'jam Al-Aousat / Ṭabarānī 6922]
- « Lorsque tu te réveilles, soit le matin, soit le soir, dis : "Ô Allāh, je me réfugie en Toi contre l'anxiété et le chagrin, la faiblesse et paresse, la pingrerie et lâcheté, le poids des dettes et le fait d'être dominé par les hommes" » [Sunan Abu Dawud 1555]

Peur de la Pauvreté

Traitement académique	Évidences coraniques, prophétiques et érudites
Reconnaitre et se détourner de chuchotements diaboliques	
Vous comprenez que Satan tente de vous inciter à être économe et étroit d'esprit, vous empêchant ainsi de donner généreusement	**Allāh ﷻ a révélé** « Le Diable vous fait craindre l'indigence et vous recommande des actions honteuses ; tandis qu'Allāh vous promet pardon et faveurs venant de Lui. La grâce d'Allāh est immense et Il est Omniscient » [La Vache 2:268] **Le Messager d'Allāh ﷺ a dit** : « Lorsqu'un homme décide de donner un bien en charité, un groupe de soixante-dix diables s'accroche à lui et tente de l'en détourner » [Musnad Aḥmad 22962] J'ai eu beaucoup de soucis dans ma vie, dont la plupart ne se sont jamais produits » [Mark Twain, écrivain américain, humoriste, etc.]
Vous détournez ses murmures insidieux et provocations subtiles qui créent une peur irrationnelle en vous	
Vous réalisez que vous n'aurez peut-être jamais à affronter la montagne de préoccupations et problèmes qui vous affligent	

Peur de la Pauvreté

Traitement pratique	Évidences coraniques, prophétiques et érudites
Dépenser pour les pauvres et nécessiteux	
Vous vous rappelez que le coup le plus dur porté à Satan et la méthode la plus efficace pour contrer ses ruses est de dépenser votre argent pour la cause d'Allāh ﷻ	Allāh ﷻ dit : o « Et quiconque place sa confiance en Allāh, Il (Allāh) lui suffit [Le Divorce 65:3] o « Craignez Allāh, donc autant que vous pouvez, écoutez, obéissez et faites largesses. Ce sera un bien pour vous. Et quiconque a été protégé contre sa propre avidité, ceux-là sont ceux qui réussissent. Si vous faites à Allāh un prêt sincère, Il le multipliera pour vous et vous pardonnera. Allāh cependant est très Reconnaissant et Indulgent. Il est le Connaisseur du monde Invisible et visible, et Il est le Puissant, le Sage » [La Grande perte 64: 16-18]
Vous aimez pour les autres ce que vous aimez pour vous-même	Le Prophète ﷺ a dit : o « La main supérieure est supérieure à la main inférieure, la main supérieure est celle qui dépense et la main inférieure est celle qui demande » [Ṣaḥīḥ Muslim 1033:94] o « Aime pour les autres ce que tu aimes pour toi-même, tu seras un vrai croyant » [Ibn Mājah 4217]
Vous dépensez au nom des nécessiteux, parce que vous réalisez que vous recevrez un retour bien plus précieux que la mesure de ce que vous dépensez	o « Aucun d'entre vous n'est un vrai croyant, tant qu'il n'aime pas pour son frère ce qu'il aime pour lui-même » [Ṣaḥīḥ Bukhārī 13, Ṣaḥīḥ Muslim 45:71]

Peur de la Pauvreté

Traitement pratique	Évidences coraniques, prophétiques et érudites
Rechercher le pardon en abondance	
Vous regardez vos propres méfaits et les considérez comme la raison pour laquelle vous vous trouvez dans votre situation difficile, appréciant le fait que parfois de telles circonstances sont causées par Allāh ﷻ, afin d'inciter Son serviteur à se tourner vers Lui	Allāh ﷻ dit : o « Craignez Allāh, donc autant que vous pouvez, écoutez, obéissez et faites largesses. Ce sera un bien pour vous. Et quiconque a été protégé contre sa propre avidité, ceux-là sont ceux qui réussissent » [Noah 71: 10-12] o « Ô mon peuple, implorez le pardon de votre Seigneur et repentez-vous à Lui, pour qu'Il envoie sur vous du ciel des pluies abondantes et ajoute force à votre force. Et ne vous détournez pas [de Lui] en devenant coupables » [Hoūd 11:52]
Vous vous tournez vers Allāh ﷻ et vous vous repentez	Le Prophète ﷺ a dit :« Si quelqu'un demande continuellement pardon, Allāh lui désignera un chemin pour sortir de toute détresse et un soulagement de toute anxiété, et lui fournira Ses dons d'où il ne comptait pas » [Sunan Abu Dawud 1518]
Garder les transactions libres de tout péché	
Vous apprenez ce qui est permis (**ḥalāl**) et ce qui est interdit (ḥarām), en vous assurant que toute subsistance est à la fois gagnée et utilisée d'une manière **ḥalāl** (licite)	Le Prophète ﷺ a dit : o « Les deux participants à une transaction ont la possibilité (de l'annuler) jusqu'à ce qu'ils se séparent. S'ils sont honnêtes et révèlent tout défaut, leur transaction sera bénie, mais s'ils mentent et dissimulent des défauts, la bénédiction sera effacée » [Ṣaḥīḥ Bukhārī 2079, Ṣaḥīḥ Muslim 1532:47] o « Prêter de (faux) serments améliore les ventes, mais efface les bénédictions » [Ṣaḥīḥ Bukhārī 2087, Ṣaḥīḥ Muslim 1606:131]
Vous vous assurez que toutes vos transactions sont alignées avec les enseignements d'Allāh ﷻ et de Son Messager ﷺ, car celles qui ne le sont pas seront dépourvues de **baraka**, quelle que soit l'importance du profit ou bénéfice (c'est-à-dire : qu'il disparaîtra rapidement)	

Peur de la Pauvreté

Traitement pratique	Évidences coraniques, prophétiques et érudites
Adorer Allāh ﷻ et faire constamment des dou'ās (supplications) Vous adorez Allāh ﷻ et vous souvenez d'Allāh ﷻ en permanence, vous vous efforcez de Lui ﷻ plaire en obéissant à Ses commandements et en vous éloignant des mauvais comportements	Le Prophète ﷺ a dit : « Allāh dit : "Ô fils d'Ādam, consacre-toi à Mon adoration, Je remplirai ta poitrine de richesses et soulagerai ta pauvreté. Et si tu ne le fais pas, alors Je remplirai tes mains de problèmes et ne soulagerai pas ta pauvreté" » [Tirmidhī 2466, Ibn Mājah 4107]
Vous vous rappelez que dans les **dou'ā** se trouve la solution à tous nos problèmes	Le Prophète ﷺ a dit : « En effet, la **dou'ā** (invocation) est bénéfique pour les choses qui sont descendues et (aussi) pour les choses qui ne sont pas encore descendues. Ô serviteurs d'Allāh, tenez fermement à la **dou'ā** » [Tirmidhī 3548]
Entretenir les liens de parenté Vous réalisez l'importance de faire preuve de bonté, compassion et miséricorde envers vos proches, en restant en contact avec eux, leur rendant visite et en vous informant de leur santé et leur bien-être	Le Prophète ﷺ a dit : o « Quiconque est heureux qu'on lui accorde plus de richesses et prolonge sa durée de vie, alors qu'il établisse les liens de parenté » [Ṣaḥīḥ Bukhārī 5985] o « Apprenez (suffisamment) de votre lignée, afin que vous puissiez établir les liens de parenté, car l'établissement des liens de parenté augmente l'amour entre les familles, multiplie la richesse et prolonge l'âge » [Tirmidhī 1979, Musnad Aḥmad 8868] o « Quiconque est satisfait de voir sa vie prolongée, et qu'il soit augmenté dans sa subsistance et qu'une mauvaise mort lui soit évitée, alors qu'il soit conscient d'Allāh et qu'il entretienne les liens de parenté « [Musnad Aḥmad 1213]

Peur de la Pauvreté

Exceptions

Incapacité à soutenir les nécessiteux

Il y aura des occasions où vous ne pourrez pas subvenir aux besoins des nécessiteux, cependant, vous le savez et vous rappelez que :

- Cela devrait vous encourager à travailler dur afin de pouvoir satisfaire à la fois vos propres besoins et dépenser dans la voie d'Allāh ﷻ
- Il existe une grande variété de vertus et bonnes actions, qui entrent dans la catégorie de la **sadaqa**

Évidences coraniques, prophétiques et érudites

Le Prophète ﷺ a dit :

- « Donner en charité est une obligation pour chaque musulman » **On lui a dit** : « Qu'en est-il de celui qui ne trouve pas (les moyens) de le faire ? » **Il** ﷺ **a dit** : « Qu'il travaille de ses mains, se faisant ainsi du bien, et qu'il fasse la charité. » **On lui** ﷺ **dit** : « Et s'il n'a pas les moyens de le faire ? » **Il** ﷺ **répondit** : « Qu'il assiste alors le nécessiteux, le lésé. » **On lui** ﷺ **dit** : « Et s'il ne peut même pas faire cela ? » **Il** ﷺ **a dit** : « Alors, qu'il enjoigne le bien. » **On lui** ﷺ **a demandé** : « Et s'il ne peut pas faire ça ? » **Il** ﷺ **répondit** : « Il doit alors s'abstenir du mal, car en vérité, c'est une charité de sa part » [Ṣaḥīḥ Bukhārī 6022, Ṣaḥīḥ Muslim 1008:55]
- « Toute bonne action (ma'roūf) est une charité » [Ṣaḥīḥ Bukhārī 6021]
- « Profite de cinq choses avant cinq autres : ta jeunesse avant de devenir vieux ; ta santé, avant de tomber malade ; ta richesse, avant de devenir pauvre ; ton temps libre avant de te préoccuper, et ta vie, avant ta mort » [Bayhaqī / Chou'ab Al-Īmān 9767]

التَواضُعُ المَلْؤُوم

Pudeur Blâmable

SIGNES ET SYMPTÔMES

- Échec par timidité
- Soutien à l'oppresseur

TRAITEMENTS

— Franchise et courage dans la condamnation du mal et recherche de la connaissance

(PAS D') EXCEPTIONS

— Une pudeur déplacée, ou injustifiée est toujours condamnable

CHAPITRE 22

Pudeur Blâmable

[Al-Taouāḍou' Al-Mal'oūm] التَواضُعُ الملْؤُوم

En général, la pudeur est une chose louée dans l'Islām et considérée comme vertueuse. Le type de pudeur qui devient blâmable est celle qui empêche de critiquer une brutalité, ou une corruption manifeste. Cette forme de pudeur entraîne une timidité à un moment inopportun, alors qu'il faut au contraire être direct et courageux. Une chose blâmable (mounkar) est mauvaise quel que soit le statut de son auteur, qu'il s'agisse d'un proche parent, ou d'une personne normalement tenue en haute estime.

Outre le fait qu'elle empêche une personne d'éviter le **mounkar**, la pudeur injustifiée ou blâmable est aussi l'absence de recherche de la connaissance sacrée.

Pudeur Blâmable

Signes et symptômes	Évidences coraniques, prophétiques et érudites
Échec par timidité	
Vous échouez par timidité à dénoncer ce qui est indéniablement blâmable	Le Prophète ﷺ a dit :« Lorsque les gens voient un oppresseur, mais ne l'empêchent pas de (faire le mal), il est probable qu'Allāh les punisse tous » [Sunan Abu Dawud 4338]
Vous n'arrivez pas, par votre hésitation et votre maladresse, à vous renseigner sur les sujets importants auprès de ceux qui savent	
Soutien à l'oppresseur	
Vous soutenez l'oppresseur en ne prenant que peu ou pas de mesures (physiques ou verbales) pour le retenir ou réprimander	
Vous hésitez à soutenir l'opprimé par crainte de conséquences néfastes	

Pudeur Blâmable

Traitement académique & pratique	Évidences coraniques, prophétiques et érudites
Franchise et courage dans la condamnation du mal et la recherche de la connaissance	Allāh ﷻ dit : o « Quand tu vois ceux qui s´enlisent dans des discussions à propos de Nos versets, éloigne-toi d´eux jusqu´à ce qu´ils entament une autre discussion. Et si le Diable te fait oublier, alors, dès que tu te rappelles, ne reste pas avec les injustes » [Les Bestiaux 6:68] o « Dans le Livre il vous a déjà révélé ceci : lorsque vous entendez qu´on renie les versets (le Coran) d´Allāh et s´en moque, ne vous asseyez point avec ceux-là, jusqu´à ce qu´ils entament une autre conversation. Sinon, vous serez comme eux. Allāh rassemblera, certes, les hypocrites et les mécréants, tous, dans l´Enfer » [Les Femmes 4:140] Le Prophète ﷺ a dit : o « Aide ton frère, qu'il soit oppresseur ou qu'il soit opprimé» . **Il fut dit** : « Ô Messager d'Allāh, nous aidons celui qui est opprimé, mais comment aider un oppresseur ? » **Le Prophète ﷺ a répondu** : « Vous pouvez le dissuader de commettre l'oppression. Ainsi vous l'aiderez » [Ṣaḥīḥ Bukhārī 6952] o « Quiconque d'entre vous voit un mal, qu'il le change avec sa main. Et s'il ne peut le faire, alors (qu'il le change) avec sa langue. S'il n'en est pas capable, qu'il le change avec sa langue et s'il n'en est pas capable, qu'il le change avec son cœur et c'est là la plus faible des croyances » [Ṣaḥīḥ Muslim 49:78] **Oumm Soulaym ﷺ s'est approchée du Prophète ﷺ et lui ﷺ a dit** : « En vérité, Allāh ne craint pas de (te) dire la vérité ». Elle a ensuite posé au Prophète ﷺ une question concernant une affaire personnelle. ʿĀisha ﷺ a réprimandé Oumm Soulaym ﷺ pour avoir été si directe. Cependant, le Prophète ﷺ a ignoré la réprimande d'Āisha ﷺ et a félicité Oumm Soulaym ﷺ pour cela » [Ṣaḥīḥ Bukhārī 130, Ṣaḥīḥ Muslim 310:29]
Lorsque vous identifiez un mal, vous le dénoncez au moins dans votre cœur. En effet, vous savez que cette action, bien qu'obligatoire, est la plus faible démonstration de foi	
Votre pudeur ne vous empêche pas de rechercher la connaissance dans les affaires religieuses	
Vous êtes franc et courageux, tout en sachant faire preuve de sagesse (**ḥikma**) pour condamner un acte évident de corruption, ou d'oppression, quel que soit le statut de la personne, qui s'y livre (éventuellement une personne de haut rang, riche, ou jouissant d'une certaine autorité)	
Vous n'aidez pas l'oppresseur (même s'il s'agit d'un parent ou d'un proche) : au lieu de cela, vous prenez des mesures pour empêcher, ou décrire son méfait	
Vous vous désengagez de la conversation en vous éloignant de l'assemblée et ne revenez que lorsque le sujet de la discussion a changé	

Pudeur Blâmable

Pas d'exceptions

Une pudeur déplacée ou injustifiée est toujours condamnable
Vous réalisez que la pudeur blâmable, par timidité, vous empêche de critiquer ce qui est manifestement erroné, quel que soit le statut de l'auteur de l'erreur, qu'il s'agisse d'un proche parent ou d'une personne normalement tenue en haute estime
Vous comprenez également que la modestie injustifiée ou blâmable est aussi l'incapacité à rechercher la connaissance sacrée

Évidences coraniques, prophétiques et érudites

Allāh ﷻ dit : « Vous êtes la meilleure communauté qu'on ait fait surgir pour les hommes, vous ordonnez le convenable, interdisez le blâmable et croyez en Allāh » [La Famille d'Imrān 3:110]

السُّمْعَة

Recherche de la Reconnaissance

TRAITEMENTS

SIGNES ET SYMPTÔMES

- Affichage de l'insensibilité
- Un esprit de compétition inutile
- Ostentation dans les bonnes actions et la réception d'éloges
- Ignorance de la puissance d'Allāh ﷻ
- Absorption par des occupations mondaines
- Recherche désespérée d'une présence sur les médias sociaux

TRAITEMENTS

- Ni bien ni mal, sauf avec la permission d'Allāh ﷻ
- Discrétion et repentir
- Recherche de la réputation auprès d'Allāh ﷻ
- Futilité de la gloire et certitude de la mort
- Humiliation et privation
- Réflexion sur votre véritable état
- Éviter la recherche de la célébrité (médias sociaux)
- Protéger votre moralité
- Chercher conseil et refuge auprès d'Allāh ﷻ

EXCEPTIONS

- Encourager le bien
- Permettre la sécurité, justice et finalement l'adoration
- Allāh ﷻ expose votre bonté

CHAPTER 23

Recherche de la Reconnaissance

[Soum'a] السُمْعَة

L'Islām est un mode de vie "transactionnel". Le croyant mature accepte que le succès ultime dépende de la faveur d'Allāh ﷻ : le Tout-Puissant examine toutes les paroles, actes, sacrifices et relations, et les récompense ou pénalise en conséquence, avec Sa justice parfaite. Un individu, qui professe extérieurement qu'il souhaite rechercher le plaisir d'Allāh ﷻ, mais qui, intérieurement, aspire à l'admiration, au respect et à l'honneur de la part des autres membres de l'humanité, marche sur le dangereux fil de l'hypocrisie. Ils aspirent à être dans un état permanent de "haut profil", marchant sur la pointe des pieds sur les sommets de l'effort spirituel ou matériel, le cœur réjoui par le sentiment que les autres s'émerveillent de leurs progrès.

Tout en marchant sur cette corde raide, ils communiquent leurs réalisations "au niveau du sol" par toutes sortes de moyens de communication, évidents ou sournois. Les gens apprennent à les connaître, et la faim de soum'a est satisfaite, lorsque les langues se mettent à parler et que les compliments tombent en cascade. En raison du "spectacle" de tout cela, la recherche de la réputation est la cousine proche de la **riyā'a**, ou ostentation. La personne qui souffre de l'affliction de **soum'a** est souvent tristement inconsciente ou même dédaigneuse du fait que sa position sur la corde raide n'est pas sûre et qu'elle peut tomber à tout moment.

Le Prophète ﷺ a cependant dit :

- « Sachez que si la nation se réunissait pour vous faire bénéficier de quoi que ce soit, elle ne vous ferait bénéficier que d'une chose qu'Allāh ﷻ vous a déjà prescrite, et que si elle se réunissait pour vous faire du mal, elle ne vous ferait du mal que d'une chose qu'Allāh ﷻ vous a déjà prescrite. La plume a été levée, et les pages ont séché » [Tirmidhī 2516]
- « Si le fils d'Ādam avait deux vallées d'argent, il en souhaiterait une troisième, car rien ne peut remplir la bouche du fils d'Ādam si ce n'est la poussière » [Ṣaḥīḥ Bukhārī 6436]
- « Deux loups affamés lâchés dans un troupeau de moutons ne causent pas autant de dégâts que le mal causé à la religion d'un homme par son désir de richesse et renommée » [Tirmidhī 2376]

Recherche de la Reconnaissance

Signes et symptômes	Évidences coraniques, prophétiques et érudites
Afficher l'insensibilité	
Vous êtes impliqué dans la médisance, le mensonge, ou vous avez l'habitude de faire des éloges non sincères des autres (en particulier des personnes de haut rang et d'autorité), tout cela parce que vous cherchez à améliorer votre réputation. Le facteur moteur fondamental est votre excès de désir avide.	Quiconque Allāh ﷻ avilit, nul ne peut l'élever : « Dis : "Ô (mon) Dieu, Maître de l'autorité absolue, Tu donnes l'autorité à qui Tu veux et Tu arraches l'autorité à qui Tu veux et Tu donnes la puissance à qui Tu veux et Tu humilies qui Tu veux. Le bien est en Ta main et Tu es Omnipotent" » [La Famille d'Imran 3:26] Le Prophète ﷺ a également dit : « Si quelqu'un veut que ses actes soient largement médiatisés, Allāh médiatisera (son humiliation). Et si quelqu'un fait un étalage hypocrite de ses actes, Allāh l'exposera » [Ṣaḥīḥ Bukhārī 6499, Ṣaḥīḥ Muslim 2986:47] L'Imām Ghazālī (رحمه الله) a dit : « Leur spectacle (princes et dirigeants), les rassemblements avec eux et fréquentations avec eux constituent un grave danger » [Lettre à un disciple / Ayyouhā Al-Oualad, , p.52-53]
Un esprit de compétition inutile	Le Prophète ﷺ a dit : o « Par Allāh, ce n'est pas la pauvreté que je crains pour vous, mais plutôt que l'on vous donne les richesses du monde, comme on les a données à ceux qui vous ont précédés. Vous vous disputerez pour elles comme ils se sont disputés pour elles, et elles vous détruiront comme elles les ont détruits » [Ṣaḥīḥ Bukhārī 4015] o « Ma nation sera affligée par les maladies des anciennes nations ». Ils dirent : "Ô Messager d'Allāh, quelles sont les maladies des anciennes nations ?" Le Prophète ﷺ répondit : "L'insolence, orgueil démesuré, le fait de se tourner le dos les uns aux autres, la concurrence pour les biens matériels, haine mutuelle et pingrerie, jusqu'à ce que vienne l'oppression, puis l'effusion de sang" » [Al-Mou'jam Al-Awsaṭ / Ṭabarānī 9016]
Vous dites à peu près n'importe quoi pour, par exemple, vendre votre produit, ou service (par le biais de mensonges, flatteries et d'embellissement de la vérité)	
Vous soutenez les stratégies d'abattage (qualifiées de business intelligent), dans lesquelles la destruction de la concurrence est encouragée et célébrée	
Votre désir de concurrence (inutile) se transforme en animosité, vous laissant avec un désir insatiable d'être en désaccord avec des concurrents réels, ou imaginaires	

Recherche de la Reconnaissance

Signes et symptômes	Évidences coraniques, prophétiques et érudites
Ostentation dans les bonnes actions et la réception des louanges	Allāh ﷻ dit : « Ne pense point que ceux-là qui exultent de ce qu'ils ont fait et qui aiment qu'on les loue pour ce qu'ils n'ont pas fait, ne pense point donc, qu'ils trouvent une échappatoire au châtiment. Pour eux, il y aura un châtiment douloureux ! » [La Famille d'Imran 3:188]
Votre cœur est préoccupé par la recherche de l'attention des autres pendant les prières	
Vous voulez que les autres entendent parler de l'argent que vous avez donné par charité	Le Prophète ﷺ a dit : o « Si quelqu'un veut que ses actes soient largement médiatisés, Allāh médiatisera (son humiliation). Et si quelqu'un fait un étalage hypocrite de ses actes, Allāh l'exposera » [Ṣaḥīḥ Muslim 2986:47] o « Lorsque vous voyez ceux qui font des louanges indues aux autres, jetez la poussière sur leurs visages » [Ṣaḥīḥ Muslim 3002:69]
Lorsque l'honneur attendu ne vous parvient pas, il est clair que vous aimez la gloire et aspirez à la réputation	
Lorsque les autres vous louent, vous êtes envahi par l'orgueil et la vanité	Une fois, le Prophète ﷺ a entendu un homme faire l'éloge d'un autre et il ﷺ lui a répondu : « Que la miséricorde d'Allāh soit sur toi ! Tu as coupé le cou de ton ami » [Ṣaḥīḥ Bukhārī 6061]
Ignorance de la puissance d'Allāh ﷻ	
Vous êtes devenu si terriblement préoccupé par la recherche de choses auprès d'autres personnes, que vous êtes devenus insouciants du pouvoir et de la propriété d'Allāh ﷻ et vous vous permettez d'oublier que les bénédictions viennent d'Allāh ﷻ Seul	Allāh ﷻ dit : « Et si Allāh fait qu'un malheur te touche, nul autre que Lui ne peut l'enlever. Et s'Il fait qu'un bonheur te touche, c'est qu'Il est Omnipotent » [Les Bestiaux 6:17]
Vous êtes devenu sceptique quant à la sagesse qui se cache derrière la distribution des ressources matérielles entre différentes personnes	Le Prophète ﷺ a dit :« Sachez que si la nation se rassemblait pour vous faire bénéficier de quoi que ce soit, elle ne vous ferait bénéficier que d'une chose qu'Allāh vous a déjà prescrit, et que si elle se rassemble pour vous nuire avec quoi que ce soit, elle ne vous nuira qu'avec une chose qu'Allāh a déjà prescrit pour vous. La plume a été levée, et les pages ont séché » [Tirmidhī 2516]
Vous commencez à croire que votre richesse est entre les mains des autres, ce qui vous amène à désirer ce que les autres ont, à faire tout ce qu'il faut pour l'obtenir et à vous mettre en colère ou à être frustré lorsque vous ne recevez pas ce que vous attendez	

Recherche de la Reconnaissance

Signes et symptômes

Absorption par des occupations mondaines

Vous recherchez la connaissance, mais vous êtes distrait, ou occupé à simplement satisfaire votre ego, croyant que la connaissance seule suffira et que vous pouvez vous passer des bonnes actions

Recherche désespérée d'une présence sur les médias sociaux

Il est devenu plus important pour vous de publier et commenter votre dernière réalisation, ou expérience, transmettre des mises à jour et extraits de médias, que de profiter de la compagnie des autres

Vous cherchez désespérément à établir et maintenir votre présence et augmenter le nombre de vos followers, en complétant l'interaction humaine (famille et amis) par des likes, pour gagner en popularité, ou d'autres intérêts particuliers, en essayant de créer une empreinte dans le monde virtuel dans l'espoir qu'elle se reflète dans la réalité

Vous recherchez constamment l'approbation des autres, en surveillant attentivement vos mises à jour de statut pour voir le nombre de likes, de re-tweets et commentaires que vous obtenez

Votre téléphone est réglé pour vous alerter à chaque mise à jour de statut, et vous savez d'emblée combien d'amis et de followers vous avez

Évidences coraniques, prophétiques et érudites

Le Prophète ﷺ a dit :

- « L'homme le plus sévèrement puni le Jour de la Résurrection est un savant dont le savoir ne lui a pas profité » [Al-Mou'jam Aṣ-Ṣaghīr / Ṭabarānī 507]
- « Ce que je crains le plus pour vous, c'est le **chirk** (polythéisme) mineur, c'est-à-dire : le **riyā'a** (se montrer). Allāh dira le Jour du Jugement Dernier, lorsqu'Il récompensera les gens pour leurs actions : "Allez vers ceux pour qui vous avez fait **riyā'a** dans le monde : voyez alors, si vous trouvez la récompense avec eux" » [Musnad Aḥmad 23630]

L'Imām Ghazālī (رحمه الله) a dit : « Ô disciple, les conseils sont faciles, ce qui est difficile, c'est de les accepter, car il est amer pour ceux qui poursuivent des plaisirs vains, puisque les choses interdites sont chères à leurs cœurs. (C'est) particulièrement vrai pour celui qui est l'étudiant du savoir conventionnel, qui est occupé à gratifier son ego et à réaliser des exploits mondains, car il suppose que son savoir seul sera son salut et que sa délivrance est en lui et qu'il peut se passer des actes. C'est la conviction des philosophes. Gloire à Allāh Tout-Puissant ! Cet (étudiant) imbécile vaniteux ne sait pas que lorsqu'il acquiert la connaissance, s'il n'agit pas sur la base de celle-ci, les preuves contre lui deviendront décisives. » [Lettre à un disciple / Ayyouhā Al-Oulad, p.6-7]

Recherche de la Reconnaissance

Traitement académique	Évidences coraniques, prophétiques et érudites
Ni bien ni mal sauf avec la permission d'Allāh	
Tu ne te permets pas d'oublier que les bénédictions viennent d'Allāh Seul et qu'aucun bien ou mal ne peut arriver à quelqu'un, sauf par la permission d'Allāh	Allāh dit : o « Il n'y a point de bête sur terre dont la subsistance n'incombe à Allāh qui connaît son gîte et son dépôt; tout est dans un Livre explicite » [Le Prophete Hoūd 11:6] o « - Dis : « Ô (mon) Dieu, Maître de l'autorité absolue. Tu donnes l'autorité à qui Tu veux et Tu arraches l'autorité à qui Tu veux et Tu donnes la puissance à qui Tu veux et Tu humilies qui Tu veux. Le bien est en Ta main et Tu es Omnipotent » [La Famille d'Imrān 3:26] o « Et si Allāh fait qu'un malheur te touche, nul autre que Lui ne peut l'enlever. Et s'Il fait qu'un bonheur te touche, c'est qu'Il est Omnipotent » [Les Bestiaux 6:17]
Tu te rappelles que tu dois avoir confiance en Allāh et chercher refuge en Lui, pour ne pas avoir recours à des moyens de subsistance illicites par crainte de ne pas avoir assez de richesses	Le Prophète a dit : o « Fais les bonnes actions correctement, sincèrement et modérément et donne de bonnes nouvelles, car les bonnes actions de quelqu'un ne le feront pas entrer au Paradis. » **Ils demandèrent** : "Même toi, ô Messager d'Allāh ?" **Il répondit** : "Même moi, à moins et jusqu'à ce qu'Allāh me protège ou me couvre de Son pardon et Sa miséricorde" » [Ṣaḥīḥ Bukhārī 6467] o « Sachez que si la nation se rassemblait pour vous faire bénéficier de quoi que ce soit, elle ne vous ferait bénéficier que de ce qu'Allāh vous a déjà prescrit et que si elle se rassemblait pour vous nuire avec quoi que ce soit, elle ne vous nuira qu'avec une chose qu'Allāh a déjà prescrit pour vous. La plume a été levée, et les pages ont séché » [Tirmidhī 2516]
Vous réalisez qu'Allāh vous accordera la réputation et renommée sans que vous le demandiez	o « Aucune âme ne mourra avant d'avoir reçu la provision qui lui a été attribuée » [Ibn Mājah 2144]

Recherche de la Reconnaissance

Traitement académique	Évidences coraniques, prophétiques et érudites
Discrétion et repentir	
Vous vous rendez compte que vos bonnes actions sont corrompues, lorsque vous en parlez aux autres, mais lorsque cela se produit, vous vous repentez sincèrement (afin que la bonté de l'action puisse être restaurée)	Allāh ﷻ dit : « Cette Demeure Dernière Nous la réservons à ceux qui ne recherchent ni à s'élever sur Terre, ni à y semer la corruption. Cependant, l'heureuse fin appartient aux pieux » [Le Récit 28:83]
En tant que véritable serviteur d'Allāh ﷻ, vous aimez la discrétion et dissimulation (vous préférez rester anonyme), car la personne la plus sûre est celle qui reste la plus recluse et cachée	Quiconque Allāh ﷻ exalte, nul ne peut l'avilir : « Dis : "Ô Seigneur, Maître de l'autorité absolue. Tu donnes l'autorité à qui Tu veux et Tu arraches l'autorité à qui Tu veux ; et Tu donnes la puissance à qui Tu veux et Tu humilies qui Tu veux. Le bien est en Ta main et Tu es Omnipotent" » [La Famille d'Imran 3:26]
Recherche de la réputation auprès d'Allāh ﷻ	
Vous demeurez dans l'espoir que, si vous pouvez être sincère avec Allāh ﷻ, alors aucune des prières malveillantes ou de l'animosité entretenue à votre égard dans le cœur des autres n'aboutira à quoi que ce soit de nuisible	Sahl ibn Sa'd رضي الله عنه a dit : « Un homme est venu voir le Prophète ﷺ et a dit : "Ô Messager d'Allāh, oriente-moi vers un acte, qui si je le fais, Allāh m'aimera et les gens m'aimeront." Le Prophète ﷺ répondit : "Détache-toi du monde, et Allāh t'aimera. Détache-toi de ce qui est avec les gens, et les gens t'aimeront." » [Ibn Mājah 4102]
Vous observez Ses commandements, évitant ce qu'Il a interdit, et allez au-delà de ce qui est simplement obligatoire, et vous vous souvenez souvent de Lui ﷻ par des prières régulières, actes d'adoration volontaires et la générosité dans la charité	

Recherche de la Reconnaissance

Traitement pratique

Futilité de la gloire et certitude de la mort

Vous méditez sur la nature éphémère de la renommée, en partant du principe que ni celui qui honore, ni celui qui est honoré, ne resteront ; tous périront

Humiliation et privation

Vous réalisez que la recherche de la réputation auprès des autres conduit finalement à l'humiliation et vous prive de la chose même à laquelle vous aspirez

Vous évitez de louer et complimenter les malfaiteurs, ou les personnes qui sont cruelles ou tyranniques

Réflexion sur votre véritable état

Lorsque vous êtes loué, vous réfléchissez à vos véritables actes et au fait que Seul Allāh connaît l'état dans lequel vous allez mourir

Vous réfléchissez à vos défauts et maladies spirituelles et vous vous dites, que si celui qui vous loue savait tout cela, il ne vous louera plus jamais

Évidences coraniques, prophétiques et érudites

Allāh dit : « Cette Demeure Dernière Nous la réservons à ceux qui ne recherchent ni à s'élever sur terre, ni à y semer la corruption. Cependant, l'heureuse fin appartient aux pieux » [Le Récit 28:83]

Les Prophètes, les Caliphes bien guidés et les pieux amis d'Allāh ont trouvé la perfection dans cette chose qui n'est pas du tout affectée par la mort, à savoir la reconnaissance d'Allāh. Bien qu'ils soient également décédés, leurs rangs élevés et étapes (de reconnaissance) ne prennent pas fin, ou ne sont pas réduits à néant.

Quiconque Allāh exalte, nul ne peut l'avilir : « Dis (ô Prophète) : "Ô Allāh ! Seigneur sur toutes les autorités ! Tu donnes l'autorité à qui Tu veux et Tu la retires à qui Tu veux ; Tu honores qui Tu veux et Tu déshonores qui Tu veux ; tout bien est entre Tes Mains. Certes, Tu es (Seul) le Plus Capable de toute chose". » [La Famille d'Imrān 3:26]

L'Imām Ghazālī a dit : « Si vous êtes mis à l'épreuve par cela (rencontrer des gens de direction et d'importance), évitez de les louer et complimenter, car Allāh l'Exalté est irrité, si un malfaiteur, ou un tyran est loué et quiconque prie pour leur longue vie veut qu'Allāh soit désobéi sur Sa Terre. » [Lettre à un disciple / Ayyouhā Al-Oualad, p52-53]

Recherche de la Reconnaissance

Traitement pratique	Évidences coraniques, prophétiques et érudites
Éviter la recherche de la célébrité (médias sociaux) Vous réalisez que la réputation, ou la célébrité peut vous attirer de nombreux ennemis envieux, qui complotent pour vous nuire Vous vous rappelez que vos follower et like virtuels ne remplaceront jamais une véritable interaction humaine avec votre famille et vos amis et, que la véritable source et cause de la réputation et renommée, est Allāh ﷻ Vous décidez de ne pas poster et commenter votre dernière réussite, ou expérience et vous appréciez et respectez plutôt la compagnie de ceux avec qui vous avez accepté de passer votre précieux temps	Le Prophète ﷺ a dit : o « Recourez au secret pour l'accomplissement et la réussite de vos besoins car, en vérité, quiconque possède un bienfait est envié » [Al-Mou'jam Al-Awsaṭ / Ṭabarānī 2455] o « Ne vous dirai-je pas qui, parmi vous, m'est le plus cher et sera le plus proche de moi le Jour de la Résurrection ? » Il ﷺ le répéta deux ou trois fois, et ils répondirent : « Oui, ô Messager d'Allāh ». Il ﷺ dit : « Ceux d'entre vous qui sont les meilleurs dans leurs manières et leur caractère » [Musnad Aḥmad 6735]
Protéger votre moralité En tant qu'homme, ou femme d'affaires, ou autre, vous ne sacrifiez pas votre moralité, ou votre éthique, pour la réputation, ou le profit, et vous reconnaissez que tout succès provient uniquement d'Allāh ﷻ Vous prenez des mesures pour vous purifier de la convoitise (avidité) et ne soutenez plus les stratégies, qui encouragent une concurrence inutile	Le Prophète ﷺ a dit : « Le commerçant honnête et digne de confiance sera avec les Prophètes, les honnêtes et les martyrs le Jour de la Résurrection » [Tirmidhī 1209]
Chercher conseil et refuge auprès d'Allāh ﷻ Vous recherchez l'aide et les conseils d'Allāh ﷻ Seul et vous cherchez refuge auprès de Lui contre tout **chirk**, même mineur, sciemment ou non.	Allāh ﷻ dit : « C'est Toi [Seul], que nous adorons, et c'est Toi (Seul), dont nous implorons secours » [L'Ouvrante 1:5] Le Prophète ﷺ a dit : « Ô Allāh, nous cherchons refuge auprès de Toi pour ne pas T'associer sciemment à quoi que ce soit et nous demandons Ton pardon pour ce que nous faisons sans le savoir » [Musnad Aḥmad 19606]

Recherche de la Reconnaissance

Exceptions

Encourager le bien

Il n'y a aucun mal à informer les autres de vos œuvres dans le but de les encourager à faire le bien, mais même dans ce cas, vous devez être très prudent

Permettre la sécurité, justice et, finalement l'adoration

Tout comme vous avez besoin de la richesse dans une certaine mesure, vous avez besoin de la réputation ou renommée pareillement, ce qui vous permet de rester en sécurité et d'être protégé contre l'injustice et oppression, ce qui en soi vous permet de vous engager dans l'adoration d'Allāh ﷻ, sans crainte et en paix

Allāh ﷻ expose votre bonté

Si sans volonté de votre part, Allāh ﷻ vous révèle aux gens, alors il serait inapproprié de rester anonyme

Évidences coraniques, prophétiques et érudites

Allāh ﷻ dit : « Ils croient en Allāh et au Jour dernier, ordonnent le convenable, interdisent le blâmable et concourent aux bonnes œuvres. Ceux-là sont parmi les gens de bien » [La Famille d'Imran 3:114]

« On a dit au Prophète ﷺ : "Quelle est ton opinion sur la personne qui a fait de bonnes actions et que les gens louent ?" Il ﷺ répondit : "C'est une bonne nouvelle pour un croyant (qu'il a reçue dans ce monde terrestre)" » [Ṣaḥīḥ Muslim 2642:166]

Les Prophètes ﷺ, les Califes bien guidés et la plupart des pieux amis d'Allāh ﷻ n'ont jamais désiré, ou espéré la célébrité, et pourtant ils ont gagné une popularité et une renommée inégalées.

الأفْكارُ السَّلْبِيَّة

Ressentiments

TRAITEMENTS

- Comprendre la médisance et les conséquences des sentiments négatifs ou de la suspicion (médias sociaux)
- Éviter les dommages potentiels sur les médias sociaux
- Garder de bonnes fréquentations
- Rechercher le pardon des autres
- Protéger l'honneur d'un musulman
- S'occuper de ses propres fautes & pardonner aux autres

SIGNES ET SYMPTÔMES

- Mauvaise opinion des autres et jugement de valeur
- Médisance des membres, de la langue, l'esprit et du cœur (ghība)
- Bavardage sur les médias sociaux

EXCEPTIONS

- Atténuer l'oppression, mettre en évidence une mauvaise action, ou demander de l'aide
- Être conscient de la tromperie et corruption et donc demander des preuves
- Soutenir les décisions importantes

CHAPITRE 24

Ressentiments

[Al-Afkār al-Salbiyya] الأفْكارُ السَّلْبِيَّة

Dans le cadre de ce livre, les "ressentiments" sont ceux qu'une personne nourrit à l'égard de quelqu'un qui se comporte de manière juste. Une personne a été gênée par les paroles, ou actes positifs d'une autre personne, et a jugé cette personne sur la base des soupçons (zann) de son cœur, sans preuve. La cause la plus probable de loin de ces sentiments négatifs est la jalousie, alimentée par l'orgueil bien sûr, mais il existe une variété de paramètres à cette maladie : la faiblesse de la foi et le manque de conscience d'Allāh ﷻ ; l'extériorisation frustrée de la colère ; l'aversion infondée et la méfiance injustifiée.

Allāh ﷻ dit : « Évitez de trop conjecturer [sur autrui], car une partie des conjectures est péché » [Les Appartements 49:12]

Le Messager d'Allāh ﷺ dit : « Allāh dit : "Je suis tel que Mon serviteur pense de Moi. S'il pense du bien de Moi, alors il en sera ainsi, et s'il pense du mal de Moi, alors il en sera ainsi." » [Musnad Aḥmad 9076]

Imām As-Shafi'ī a dit : dans un de ses poèmes : « Que ta langue mentionne la honte d'autrui, car tu es toi-même couvert de honte et tous les hommes ont une langue. Si ton œil tombe sur les péchés de ton frère, protège-le et dis : "Ô mon œil, tous les hommes ont des yeux !" » [Dīwān Shafi'ī, p.144]

Il faut différencier ces sentiments négatifs, qui découlent d'une certaine insuffisance de caractère, et le mécanisme socialement constructif, qui permet de montrer des preuves pertinentes contre quelqu'un pour ses actions négatives, afin de prévenir d'autres dommages

Ressentiments

Signes et symptômes

Mauvaise opinion des autres et jugement de valeur

Sur la base de vos propres hypothèses (c'est-à-dire : sans raisonnement, ni preuve), vous avez une mauvaise opinion de quelqu'un qui fait preuve d'un comportement vertueux

Vous formez vos propres conclusions sur la base d'une apparence perçue comme "mauvaise" de quelqu'un (il se peut qu'Allāh ﷻ vous cache Sa bonté)

Votre soupçon est un jugement, souvent superficiellement plausible et presque toujours incorrect

Vous divulguez les défauts et vous plaignez d'un oppresseur à ces personnes, qui n'ont aucun contrôle sur lui et sont incapables d'alléger la souffrance du plaignant

Médisance des membres, de la langue, de l'esprit et du cœur (Ghība)

Vous communiquez à propos d'un autre par le biais de la médisance (ghība), vous vous surprenez souvent à dire :

- « Mon frère, mais c'est la vérité »
- « Je le lui dirais en face, ça n'a pas d'importance »
- « Je ne suis pas médisant, mais... » et ensuite vous mentionnez une faiblesse de cette autre personne
- « Ma sœur, que pensez-vous d'untel ou d'untel ? »
- « Voilà comment il est... »
- « Tu as entendu parler de cette personne ; elle est impliquée dans telle ou telle action »

Vous nourrissez des soupçons dans votre cœur qui affectent vos pensées et votre opinion d'une autre personne (**ghībatu-l qālb** ou "médisance du cœur")

Évidences coraniques, prophétiques et érudites

Allāh ﷻ dit : « Ô vous qui avez cru, évitez de trop conjecturer [sur autrui], car une partie des conjectures est péché. Et n'espionnez pas et ne médisez pas les uns des autres. L'un de vous aimerait-il manger la chair de son frère mort ? (Non !) vous en auriez horreur. Et craignez Allāh, car Allāh est Grand Accueillant au repentir, Très Miséricordieux » [Les Appartements 49:12]

Le Prophète ﷺ a dit :

- « Parmi mon peuple, celui qui est en faillite est celui qui, après avoir prié, jeûné et payé l'aumône, arrive au Jour du Jugement en ayant maudit une personne, calomnié une autre, agressé une autre et détourné la richesse d'une autre. On donnera alors à ces personnes ses bonnes actions, et si ses bonnes actions s'épuisent avant que la réparation ne soit faite, alors certains de leurs péchés leur seront enlevés et lui seront transférés. Puis il sera jeté en enfer » [Ṣaḥīḥ Muslim 2581:59]
- « Savez-vous ce qu'est la **ghība** (médisance) ? » **Les auditeurs ont répondu** : "Allāh et Son messager le savent mieux que quiconque." **Il ﷺ a dit** : "Dire une chose sur son frère, qu'il n'aime pas". **Il fut dit** : "Et si ce que je dis de mon frère est vrai ?" **Il ﷺ a dit** : "Si ce que tu dis est vrai, alors tu as fait de la médisance à son sujet et si ce n'est pas vrai, alors tu l'as calomnié" » [Ṣaḥīḥ Muslim 2589:70]
- « La personne qui répand des calomnies n'entrera jamais au Paradis » [Ṣaḥīḥ Bukhārī 6056, Ṣaḥīḥ Muslim 105:168]
- « Prenez garde de vous asseoir sur les routes. » Les auditeurs dirent "Ô Messager d'Allāh, nous n'avons nulle part ailleurs où nous asseoir et discuter" **Le Prophète ﷺ a dit** : "Si vous insistez, alors donnez à la route son droit". **Ils dirent** : "Quel est son droit, ô Messager d'Allāh ?" **Le Prophète ﷺ répondit** : "Baisser le regard, s'abstenir de nuire à autrui, rendre les salutations de paix, ordonner le bien et interdire le mal" » [Ṣaḥīḥ Bukhārī 2565, Ṣaḥīḥ Muslim 2121:114]
- « Lorsque je fus élevé au Paradis, je passai devant des gens, qui avaient des ongles de cuivre et se grattaient le visage et la poitrine. J'ai dit : "Qui sont ces gens, Jibrīl ?" **Il ﷺ a répondu** : "Ce sont ceux qui étaient adonnés à la médisance et souillaient l'honneur des gens" » [Sunan Abu Dawud 4878]
- « La foi d'un serviteur n'est pas droite, tant que son cœur n'est pas droit, et son cœur n'est pas droit, tant que sa langue n'est pas droite. Un homme n'entrera pas au Paradis, si son voisin n'est pas à l'abri de son mal » [Musnad Aḥmad 13048]
- « Quiconque se moque d'un frère avec un péché (que le frère a commis), ne mourra pas avant qu'il (le moqueur) ne commette le même péché » [Tirmidhī 2505]
- Lorsque le fils d'Ādam se réveille le matin, tous ses membres s'humilient devant la langue et disent : "Crains Allāh pour nous, (car) nous sommes avec toi ; si tu es droite, nous serons droits ; et si tu es tortueuse, nous deviendrons tortueux" » [Tirmidhī 2407]

RESSENTIMENTS

Ressentiments

Signes et symptômes	Évidences coraniques, prophétiques et érudites
Bavardage sur les médias sociaux	
Vous dites du mal d'une autre personne sur les médias sociaux, vous répandez les derniers ragots (namīma), ou vous prenez même plaisir à lire les commentaires des autres, sans aucun but constructif, mais pour salir leur réputation, parce que vous (ou quelqu'un d'autre) avez un problème avec elle	Allāh ﷻ dit : « Ceux qui aiment que la turpitude se propage parmi les croyants, auront un châtiment douloureux ici-bas, comme dans l'Au-delà. Allāh sait, et vous, vous ne savez pas » [La Lumière 24:19] Le Prophète ﷺ a dit : o « Savez-vous ce qu'est la calomnie ? » Ils répondirent : « Non, Allāh et Son messager le savent mieux que quiconque. » Il ﷺ a dit, « Raconter aux gens ce que d'autres personnes ont dit afin de créer des dissensions entre eux » [Al-Adab Al-Moufrad 425] o « Il suffit de mentir, pour qu'un homme parle de tout ce qu'il entend » [Ṣaḥīḥ Muslim 5:5]
Vous nourrissez des pensées hostiles à l'égard d'une personne, qui a publié une chose, que vous n'aimez pas, ce qui vous amène à ne pas lui parler, ou à lui en vouloir, et cela a un impact sur votre relation	Le Prophète ﷺ a demandé à ses compagnons : « Savez-vous ce qu'est la **ghība** (médisance) ? » Il fut dit : « Et si ce que je dis de mon frère est vrai ? » Il ﷺ a répondu : « Si ce que tu dis est vrai, alors tu as médit de lui, et si ce n'est pas vrai, alors tu l'as calomnié. » [Ṣaḥīḥ Muslim 2589:70] Deux Compagnons ont un jour critiqué un homme qui avait été puni pour avoir commis l'adultère. Le Prophète ﷺ était en voyage et passa près de la carcasse d'un âne. Il ﷺ dit : « Où sont ces deux personnes ? Descendez et mangez de la chair de cet âne ! » Ils répondirent : « Ô Prophète d'Allāh, qui mangerait cela ? » Il ﷺ dit : « Ce que vous avez fait tous les deux récemment en diffamant l'honneur de votre frère est bien pire que de manger de cela » [Sunan Abī Dawud 4428] L'Imām Ghazālī (rahimahullah) a dit : « Sache que la langue sans retenue et le cœur rouillé et plein de négligence et d'avidité, sont un signe de malheur, et si tu ne tues pas l'ego par un effort sincère, ton cœur ne sera pas animé par la lumière de la gnose. » [Lettre à un disciple / Ayyouhā Al-Ouālad, p.24-25]

Ressentiments

Traitement académique

Comprendre la médisance et les conséquences des sentiments négatifs ou des suspicions (médias sociaux)

- Vous vous rappelez tout ce qu'implique la médisance, quand il est permis de parler d'une personne absente et ce qu'il faut faire après une médisance
- Vous vous retenez d'avoir des pensées négatives (par exemple un sentiment de colère) et de vous adonner à la médisance, en réfléchissant aux punitions et préjudices qu'elle entraîne
- Vous réalisez qu'il est facile de tirer des conclusions erronées, ou de supposer le pire à propos de son prochain sur les médias sociaux et qu'il est également facile de se sentir offensé, contrarié ou même en colère à cause de ce que vous pensez que quelqu'un d'autre dit
- Vous apprenez à accorder aux gens le bénéfice du doute, tout en évitant de poster des mises à jour passives et agressives, que les autres pourraient mal interpréter
- Vous comprenez que le fait de nourrir des sentiments négatifs a un effet dévastateur sur vos propres actions vertueuses
- Vous vous rappelez que vous n'éprouverez des regrets et remords que le Jour du Jugement Dernier, lorsque vous découvrirez que votre compte a été diminué et vos bonnes actions ont été transférées à la personne dont vous aviez une mauvaise opinion
- Vous comprenez l'importance d'avoir des pensées positives sur les autres

Évidences coraniques, prophétiques et érudites

Allāh ﷻ dit : « Qu'Allāh soit exalté, le Vrai Souverain ! Ne te hâte pas (de réciter) le Coran, avant que ne soit achevée sa révélation. Et dis : "Ô mon Seigneur, accrois mes connaissances !" » [Ṭāhā 20:114]

Le Prophète ﷺ a dit : « Méfie-toi du soupçon, car le soupçon est le plus faux des discours » [Ṣaḥīḥ Bukhārī 5143, Tirmidhī 1988]

Le Prophète ﷺ a dit (en faisant la circumambulation de la Ka'aba) : « (Ô **Ka'aba!**) Tu es belle et ton parfum est magnifique. J'admire ta majesté et ta sacralité. Je jure par Allāh, dans la main duquel se trouve la vie de Muḥammad, que l'honneur du croyant est supérieur à ton honneur aux yeux d'Allāh. La richesse du croyant, son sang et le caractère sacré d'avoir des pensées positives à son égard sont supérieurs aux vôtres. » [Ibn Mājah 3932]

Ressentiments

Traitement pratique

Comprendre la médisance et les conséquences des sentiments négatifs ou de la suspicion (médias sociaux)

Vous vous abstenez de tout "commentaire" en ligne, car vous savez que "quelques mots" peuvent avoir un effet dévastateur sur une relation de longue date

Vous adoptez plutôt la patience et abordez votre problème en personne, en vous assurant d'avoir une bonne opinion (attentes, pensées) des autres

Vous réalisez que, bien qu'il soit très facile d'avoir des pensées négatives, elles sont nuisibles à la fraternité et à votre propre croissance spirituelle :

- Veiller à ne jamais contribuer à la création d'un clivage entre deux personnes
- Essayer de développer une capacité à voir dans les gens des signes de bonté
- Ne jamais mépriser quelqu'un, même si ses actions semblent mauvaises, car vous ne savez jamais qui de vous est plus aimé aux yeux d'Allāh ﷻ
- Évitez les personnes, qui parlent des autres, y compris les lieux de commérage, où la diffusion de la négativité est la norme, tels que les salons de discussion sur Internet, les blogs, les cafétérias et autres lieux notoires de diffusion de rumeurs
- Occupez-vous de vos affaires, lorsque les choses semblent intéressantes, mais ne vous concernent pas, ce qui peut nécessiter que vous réduisiez votre consommation globale d'informations (par exemple, en réduisant votre adhésion aux groupes WhatsApp)
- Evitez les questions apparemment "innocentes", qui peuvent conduire à la médisance, telles que : "Je n'ai pas vu untel ou untel depuis un bon moment. Comment va-t-elle ?", car vous vous rendez compte qu'au lieu d'obtenir une réponse simple, la réponse pourrait être : "Tu as entendu dire qu'elle..."
- Évitez de parler de personnes qui ne sont pas présentes dans votre conversation, car vous vous rendez compte que cela limite considérablement le risque de médisance
- Arrêtez la médisance dès qu'elle intervient
- Faites savoir immédiatement aux autres que vous ne pouvez pas participer à de telles conversations, sans paraître moralisateur, ou hostile
- Changez de sujet ou, au moins, méprisez "dans votre cœur" ce dont il est question
- Rappelez-vous de la brièveté de votre vie et des conséquences dans l'Au-delà, en cherchant refuge en Allāh ﷻ contre le châtiment

Évidences coraniques, prophétiques et érudites

Allāh ﷻ dit :

- « Ô vous qui croyez, craignez Allāh et soyez avec les véridiques » [Le Repentir 9:119]
- « Ô vous qui avez cru, évitez de trop conjecturer (sur autrui), car une partie des conjectures est péché. Et n'espionnez pas ; et ne médisez pas les uns des autres » [Les Appartements 49: 12]
- « Il ne prononce pas une parole sans avoir auprès de lui un observateur prêt à l'inscrire « [Qāf 50:18]

Le Prophète ﷺ a dit :

- « Un homme fort n'est pas celui qui vainc (un autre) dans un combat physique. En vérité, un homme fort est celui qui se contrôle au moment de la colère » [Ṣaḥīḥ Bukhārī 6114, Ṣaḥīḥ Muslim 2609:107]
- « Celui qui croit en Allāh et au Jour Dernier doit dire du bien, ou se taire » [Ṣaḥīḥ Bukhārī 6018, Ṣaḥīḥ Muslim 47:74]
- « Restez dans la douceur, car la douceur ne se trouve pas dans une chose sans la parer et ne se retire pas d'une chose sans l'enlaidir » [Ṣaḥīḥ Muslim 2594:79]
- « Celui qui se tait, sera en sécurité » [Tirmidhī 2501]
- « De l'excellence de l'Islām d'une personne est qu'elle laisse ce qui ne la concerne pas » [Tirmidhī 2317]
- « Quiconque d'entre vous voit un mal, qu'il le change de sa main ; et s'il n'est pas capable de le faire, alors (qu'il le change) avec sa langue ; et s'il n'est pas capable de le faire, alors avec son cœur, et c'est là la plus faible des croyances » [Ṣaḥīḥ Muslim 49:78]

Une fois, une personne s'est mise très en colère devant le Prophète ﷺ, qui a alors remarqué que lorsque le visage montre une colère extrême, il ressemble à Satan ; le Prophète ﷺ a alors dit : « J'ai une parole qui, si elle est prononcée, l'éloignera de lui. C'est : "Je cherche refuge en Allāh* contre Satan le maudit" » [Ṣaḥīḥ Bukhārī 3282, Ṣaḥīḥ Muslim 2610:109]

Certains savants conseillent de ne pas demander des nouvelles d'une personne absente par crainte de médisance ; ils auraient creusé des tombes chez eux et s'y seraient couchés pour se rappeler qu'un jour ils le feraient pour de vrai.

Ressentiments

Traitement pratique	Évidences coraniques, prophétiques et érudites
Garder de bonnes fréquentations	
Vous comprenez que vous serez influencé par vos amis et connaissances. Vous recherchez donc soigneusement ceux qui entretiennent la positivité, vous encouragent vers ce qui est louable et aident à éviter ce qui est nuisible.	Allāh ﷻ dit : o « Ô vous qui croyez, craignez Allāh et soyez avec les véridiques » [Le Repentir 9:119] o « Le jour où l'injuste se mordra les deux mains et dira : "(Hélas pour moi !) Si seulement j'avais suivi le chemin du Messager ! Malheur à moi ! Hélas ! Si seulement je n'avais pas pris "un tel" pour ami !" » [Le Discernement 25: 27-28] Le Prophète ﷺ a dit : o « Une personne subit la religion de son ami proche, alors méfiez-vous de qui est votre ami » [Sunan Abu Dawud 4833, Tirmidhī 2378] o « Un bon ami et un mauvais ami sont comme un vendeur de parfums et un forgeron : Le vendeur de parfums peut te donner du parfum en cadeau, ou tu peux lui en acheter, ou du moins tu peux sentir son parfum. Quant au forgeron, il pourrait roussir vos vêtements, et au moins vous respirerez les fumées du fourneau » [Ṣaḥīḥ Bukhārī 2101]
Rechercher le pardon des autres	
Vous faites la taouba (repentir), et vous louez cette personne ou mentionnez ses vertus dans une assemblée (si l'autre personne n'est pas au courant de vos sentiments négatifs)	Le Prophète ﷺ a dit : « Quiconque a opprimé une autre personne concernant sa réputation ou autre chose, il doit la supplier de lui pardonner aujourd'hui (avant le Jour de la Résurrection), quand il n'y aura pas de **dīnār** ou **dirham** (pour compenser les mauvaises actions) ; mais s'il a de bonnes actions, ces bonnes actions lui seront enlevées selon l'oppression qu'il a faite, et s'il n'a pas de bonnes actions, les péchés de l'opprimée lui seront transférés » [Ṣaḥīḥ Bukhārī 2449]
Vous recherchez son pardon et exprimez votre regret d'avoir exprimé des sentiments hostiles (si votre nouvelle est parvenue à l'autre personne)	

Ressentiments

Traitement pratique	Évidences coraniques, prophétiques et érudites
Protéger l'honneur d'un musulman	
Vous vous efforcez de couvrir les fautes des autres et défendre leur honneur, comme vous défendriez le vôtre (c'est-à-dire, en ne prenant pas le temps de les rechercher et exposer)	Le Prophète ﷺ a dit : o « Celui qui défend l'honneur de son frère, Allāh protégera son visage du feu de l'enfer le Jour de la Résurrection » [Tirmidhī 1931] o « Le serviteur, qui dissimule les fautes des autres dans ce monde, Allāh dissimulera les siennes au Jour de la Résurrection » [Ṣaḥīḥ Bukhārī 2442, Ṣaḥīḥ Muslim 2580:58] o « Une personne peut dire une parole, qui plaît à Allāh, sans y prêter attention, pour laquelle Allāh l'élèvera en statut, et une personne peut dire une parole, qui déplaît à Allāh, sans y prêter attention, pour laquelle elle tombera en Enfer » [Ṣaḥīḥ Bukhārī 6478]
Vous ne vous résignez pas et restez pas silencieux en laissant les autres médire, alors que vous avez la possibilité de changer le cours des choses	
Vous censurez les médisants et empêchez de persister, lorsqu'il s'agit de l'honneur de votre sœur, ou frère musulman	

Ressentiments

Traitement pratique	Évidences coraniques, prophétiques et érudites
S'occuper de ses propres fautes et pardonner aux autres	
Vous vous rappelez que vous commettez aussi des erreurs, avez vos propres manquements dans vos devoirs envers Allāh ﷻ, que vous aimeriez qu'Allāh ﷻ vous pardonne et dissimule vos fautes	Allāh ﷻ dit : o « Et que les détenteurs de richesse et d'aisance parmi vous ne jurent pas de ne plus faire de dons aux proches, pauvres et à ceux, qui émigrent dans le sentier d'Allāh. Qu'ils pardonnent et absolvent. N'aimez-vous pas qu'Allāh vous pardonne ? Et Allāh est Pardonneur et Miséricordieux ! » [La Lumière 24:22] o « Accepte ce qu'on t'offre de raisonnable , commande ce qui est convenable et éloigne-toi des ignorants » [Le Mur d'A'rāf 7:199]
Vous demandez donc à Allāh ﷻ, le plus Indulgent, le plus Miséricordieux, de vous pardonner	o « Et Nous n'avons créé les cieux et la terre et ce qui est entre eux, que pour une juste raison. Et l'Heure (sans aucun doute) arrivera ! Pardonne-(leur) donc d'un beau pardon » [La Vallée des pierres 15:85] o « La sanction d'une mauvaise action est une mauvaise action (une peine) identique . Mais quiconque pardonne et se réforme, son salaire incombe à Allāh. Il n'aime point les injustes ! [La Consultation 42:40]
Vous pardonnez également aux autres comme mentionné dans le Coran, en vous rappelant que peut-être vous serez traité pareillement	Le Prophète ﷺ a dit : o « La charité ne diminue pas la richesse, personne ne pardonne sans qu'Allāh augmente son honneur, et personne ne s'humilie pour l'amour d'Allāh, sans qu'Allāh augmente son statut » [Ṣaḥīḥ Muslim 2588:69] o « Soyez miséricordieux envers les autres et vous recevrez la miséricorde. Pardonnez aux autres, et Allāh vous pardonnera » [Musnad Aḥmad 6541, 7041]

Ressentiments

Exceptions	Évidences coraniques, prophétiques et érudites
Atténuer l'oppression, mettre en évidence une mauvaise action, ou demander de l'aide	
Vous avez des doutes, ou une mauvaise opinion de quelqu'un, sur la base d'un raisonnement solide et de preuves observables	Allāh ﷻ dit :« Il a fait descendre sur toi le Livre avec la vérité, confirmant les Livres descendus avant lui. Et Il fit descendre la Thora et l'Évangile » [La Famille d'Imran 3: 110]
Vous souhaitez vous plaindre d'un oppresseur auprès de son supérieur, un juge, ou des autorités (c'est-à-dire, de quelqu'un, qui a le contrôle sur l'oppresseur) et lui faire prendre conscience de l'oppression, ce qui vous permet d'alléger vos souffrances ou celles de quelqu'un d'autre	
Vous souhaitez mettre en garde quelqu'un contre une personne, p.ex. : "Connaissez-vous un tel ou un tel, il répand des mensonges" ou "C'est un voleur, gardez vos biens"	
Vous décrivez comment vous avez été lésé et cherchez de l'aide pour supprimer un mal, ou réparer un tort	
Être conscient de la tromperie et corruption et donc demander des preuves	
Vous vous rappelez, qu'il y a beaucoup de gens, qui n'ont aucun scrupule à tromper les autres, leur faire croire, qu'ils sont merveilleux, mais qu'ils les tromperont, dès que l'occasion se présentera	Allāh ﷻ dit : « Ô vous qui avez cru ! Si un pervers vous apporte une nouvelle, soyez vigilants (de crainte) que par inadvertance vous ne portiez atteinte à des gens et vous ne regrettiez par la suite, ce que vous avez fait » [Les Appartements 49:6]
Comme la corruption et fraude sont répandues, vous êtes rigoureux dans votre enquête, car certaines personnes se présentent souvent comme vivotant dans la pauvreté, alors qu'elles sont aisées	
Vous veillez à demander des preuves, si on vous dit, qu'une personne donnée est mauvaise, car vous savez que sans preuve, ce qui a été dit est presque un mensonge	
Vous n'acceptez pas sans circonspection les nouvelles relayées par une personne connue pour son comportement ouvertement débauché	Le Prophète ﷺ a dit : o « Il suffit de mentir, pour qu'un homme parle de tout ce qu'il entend [Ṣaḥīḥ Muslim 5] o « Quiconque d'entre vous voit un mal, qu'il le change avec sa main ; et s'il n'est pas capable de le faire, alors (qu'il le change) avec sa langue ; et s'il n'est pas capable de le faire, alors avec son cœur et cela est le plus faible degré de foi » [Ṣaḥīḥ Muslim 49:78]
Vous testez toujours la sincérité et fiabilité d'une personne, avant de lui confier quoi que ce soit d'important (jusqu'à ce que sa bonté devienne manifeste), surtout lorsqu'il y a beaucoup de corruption dans une génération donnée	
Vous êtes circonspect avec votre répartition de la charité (zakāt), parce qu'elle est considérée comme un dépôt d'Allāh ﷻ, et sa distribution doit être effectuée avec soin	
Soutenir les décisions importantes	
Vous informez quelqu'un de faits importants, afin qu'il puisse prendre une décision en toute connaissance de cause (sinon il risque d'être désavantagé, p.ex. en ce qui concerne le mariage, une affaire commerciale, devant un tribunal)	
Vous ne divulguez que ce qui est nécessaire et en rapport avec la question et rien de plus	

العُجْب

Vanité

SIGNES ET SYMPTÔMES

- Oublier la source et le but des bénédictions
- Impressionné par soi-même
- Vanité sur les médias sociaux

TRAITEMENTS

- Caractère intérieur, par opposition à l'apparence
- Considérer ses propres fautes
- Caractère temporaire des réalisations et récompenses
- Montrer de la gratitude pour les bienfaits volontaires et particuliers d'Allāh ﷻ
- Éviter la glorification et l'arrogance (y compris dans les médias sociaux)

EXCEPTIONS

- Être conscient de la source de la générosité et faveur

CHAPTER 25

Vanité ['Oujb] العُجْب

La vanité consiste à s'attribuer son excellence, en oubliant qu'elle vient d'Allāh ﷻ et en étant inconscient de la possibilité que cette excellence soit arrachée par Allāh ﷻ. La personne vaniteuse cultive l'idée que ces bienfaits accumulés sont éternels et dignes d'intérêt. Le mot "vanité" vient du mot latin "vanus", qui signifie "vide", ce qui implique que la source de notre vanité est dépourvue de substance et disparaîtra.

Le Prophète ﷺ a dit : « Le Jour de la Résurrection, l'homme vaniteux, qui se pavane dans une confiance excessive, rencontrera Allāh, et Il (Allāh) sera irrité. » [Al-Adab Al-Moufrad 549]

La vanité est liée à l'arrogance, qui (dit-on) requiert deux personnes pour sa manifestation extérieure : l'arrogant et celui à qui l'arrogance est montrée. En revanche, la personne vaniteuse est toujours préoccupée et anxieuse en se demandant, ce que les autres pensent d'elle, mais cette inquiétude continue, indépendamment du fait, que d'autres personnes portent un jugement sur elle. En d'autres termes, la vanité n'a pas besoin d'une tierce personne. Dans le même ordre d'idées, la vanité et l'orgueil (takabbour), sont très proches : la personne orgueilleuse doit être sensiblement supérieure à l'autre, ou aux autres. Avec la vanité, cela ne s'applique pas : il peut y avoir un sentiment fluctuant d'infériorité chez l'individu peu sûr de lui et vaniteux.

Vanité

Signes et symptômes

Évidences coraniques, prophétiques et érudites

Oublier la source et le but des bénédictions

Vous ne pensez qu'à des années d'inlassable préparation, de persévérance, long entraînement et répétition pour maîtriser votre métier, vous vous trompez en pensant : "J'ai travaillé si dur et j'ai fait tout cela seul, donc je le mérite"

En tant qu'homme d'affaires, vous êtes vraiment talentueux et audacieux, vous vous admirez et vous louez vos prouesses financières, mais vous oubliez la source de vos bénédictions

Vous êtes inconscient de la possibilité qu'une telle excellence puisse être supprimée par Allāh ﷻ

Vous devenez négligent et ne voyez pas que la générosité en votre possession est en fait un don d'Allāh ﷻ et vous pensez avoir droit à ces bienfaits

Allāh ﷻ dit :

- « Quant à l'homme, lorsque son Seigneur l'éprouve en l'honorant et le comblant de bienfaits, il dit : "Mon Seigneur m'a honoré." Mais par contre, quand Il l'éprouve en lui restreignant sa subsistance, il dit : "Mon Seigneur m'a avili" » [L'Aube 89: 15-16]
- « Certes, Allāh est Détenteur de la Faveur envers les gens, mais la plupart d'entre eux ne sont pas reconnaissants » [La Vache 2:243]

Impressionné par soi-même

Vous êtes imbu de votre personne, vous vous considérez d'un rang élevé et ainsi vous admirez vos talents, possessions, votre apparence et statut et vous considérant comme meilleur que les autres

Vous vous réjouissez, par exemple, en vous regardant dans le miroir, ou en contemplant vos réalisations ou vos biens, mais vous oubliez la source de vos bienfaits

Vous êtes inconscient du concept **d'istidrāj**, dans lequel Allāh ﷻ vous permet d'étaler vos bénédictions, alors qu'Il ﷻ ne les diminue en rien, et en fait, Il ﷻ peut les augmenter pendant un court moment ; en effet, vous commencez à penser qu'Allāh ﷻ vous aime et favorise vraiment

Allāh ﷻ dit :

- « Ne vantez pas vous-mêmes votre pureté ; c'est Lui qui connaît mieux ceux qui (Le) craignent » [L'Étoile 53:32]
- « Et ne détourne pas ton visage des hommes et ne foule pas la terre avec arrogance : car Allāh n'aime pas le présomptueux plein de gloriole » [Louqmān 31:18]

Le Prophète ﷺ a dit : « Lorsque vous voyez Allāh donner la bonne fortune à ses serviteurs, qui ne cessent de commettre des péchés (d'être désobéissants), sachez que la personne reçoit **l'istidrāj** d'Allāh. » [Al-Mou'jām Al-Kabīr / Ṭabarānī 913, Musnad Aḥmad 17311, Bayhaqī / Chou'āb Al-Īmān 4220]

Vanité

Signes et symptômes

Vanité sur les médias sociaux

Vous passez un temps fou sur les médias sociaux, parce que vous ressentez le besoin de projeter votre image positive à tout moment. Vous utilisez les médias sociaux pour promouvoir les moments forts de votre vie, en vous concentrant sur les fêtes, vacances, moments passés avec votre famille et vos amis, etc.

Vous espérez que, si vous publiez quelque chose de révélateur sur vous-même, ou quelque chose de provocateur, alors vous obtiendrez plus de commentaires, likes, etc., p. ex.:

- Vous voyagez à travers le monde pour vos vacances et annoncez votre arrivée à l'aéroport X, ou à la station Y, avec peu, ou pas de considération pour les sentiments et la situation dans laquelle se trouvent vos amis
- Vous venez de visiter l'hôtel le plus chic, ou le restaurant le plus exclusif du monde, et vous ressentez le besoin de partager votre localisation actuelle, ou des images interminables des derniers plats à la mode sur Facebook ou Instagram
- Vous exprimez votre amour pour votre conjoint sur les médias sociaux de façon quotidienne ou fréquente
- Vous organisez des dîners pour des parents et amis, avec l'intention de maintenir les liens familiaux, mais vous ne pouvez pas résister à l'envie d'étaler vos talents culinaires : le téléchargement inévitable de photos ou clips vidéo s'ensuit
- Vous prodiguez des conseils à d'autres érudits, tout en partageant l'erreur d'un autre, persuadé ainsi de rendre service à l'Islām.
- Vous aidez les pauvres et nécessiteux au quotidien, mais vous documentez chacun de vos actes de charité avec des images interminables
- Vous présentez les dernières étiquettes de votre garde-robe, ce qui attriste vos amis, car ils sont obligés de faire des comparaisons d'étiquettes et de styles de nature personnelle
- L'acte normalement intime de partager des cadeaux intimes entre mari et femme devient un événement public sur les médias sociaux
- Vous faites plus de **dou'a** sur les médias sociaux que vous n'en faites habituellement dans votre culte privé
- Vous omettez d'invoquer Allāh ﷻ en secret pendant vos prosternations
- Vous passez un temps fou à obtenir une photo de profil "parfaite" sur les médias sociaux

Vous passez parfois des heures à réfléchir à ce qu'il faut poster ensuite pour susciter une réaction, penser à ce que vos adeptes veulent et, aussi à ce que vous voulez qu'ils pensent de vous, sans aucune incitation, si ce n'est une vanité excessive.

Évidences coraniques, prophétiques et érudites

Le Prophète ﷺ a dit :

- "La puissance est Son vêtement (Allāh) et l'orgueil est Son manteau ; (Allāh dit) que quiconque cherche à rivaliser avec Moi à leur sujet, Je le punirai" [Ṣaḥīḥ Muslim 2620:136]
- "Quiconque porte un vêtement d'orgueil et de vanité dans ce monde, Allāh le revêtira d'un vêtement d'humiliation le Jour de la Résurrection, puis l'enflammera" [Ibn Mājah 3607]
- "L'effet du mauvais œil est un fait" [Ṣaḥīḥ Muslim 2188:42]

'Plus de 80 millions de photographies sont téléchargées sur Instagram chaque jour, plus de 3,5 milliards de likes chaque jour, et quelque 1,4 milliard de personnes (20 % de la population mondiale) publient des détails de leur vie sur Facebook.' [The Guardian, 2016]

Vanité

Traitement académique	Évidences coraniques, prophétiques et érudites
Caractère intérieur, par opposition à l'apparence	Allāh ﷻ dit : o « Ô hommes, Nous vous avons créés d'un mâle et d'une femelle et Nous avons fait de vous des nations et tribus, pour que vous vous entreconnaissiez. Le plus noble d'entre vous, auprès d'Allāh, est le plus pieux. Allāh est certes Omniscient et Grand-Connaisseur » [Les Appartements 49:13] o « Cette Demeure Dernière, Nous la réservons à ceux qui ne recherchent, ni à s'élever sur terre, ni à y semer la corruption. Cependant, l'heureuse fin appartient aux pieux » [Le Récit 28:83] Le Prophète ﷺ a dit : o « Allāh ne regarde pas votre apparence extérieure et richesse, Il regarde plutôt vos cœurs et actes » [Ṣaḥīḥ Muslim 2564:33] o « Ne vous dirai-je pas qui, parmi vous, m'est le plus cher et sera le plus proche de moi le Jour de la Résurrection ?» Il ﷺ le répéta deux, ou trois fois, et ils répondirent : « Oui, ô Messager d'Allāh. » Il ﷺ dit : « Ceux d'entre vous qui sont les meilleurs dans leurs manières et leur caractère » [Musnad Aḥmad 6735]
Vous comprenez que c'est le vêtement de la **taqouā** qui vous aidera à parer votre moi intérieur des traits louables du cœur, comme l'humilité et la générosité, qui embelliront finalement votre caractère.	
Vous comprenez que c'est le vêtement de la **taqouā** qui vous protégera de toutes les épreuves de ce monde et de l'au-delà.	
Vous apprenez que la **taqouā**, ou conscience de Dieu (piété, crainte d'Allāh ﷻ) est le véritable critère de supériorité, et non votre apparence	
Considérer ses propres fautes	Allāh ﷻ dit : « A réussi, certes, celui qui la purifie « [Le Soleil 91:9] Le Prophète ﷺ a dit : « Le serviteur qui dissimule les fautes des autres dans ce monde, Allāh dissimulera ses fautes le Jour de la Résurrection » [Ṣaḥīḥ Muslim 2580:58]
Vous vous rappelez que vous avez des défauts, tant internes qu'externes, de sorte que toute idée de perfection et d'autosatisfaction est abolie.	
Caractère temporaire des réalisations et récompenses	Allāh ﷻ dit :« Tout ce qui vous a été donné (comme bien) n'est que jouissance de la vie présente ; mais ce qui est auprès d'Allāh est meilleur et plus durable pour ceux qui ont cru et placent leur confiance en leur Seigneur » [La consultation 42:36] Le Prophète ﷺ a décrit le monde avec la parabole suivante : « Quelle relation ai-je avec le monde ? Elle est semblable à celle d'un voyageur sur une montagne, qui s'arrête à l'ombre d'un arbre (pour un court) instant, pour ensuite le quitter à nouveau et poursuivre son chemin » [Tirmidhī 2377, Ibn Mājah 4109, Musnad Aḥmad 2744] Le Prophète ﷺ a dit : « La valeur du monde par rapport à l'Au-delà est comme si l'un d'entre vous plongeait un doigt dans l'océan et observait combien d'humidité y reste, lorsqu'il le retire » [Ṣaḥīḥ Muslim 2858:55]
Vous considérez également qu'à votre mort, toutes vos louanges et votre autoglorification n'auront servi à rien, que tous vos efforts dans le monde auront été vains et que la difficulté de les mener à bien ne sera plus de mise.	

Vanité

Traitement académique

Montrer de la gratitude pour les bienfaits volontaires et particuliers d'Allāh ﷻ

- Vous réalisez qu'Allāh ﷻ l'Exalté est le Façonneur et le Donateur des bienfaits, et que votre talent pour réaliser des choses remarquables est un cadeau et une grande miséricorde d'Allāh ﷻ
- Vous réalisez que lorsque les hommes et femmes sont bénis par une beauté extérieure exceptionnelle, la laideur s'immisce, lorsqu'ils en ont la vanité
- Vous réfléchissez longuement au fait que toutes les bénédictions proviennent entièrement d'Allāh ﷻ et vous ne pouvez produire aucun bienfait, ou dommage, sans Sa permission pour tenter de vous débarrasser de la vanité, ou même l'empêcher de pénétrer dans votre cœur
- Lorsque vous recevez des bénédictions comme la force, le talent, la beauté, etc., vous réfléchissez au fait que vous n'avez absolument rien à voir avec l'acquisition de ces qualités
- Vous vous rappelez que c'est uniquement par la miséricorde d'Allāh ﷻ qu'Il ﷻ vous a béni avec ces traits, et que cela n'a rien à voir avec le fait que vous les ayez gagnés, ou mérités
- Lorsque vous ressentez un sentiment croissant de vanité en raison du bénéfice de la connaissance, des qualifications acquises, ou de votre profession, etc., alors vous réfléchissez à la façon dont vous avez été béni avec ces qualités
- Vous vous rappelez que si Allāh ﷻ ne vous avait pas béni avec l'intelligence, la force, l'enthousiasme, le cerveau, les membres, etc. vous n'auriez pas été en mesure d'atteindre de tels résultats
- Vous réalisez que votre gratitude envers Allāh ﷻ, reconnaissance et louange envers Lui, signifient que votre accomplissement survit à votre vie terrestre et la mémoire des gens
- Vous réalisez que vous avez été béni par la capacité d'exprimer le **choukr** (remerciement) et de vous acquitter de Ses adorations, alors que beaucoup ont été privés de cette possibilité

Évidences coraniques, prophétiques et érudites

Allāh ﷻ dit :

- « Et tout ce que vous avez comme bienfait provient d'Allāh. Puis quand le malheur vous touche, c'est Lui que vous implorez à haute voix » [Les Abeilles 16:53]
- « Souvenez-vous de Moi donc, Je vous récompenserai. Remerciez-Moi et ne soyez pas ingrats envers Moi » [LA Vache 2:152]
- « Et quant au bienfait de ton Seigneur, proclame-le [Le Jour montant 93:11]
- « Il vous a accordé de tout ce que vous Lui avez demandé. Et si vous comptiez les bienfaits d'Allāh, vous ne sauriez les dénombrer. L'homme est vraiment très injuste, très ingrat « [Abraham 14:34]

Le Prophète ﷺ a dit : « Si le bonheur l'atteint (le croyant), il est reconnaissant. » [Ṣaḥīḥ Muslim 2999:64]

'Āishah رضي الله عنها rapporte que le Prophète ﷺ avait l'habitude d'accomplir la prière de la nuit pendant un temps si long, que ses chevilles enflaient. Elle رضي الله عنها dit : « Ô Rasoūlullah ! Pourquoi le fais-tu puisqu'Allāh t'a pardonné tes fautes du passé et celles à venir ? » Il ﷺ répondit : « Ne devrais-je pas être un serviteur reconnaissant ? » [Ṣaḥīḥ Bukhārī 4837]

Vanité

Traitement pratique	Évidences coraniques, prophétiques et érudites
Éviter la glorification et l'arrogance (y compris dans les médias sociaux)	
Vous êtes conscient du fait qu'Allāh ﷻ déteste toute personne qui se considère comme distinguée, louable et pourvoyeuse d'excellence	Allāh ﷻ dit : o « Et ne foule pas la terre avec orgueil : tu ne sauras jamais fendre la terre et pourras jamais atteindre la hauteur des montagnes ! » [Le Voyage nocturne 17:37] o « Sois modeste dans ta démarche, et baisse la voix, car la plus détestée des voix, c´est bien celle des ânes » [Louqmān 31:19]
Vous évitez de poster des images de vous-même, vos expériences, réalisations, etc., car vous avez compris que la richesse, santé, le statut, la beauté, etc., peuvent être confisqués d'un seul coup	
Vous vous rappelez que ces bienfaits ne viennent que d'Allāh ﷻ et qu'Il peut, par d'innombrables moyens, les restreindre et diminuer jusqu'à l'obsolescence	Le Prophète ﷺ faisait la supplication suivante : « Ô Allāh, de même que Tu as rendu mon visage plus harmonieux, rends mon caractère plus excellent. » [Musnad Aḥmad 3823]
Vous évitez de partager des détails intimes (p.ex. : via des selfie, Instagram, etc.) avec des inconnus ou avec ceux dont vous ne partageriez jamais les détails personnels en temps normal, même si vous êtes habillé avec pudeur	On demanda un jour à Moïse ؑ, s'Il ؑ était le plus savant des gens, et il ؑ répondit : « Oui ». Moïse fut alors informé qu'il y avait un homme qui avait des connaissances qu'il n'avait pas. Cet homme était Khidr ؑ, et bien qu'il ne soit pas un prophète, Moïse a fui la vanité et est devenu son étudiant. . [L'histoire est racontée dans la sourate de la Caverne (18) du Coran].
Vous vous préservez et protégez votre espace personnel, car vous savez que vous pouvez très facilement être victime du **nazr** (le mauvais œil), ce qui peut entraîner des dommages physiques et spirituels	« Ce n'est pas sur notre comportement extérieur que nous devons nous concentrer, nous devons regarder vers l'intérieur », dit McMahon. « Les gens utilisent la validation externe sur les médias sociaux pour une raison précise. Nous devons examiner ce qui manque au cœur des gens. » Le psychologue Ciarán McMahon, directeur à l'Institut de la Cybersécurité. [The Guardian, 2016]
Vous vous méfiez de la glorification excessive de vos propres exploits et ceux de vos proches, car cela peut vous nuire (par exemple, l'envie, la haine)	
Vous adoptez l'humilité et évitez de vous montrer hautain, en vous souvenant d'Allāh ﷻ et étant reconnaissant : vous réalisez que si vous n'êtes pas humble, Allāh ﷻ vous humiliera	

Vanité

Exceptions

Être conscient de la source de la générosité et faveur

Lorsque vous êtes heureux et que vous appréciez la générosité, ou la faveur accordée par Allāh ﷻ, et craignez qu'elle puisse vous être retirée à tout moment, alors vous n'êtes pas victime de la vanité

Votre appréciation, qu'elle soit intérieure ou affichée, n'équivaut pas à de l'orgueil, ou au fait de regarder les autres de haut

Évidences coraniques, prophétiques et érudites

Allāh ﷻ dit : « Et tout ce que vous avez comme bienfait, provient d'Allāh [Les Abeilles 16:53]

Le Prophète ﷺ a dit :

- « Personne n'entrera au Paradis qui a un poids d'atome d'orgueil dans son cœur. » Un homme a dit : « Et si un homme aime que ses vêtements soient beaux et ses chaussures belles ? » Il ﷺ a dit : « Allāh est Beau et aime la beauté. L'orgueil signifie nier la vérité et regarder les gens de haut » [Ṣaḥīḥ Muslim 91:147]
- « Mangez ce que vous voulez et portez ce que vous voulez, tant que vous évitez deux choses : l'extravagance et arrogance » [Ibn Mājah 3605]

VANITE

التَّفَاخُر الكِبْر التَّكَبُّر

Vantardise, Arrogance & Orgueil

SIGNES ET SYMPTÔMES

- Pharisaïsme
- Se vanter de sa lignée
- Généralement vantard et arrogant
- Se vanter sur les médias sociaux
- Se vanter de ses connaissances
- Arrogance à cause de la beauté
- Arrogance due à la richesse, au statut et à la position
- Arrogance due à la force
- Arrogance due à la possession de bienfaits abondants
- Arrogance due à une aversion pour la soumission à Allāh ﷻ

TRAITEMENTS

- Souvenez-vous de vos humbles origines
- Souvenez-vous de la source de vos bénédictions
- Suivez l'exemple prophétique et ayez une approche réfléchie des médias sociaux
- Suivez les actions honorables de nos pieux prédécesseurs
- Conscience d'Allāh ﷻ comme critère réel
- Réalité de votre lignée
- Évitez votre propre vanité et la condescendance ou le dénigrement des autres
- Humiliez - vous et renforcez votre relation avec Allāh ﷻ
- Reconnaissez que la beauté est trompeuse et temporaire
- Reconnaissez les conséquences de l'arrogance
- Silence dans les médias sociaux
- Éviter les personnes arrogantes
- Faire preuve d'humilité envers les autres

EXCEPTIONS

- Ne pas déprécier les autres et faire preuve de gratitude

CHAPITRE 26

Vantardise [Tafākhur] التَفَاخُر Arrogance [Kibr] الكِبْر & Orgueil [Takabbur] التَكَبُّر

En bref, le **tafākhour** (vantardise) et **kibr** (arrogance) consistent à se considérer volontairement et consciemment comme supérieur aux autres, dans les domaines religieux ou mondain, ce qui crée du mépris dans le cœur pour les autres. Il est question ici de la glorification malsaine du soi.

Pour la personne qui pratique l'Islām, cette mentalité du "je suis meilleur que toi" est interdite. Ironiquement, et peut-être à juste titre, la personne qui laisse l'arrogance entrer dans son cœur, constate généralement que les autres en viennent à la détester.

Il existe de multiples formes d'orgueil, la plupart étant subtiles et sinueuses. Il fait son chemin dans le cœur et influence le caractère du croyant, lorsqu'il ne scrute pas soigneusement ses intentions.

Allāh ﷻ dit : « Ne vantez pas vous-mêmes votre pureté ; c'est Lui qui connaît mieux ceux qui (Le) craignent. » [L'Étoile 53:32]

Le Prophète ﷺ a dit : « L'arrogance consiste à refuser d'admettre la vérité et à considérer les gens comme inférieurs. » [Ṣaḥīḥ Muslim 91:147, Al-Ḥākim 7367]

Le Prophète ﷺ a mis en garde contre l'arrogance : « Personne n'entrera au Paradis avec un poids d'atome d'arrogance dans son cœur » [Ṣaḥīḥ Muslim 91:147, 91:149]. Le simple fait de se croire plus proche que les autres de la perfection, s'apparente également à l'arrogance.

Vantardise, Arrogance & Orgueil

Signes et symptômes	Évidences coraniques, prophétiques et érudites
L'autosatisfaction	
En tant que "personne religieuse", vous commencez à croire que vous êtes meilleur que les autres	
Vous devenez hautain, ou moralisateur, en particulier lorsque vous observez que d'autres sont en état de désobéissance	
Vous montrez du mépris et dédain envers votre prochain et vous agissez avec arrogance, parce que vous pensez que très peu de gens sont vos égaux aux yeux d'Allāh ﷻ	Allāh ﷻ lui-même révèle son aversion pour la vantardise : « Ne détourne pas ton visage des hommes et ne foule pas la terre avec arrogance, car Allāh n'aime pas le présomptueux plein de gloriole. » [Louqmān 31:18]
Vous estimez qu'il est nécessaire que les gens vous respectent et honorent, et vous êtes donc offensé lorsqu'ils ne vous approchent pas avec humilité	
Se vanter de sa lignée	Les Arabes avaient l'habitude de crier : « Je suis le fils d'untel !», prétendant en quelque sorte que le pedigree d'une personne suffit à marquer son statut et ses privilèges, une éthique qui se profilait dans la structure sociale arabe préislamique (p.ex., si un homme parmi les Arabes était né dans un clan connu pour sa générosité, il était obligatoire pour lui d'être généreux).
Vous vous vantez de votre ascendance, en vous "réclamant" d'une noblesse passée	
Vous vous considérez comme une personne de "haute naissance" et sentez donc obligé de vous comporter de manière noble ; vous vous sentez et agissez de manière supérieure simplement en raison de vos origines, ou votre lignée	
Vous vous sentez honoré d'avoir une lignée qui remonte au Prophète ﷺ et à sa famille, mais vous ne vous souciez guère de vous assurer que vos actions sont également honorables	

Vantardise, Arrogance & Orgueil

Signes et symptômes

Généralement vantard et arrogant

Vous êtes très facilement offensé, ou agacé, lorsque vous avez l'impression que vous avez été rappelé à l'ordre

Vous vous offensez lorsque les autres ne vous saluent pas en premier, ou ne vous témoignent pas du respect

Vous marchez avec un certain panache et ne pouvez pas être en compagnie d'autres personnes, sans parler de vous, ou attirer l'attention sur ce que vous avez fait

Votre vantardise suscite des objections, et personne n'aime cela

Lorsque vous marchez en public, vous avez tendance à devancer les autres, et lorsque vous vous asseyez dans une assemblée, vous occupez la première place ou la place "honorable"

Vous regardez les autres avec condescendance et dédain (vous les rabaissez)

Lorsqu'on vous prodigue un conseil, vous en tirez généralement une offense

Vous n'acceptez même pas la vérité, lorsqu'elle vous est présentée

Vous essayez d'atteindre la simple apparence de l'humilité

Se vanter sur les médias sociaux

Vous utilisez les médias sociaux pour "poster et vanter" votre dernière réussite, ou expérience

Se vanter de ses connaissances

Vous vous estimez supérieur aux autres, parce que vous êtes doté de connaissances et recherchez l'adulation

Évidences coraniques, prophétiques et érudites

Allāh ﷻ dit :

- « En vérité, Coré (Karoun) était du peuple de Moïse, mais il était plein de violence envers eux. Nous lui avions donné des trésors, dont les clefs pesaient lourd à toute une bande de gens forts. Son peuple lui dit : "Ne te réjouis point. Car Allāh n'aime pas les arrogants" » [Le Récit 28: 76]
- « Entrez donc par les portes de l'Enfer pour y demeurer éternellement. Combien est mauvaise la demeure des orgueilleux ! » [Les Abeilles 16: 29]
- « Sachez que la vie présente n'est que jeu, amusement, vaine parure, une course à l'orgueil entre vous et rivalité dans l'acquisition des richesses et enfants. Elle est en cela pareille à une pluie : la végétation, qui en vient émerveille les cultivateurs, puis elle se fane et tu la vois donc jaunie ; ensuite elle devient paille sèche. Et dans l'Au-delà, il y a un dur châtiment et aussi pardon et agrément d'Allāh. Et la vie présente n'est que jouissance trompeuse » [Le Fer 57: 20]
- « Nul malheur n'atteint la terre ni vos personnes, qui ne soit enregistré dans un Livre avant que Nous ne l'ayons créé; et cela est certes facile à Allāh, afin que vous ne vous tourmentiez pas, au sujet de ce qui vous a échappé, ni n'exultiez, pour ce qu'Il vous a donné. Et Allāh n'aime point tout présomptueux plein de gloriole » [Le Fer: 22-23]
- Le Coran fait table rase des fausses prétentions de supériorité et affirme que le seul rang qui compte est lié à la relation de chacun avec Allāh : « Le plus noble d'entre vous, auprès d' Allāh, est le plus pieux. Allāh est certes Omniscient et Grand Connaisseur [Les Appartements 49: 13]

Le Prophète ﷺ a dit

- « La puissance est Son vêtement (Allāh) et l'orgueil est Son manteau ; (dit Allāh) quiconque cherche à Me concurrencer à leur sujet, Je le punirai » [Ṣaḥīḥ Muslim 2620:136]
- « Le Jour de la Résurrection, les arrogants seront rassemblés comme des fourmis sous la forme d'hommes. L'humiliation les accablera de toutes parts. Ils seront conduits dans une prison de l'Enfer appelée **Boūlas**, le feu le plus chaud s'élevant au-dessus d'eux, et on leur fera boire le jus des habitants de l'Enfer, qui s'appelle **Tīnat Al-Khabāl** [Tirmidhī 2492]. **Dans un autre hadith, nous trouvons la définition du Prophète ﷺ de Tīnat Al- Khabāl** : "Ô Messager d'Allāh ! Ô Messager d'Allāh ! Qu'est-ce que le **Tīnat Al-Khabāl** ?" Il ﷺ répondit : "C'est la sueur que les gens du feu de l'Enfer suintent, ou leur suintement (de chair et d'os)" » [Ṣaḥīḥ Muslim 2002:72]

L'Imām Ghazālī رحمه الله a dit : « Les gens du savoir sont plus en danger d'arrogance que n'importe qui d'autre, car le savoir atteint peut les conduire à des sentiments de supériorité. » [Iḥyā 'Oulūm Al-Dīn 3:347]

Vantardise, Arrogance & Orgueil

Signes et symptômes	Évidences coraniques, prophétiques et érudites
L'arrogance à cause de la beauté Vous faites preuve d'arrogance en raison de votre beauté	Allāh ﷻ dit : « (Imagine, ô Prophète), combien de générations avant eux avons-Nous fait périr, qui les surpassaient en biens et apparence ? » [Marie 19:74] Le Messager d'Allāh ﷺ a dit : « Celui qui a un grain d'orgueil dans le cœur, n'entrera pas au Paradis » [Ṣaḥīḥ Muslim 91-148]
Arrogance due à la richesse, au statut et à la hiérarchie Vous faites preuve d'arrogance en raison de votre richesse, statut, ou position, et vous méprisez ceux qui ont moins de moyens	Allāh ﷻ dit : « Entrez donc par les portes de l'Enfer, pour y demeurer éternellement. Combien est mauvaise la demeure des orgueilleux ! » [Les Abeilles 16:29]
Arrogance due à la force Vous faites preuve d'arrogance en raison de votre force physique, inégalable selon vous	Jusqu'à sa conversion à l'Islām, l'homme le plus fort des Quraysh, Rukānah, n'appréciait guère le Prophète ﷺ. Comme le rapportent les livres de ḥadiths, un combat de lutte a eu lieu entre les deux hommes. Bien que l'histoire soit très divertissante et remarquable, car elle nous montre l'utilisation positive et miraculeuse de la force et sagesse de la part du Prophète Muḥammad ﷺ, elle raconte également que, au 7ème et 21ème siècle, les jeunes hommes en particulier ont tendance à être fiers de leur force physique. C'est l'arrogance et l'orgueil qui ont empêché Rukānah d'accepter la défaite, jusqu'à ce qu'il soit frappé au corps pour la troisième fois : « Je n'ai jamais été jeté au sol », dit le challenger. [Marāsīl / Abū Dawud, 308]

Vantardise, Arrogance & Orgueil

Signes et symptômes	Évidences coraniques, prophétiques et érudites
Arrogance due à la possession de bienfaits abondants	
Vous faites preuve d'arrogance, parce que vous possédez une abondance de bienfaits	Allāh ﷻ dit : o « Et assurément Il n'aime pas les orgueilleux » [Les Abeilles 16:23] o « Et quand tu les vois, leurs corps t'émerveillent ; et s'ils parlent, tu écoutes leur parole. Ils sont comme des bûches appuyées (contre des murs) et pensent que chaque cri est dirigé contre eux. L'ennemi c'est eux. Prends-y garde. Qu'Allāh les extermine, les voilà ainsi détournés (du droit chemin) » [Les Hypocrites 63:4]
Vous vous vantez d'avoir beaucoup d'amis, en particulier ceux qui se trouvent dans les "hautes sphères"	
L'arrogance due à la répugnance à se soumettre à Allāh ﷻ	
Vous trouvez toutes les bonnes actions difficiles, parce que vous avez l'impression que votre richesse, force et prestige sont nés de vos propres moyens, donc vous n'en "voyez pas la nécessité"	Il existe des avertissements sinistres en ce qui concerne l'orgueil. Allāh ﷻ a averti : « Entrez par les portes de l'Enfer, pour y rester éternellement. Quel lieu de séjour maléfique pour les arrogants ! » [Le Pardonneur 40:76]
Vous trouvez la prière musulmane critiquable à cause de ses postures d'humilité et de crainte devant Allāh ﷻ	Les gens ont rejeté le message du Prophète ﷺ non pas, parce qu'ils n'étaient pas convaincus. Ils savaient que ce que le Prophète ﷺ apportait était la vérité d'Allāh ﷻ Lui-même, mais ils l'ont rejeté par arrogance.
Votre combat n'est pas seulement contre les postures de la prière musulmane, mais aussi contre votre aversion à être le serviteur d'Allāh ﷻ et à lui être soumis, sous prétexte que vous êtes "libre" de poursuivre vos propres caprices et passions	

Vantardise, Arrogance & Orgueil

Traitement académique	Évidences coraniques, prophétiques et érudites
Souvenez-vous de vos humbles origines Tu te souviens de tes humbles origines organiques : une goutte impure de sperme au début et un cadavre pourri ā la fin, qui servira de nourriture aux vers et autres créatures Vous vous rappelez les moments où vous avez été affligé, et vous vous asseyez, impuissant Vous vous rappelez que le Jour de la Résurrection, vous serez rassemblé sous une petite forme, comme une fourmi, avec le risque d'être piétiné	Comme le Coran nous rappelle nous avons été créés d'une goutte de sperme « N'était-il pas une goutte de sperme éjaculé ? » [La Résurrection 75:37] Allāh ﷻ dit : o « Que périsse l'homme ! Qu'il est ingrat ! De quoi Allāh l'a-t-Il créé ? D'une goutte de sperme, Il le crée et détermine (son destin) » [Il s'est renfrogné 80: 17-19] o « Que l'homme considère donc de quoi il a été créé. Il a été créé d'une giclée d'eau sortie d'entre les lombes et côtes » [L'Astre naissant 86: 5-7] o « S'est-il écoulé pour l'homme un laps de temps durant lequel il n'était même pas une chose mentionnable ? En effet, Nous avons créé l'homme d'une goutte de sperme mélangé (aux composantes diverses), pour le mettre à l'épreuve. (C'est pourquoi) Nous l'avons fait entendant et voyant » [L'Homme 76: 1-2]
Souvenez-vous de la source de vos bénédictions Vous gardez à l'esprit de ne pas oublier que votre richesse, force, intellect et capacité de perspicacité et jugement, sont tous des bénédictions d'Allāh ﷻ et des bienfaits, dont vous êtes responsable Vous vous rappelez que la richesse et santé sont toutes deux instables Vous vous rappelez que de telles bénédictions peuvent être retirées d'un seul coup et qu'Allāh ﷻ peut choisir n'importe quelle manière de restreindre la richesse et diminuer la santé	Allāh ﷻ dit : o « Celui qui a créé la mort et la vie afin de vous éprouver (et de savoir) qui de vous est le meilleur en œuvre, et c'est Lui le Puissant, le Pardonneur » [La Royauté 67:2] o « Et quand Il vous enveloppa de sommeil comme d'une sécurité de Sa part et du ciel, Il fit descendre de l'eau sur vous afin de vous en purifier, d'écarter de vous la souillure du Diable, de renforcer les cœurs et d'en raffermir les pas (vos pas) ! Ne lui Avons-nous pas assigné deux yeux, et une langue et deux lèvres ? Ne l'avons-Nous pas guidé aux deux voies. Or, il ne s'engage pas dans la voie difficile ! » [La Cité 90: 8-11]

Vantardise, Arrogance & Orgueil

Traitement académique

Suivez l'exemple prophétique et ayez une approche réfléchie aux médias sociaux

Vous vous rappelez que le Prophète lui-même, le meilleur de la création, est resté humble

Vous vous rappelez que le Prophète était un véritable serviteur d'Allāh dans tous les domaines, qu'il traitait tout le monde avec la plus grande gentillesse, et que son caractère était celui d'une humilité totale, basée sur la sincérité envers Allāh et la compassion envers les esclaves d'Allāh

Vous vous rappelez que l'une des plus grandes astuces d'Internet, avec ses Chat Room (Espaces ou Chambres de conversation) et sections de commentaires, est de vous faire sentir accompli et productif, après avoir donné votre avis dans un débat et discrédité votre prochain

Vous apprenez à moins vous soucier d'avoir raison et à vous préoccuper davantage du maintien d'une bonne conduite morale, quelles que soient les circonstances

Vous vous rappelez que les êtres les plus viles de l'histoire étaient remplis d'arrogance et de fausse fierté : c'est-à-dire Satan, Pharaon, les adversaires du Prophète et de nombreux tyrans depuis

Évidences coraniques, prophétiques et érudites

Allāh dit :

- « Et tu es, certes, d'une moralité imminente » [La Plume 68:4]
- Allāh a ordonné à Son Prophète bien-aimé : « Et abaisse ton aile (sois bienveillant) pour les croyants qui te suivent. » [Les Poètes 26:215]

Le Prophète a dit

- « Et personne ne s'humilie devant Allāh, sans qu'Allāh l'élèvera (en statut) » [Ṣaḥīḥ Muslim 2588:69]
- « Je garantis une maison à la périphérie du Paradis pour celui qui abandonne les arguments, même s'il a raison, et une maison au milieu du Paradis pour celui qui abandonne les mensonges, même en plaisantant, et une maison dans la partie la plus élevée du Paradis, pour celui qui rend son caractère excellent » [Sunan Abu Dawud 4800]

Anas a dit : « J'ai servi le Prophète pendant dix ans et il ne m'a jamais dit : "Ouff !". Il ne m'a jamais non plus grondé en me disant : "Pourquoi as-tu fait telle ou telle chose, ou pourquoi n'as-tu pas fait telle ou telle chose ?" » [Ṣaḥīḥ Bukhārī 6038]

Vantardise, Arrogance & Orgueil

Traitement académique	Évidences coraniques, prophétiques et érudites
Suivez les actions honorables de nos pieux prédécesseurs	Muḥammad ibn Al-Ḥanafiyyah a dit : « J'ai demandé à mon père 'Alī ibn Abu Ṭālib (رضي الله عنه) : "Qui sont les meilleures personnes après le Messager d'Allāh ﷺ ?" Il a répondu, "Abū Bakr". J'ai demandé : "Qui alors ?" Il a répondu : "Ensuite 'Umar" J'avais peur qu'il ne dise 'Uthmān (رضي الله عنه) (ensuite), alors j'ai dit : "Puis toi ?" Il (رضي الله عنه) a répondu : "Je ne suis qu'une personne parmi les musulmans" » [Ṣaḥīḥ Bukhārī 3671] L'Imām Ghazālī (رحمه الله) a dit : « Si quelqu'un souhaite maîtriser la calligraphie, alors il doit aller voir un maître calligraphe et répéter ce qu'il fait » [Iḥyā Oloūm Al-Dīn 3:59] Les savants disent ce qui suit : « Si vous n'êtes pas comme les personnes réelles, au moins imitez-les »
Prenez le temps d'étudier la personnalité des Compagnons du Prophète ﷺ et réfléchissez à leur grandeur et humilité incroyables	
Vous vous sentez honoré d'avoir une lignée qui remonte au Prophète ﷺ et à sa famille, et vous vous assurez que vos actions sont tout aussi honorables	
Vous réalisez qu'il est préférable d'être humble et même de simuler l'humilité, que d'être un homme franchement arrogant	
Conscience d'Allāh comme critère réel	Allāh (سبحانه وتعالى) dit : « Certes, le plus noble d'entre vous aux yeux d'Allāh est le plus juste d'entre vous. Allāh est vraiment Omniscient, parfaitement Connaisseur » [Les Appartements 49:13] Le Prophète ﷺ a dit : « En vérité, aucun d'entre vous n'entrera au Paradis par ses seules actions » [Ṣaḥīḥ Bukhārī 5673, Ṣaḥīḥ Muslim 2816:71]
Vous comprenez que les actions pompeuses ne vous feront pas entrer au Paradis, donc en tant que "personne religieuse", vous vous rappelez que vous avez peu de raisons de vous vanter	
Vous apprenez que la **taqouā**, ou conscience d'Allāh (piété, crainte révérencielle d'Allāh (سبحانه وتعالى)) est le véritable critère de supériorité	

Vantardise, Arrogance & Orgueil

Traitement académique

La réalité de votre lignée

Vous réalisez que seule une personne insensée se pavane avec fierté à cause d'un nom de famille réputé, ou des qualités notables de quelqu'un d'autre (p. ex. : la bravoure, générosité ou richesse d'un père ou grand-père)

Vous comprenez que vous ne connaissez pas la destination finale de cet aïeul dont vous exploitez la réputation, qu'il est possible qu'il soit devenu un combustible pour le feu de la **jahānnam** (un des noms coraniques de l'Enfer) et que vous regrettez de ne pas avoir été créé comme un chien ou un cochon, afin de pouvoir être sauvé de son dilemme actuel

Vous comprenez que si vos ancêtres étaient là, ils seraient surpris de votre comportement, qui est entièrement basé sur leurs réalisations

Vous vous rappelez que le Coran fait fi des fausses prétentions de supériorité et affirme que le seul rang qui compte est celui de la relation avec Allāh ﷻ

Évidences coraniques, prophétiques et érudites

Allāh ﷻ dit : « Certes, le plus noble d'entre vous aux yeux d'Allāh est le plus juste. Allāh est vraiment omniscient, parfaitement Connaisseur » [Les Appartements 49:13]"

Le Messager d'Allāh ﷺ s'est adressé aux gens le jour de la conquête de la Mecque et a dit : « Ô gens, en vérité Allāh a éloigné de vous l'arrogance de la **jāhiliyya** (ignorance) et l'orgueil de vos ancêtres. Les gens sont de deux types : les vertueux et les pieux qui sont chers à Allāh, et les malfaiteurs qui sont insignifiants devant Allāh. Les gens sont les descendants d'Ādam, et Allāh a créé Ādam à partir de la poussière » [Tirmidhī 3270]

Abū Naḍrah ؓ raconte : « Quelqu'un qui a entendu la **khoutba** (Le Sermon) du Messager d'Allāh ﷺ le deuxième des jours du **tachrīq** (11 ,12 & 13 ème jour du mois du Hajj, le Grand Pèlerinage) m'a rapporté qu'il ﷺ a dit : « Ô gens, en vérité votre Seigneur est Un et votre père est un. En vérité, il n'y a pas de supériorité d'un Arabe sur un non-Arabe, ou d'un non-Arabe sur un Arabe, ou d'un homme rouge sur un homme noir, ou d'un homme noir sur un homme rouge, sauf en termes de taqouā. Ai-je transmis le message ? Ils ont répondu : 'Le Messager d'Allāh a transmis le message' » [Musnad Aḥmad 23489]

Le Prophète ﷺ a dit : « Celui qui est rendu lent par ses actions ne sera pas accéléré par sa généalogie » [Sunan Abu Dawud 3643]

Vantardise, Arrogance & Orgueil

Traitement académique

Évitez votre propre vanité et la condescendance ou le dénigrement des autres

Vous vous rappelez que la connaissance, qui donne lieu à l'orgueil, est pire que l'ignorance, et que la vraie connaissance est telle que plus vous en acquérez, plus votre crainte et votre admiration d'Allāh ﷻ augmentent

Vous comprenez qu'Allāh ﷻ regarde le cœur des hommes et non leur apparence physique

Vous vous rappelez qu'importe la quantité de connaissances que vous pouvez posséder, rien ne garantit que votre fin soit heureuse

Vous vous rappelez qu'au contraire, qu'importe l'ignorance de votre prochain, rien ne garantit qu'il ne connaîtra pas une fin heureuse

Vous reconnaissez qu'il peut y avoir de la vanité dans votre propre cœur, et vous évitez donc toute possibilité de condescendance envers les autres

Vous êtes conscient en votre for intérieur, que lorsque les autres se livrent à des actes répréhensibles, vous ne pouvez pas vous permettre de les rabaisser dans votre propre cœur. Après tout, ils ont sûrement la capacité d'être envahis par des sentiments de honte et peuvent donc être orientés vers le repentir

Évidences coraniques, prophétiques et érudites

Allāh ﷻ dit :

- « J´écarterai de Mes signes ceux qui, sans raison, s´enflent d´orgueil sur Terre » [Le Mur d''A'rāf 7:146] Dans ceci, nous voyons qu'Allāh ﷻ récompense les arrogants, en les détournant de la compréhension de Son Livre, de Ses Prophètes et signes.
- « Ainsi Allāh scelle-t-Il le cœur de tout orgueilleux tyran » [Le Pardonneur 40:35]
- « Nul doute qu´Allāh sait ce qu´ils cachent et ce qu´ils divulguent. Et assurément Il n´aime pas les orgueilleux » [Les Abeilles 16:23]

L'un des attributs d'Allāh ﷻ est **Al-Moutakabbir** (l'Orgueilleux), qui est réservé à Lui-même, donc il n'est pas convenable pour quiconque d'avoir un orgueil aussi intense dans son cœur.

Le Prophète ﷺ a dit :

- « Ô Allāh, je me réfugie en Toi contre les connaissances qui ne sont pas utiles! » [Ṣaḥīḥ Muslim 2722, Sunan Abu Dawud 1548, Tirmidhī 3482]
- « Nul n'entrera au Paradis avec un poids d'atome d'arrogance dans son cœur » [Ṣaḥīḥ Muslim 91:148]

La **jāhiliyya** est la condition dans laquelle se trouvait la majorité des Arabes avant l'Islām, manifeste dans leur :

- ignorance d'Allāh ﷻ et de Ses Messagers
- vantardise de leur lignage
- orgueil général et fierté
- connaissance insuffisante des lois révélées de la religion

Vantardise, Arrogance & Orgueil

Traitement académique	Évidences coraniques, prophétiques et érudites
Humiliez-vous et renforcez votre relation avec Allāh ﷻ	
Vous réfléchissez à la splendeur, gloire et majesté d'Allāh ﷻ, et vous prenez donc conscience de l'humilité de votre condition	Le Coran met fin aux fausses prétentions de supériorité et affirme que le seul rang qui compte est celui de la relation avec Allāh ﷻ : « Certes, le plus noble d'entre vous, auprès d'Allāh, est le plus pieux. Allāh est certes Omniscient et Grand Connaisseur » [Les Appartements 49:13] Le Prophète ﷺ a dit : « Je suis le plus noble des enfants d'Ādam auprès de mon Seigneur et ne me vante pas » [Tirmidhī 3610]. Son honneur était entièrement basé sur sa servitude envers Allāh ﷻ, et non sur la richesse, lignée, le pouvoir ou l'autorité.
Vous réfléchissez à vos limites : sans Allāh ﷻ, vous êtes malheureux, faible et impuissant	
Vous comprenez que vous ne pouvez pas être à la fois arrogant et reconnaissant, et que l'humilité, par sa nature, donne lieu à la gratitude	
Vous faites preuve d'humilité (dhoul) à l'égard d'Allāh ﷻ	
Vous ne montrez aucune aversion à être le serviteur d'Allāh ﷻ, en vous soumettant à Lui, plutôt que de vous soumettre à vos caprices et à vos passions	
Vous prenez des postures d'humilité et de crainte devant Allāh ﷻ	
Vous apprenez à vous connaître, connaître vos origines et votre retour ultime, en reconnaissant que le fait de s'humilier pour (le bien d') Allāh ﷻ, vous élève en rang	
Vous vous rappelez que c'est l'arrogance et l'orgueil qui ont fait de Satan un déviant	
Reconnaissez que la beauté est trompeuse et temporaire	
Vous réalisez que la beauté peut être la plus illusoire des bénédictions	Allāh ﷻ dit : « Certes, le plus noble d'entre vous, auprès d'Allāh, est le plus pieux. Allāh est, certes, Omniscient et Grand Connaisseur » [Les Appartements 49:13] Le Prophète ﷺ a dit : « Allāh ne regarde pas votre apparence ni richesse, mais Il regarde plutôt vos cœurs et actes. » [Ṣaḥīḥ Muslim 2564:34]
Vous remarquez l'impact du conditionnement social (p.ex. : les médias sociaux, la publicité, les influences sociales) sur vous et la façon dont vous vous présentez (pensez devoir le faire)	
Vous reconnaissez que vous n'avez en fait rien à voir avec votre beauté, car Allāh ﷻ est Al-Mouṣaouir (le Modeleur, Façonneur, Concepteur) ; c'est Lui qui donne à toute chose sa forme et son aspect	
Vous réalisez que la beauté se fane, comme les pressions de l'âge et du stress usent la chair et les os	
Vous vous rappelez qu'une qualité temporaire comme la beauté peut être totalement transformée par une simple poussée de fièvre ou une maladie	
Vous vous concentrez sur ce qui compte vraiment, à savoir l'état de votre caractère, vos croyances et actes, et vous réfléchissez à l'importance de vous concentrer sur vos impuretés et défauts intérieurs	

Vantardise, Arrogance & Orgueil

Traitement académique	Évidences coraniques, prophétiques et érudites
Reconnaître les conséquences de l'arrogance	
Vous reconnaissez que la justice suivra toujours chaque vice, que les possesseurs d'arrogance finiront par être les personnes les plus abjectes dans l'Au-delà	Le Prophète ﷺ a dit : o « Il n'appartient pas au croyant de s'humilier » [Tirmidhī 2254]; **être humble est différent de l'humiliation** o « Le Jour de la Résurrection, les arrogants seront rassemblés comme des fourmis sous la forme d'hommes. L'humiliation les submergera de toutes parts. Ils seront conduits dans une prison de l'Enfer appelée **Boulas**, le feu le plus chaud s'élevant au-dessus d'eux. On leur donnera à boire du jus des habitants de l'Enfer, nommé **Tīnat Al-Khabāl** » [At-Tirmidhī 2492]. **Dans un autre ḥadith, nous trouvons la définition du Prophète ﷺ de Tīnat Al-Khabāl** : « Ô Messager d'Allāh, qu'est-ce que le **Tīnat Al-Khabāl** ? » **Il ﷺ répondit** : « C'est la sueur que suintent les gens du feu de l'Enfer, ou leur suintement (de chair et d'os) » [Ṣaḥīḥ Muslim 2002:72]
Vous vous rappelez qu'au Jour de la Résurrection, les arrogants envieront ceux qu'ils pensaient être inférieurs à eux, en termes d'honneur et de statut, (c'est-à-dire : ceux qui étaient patients, reconnaissants et humbles dans cette vie).	
Les leçons du Coran vous informent du déshonneur qu'Allāh ﷻ a infligé aux communautés passées, en raison de leur rejet éhonté d'Allāh ﷻ, moquerie de Ses apôtres et dérision de Ses lois	
Vous réalisez que la vantardise suscite universellement des objections, que généralement personne n'aime un vantard, et la station de l'arrogance n'invite qu'à l'humiliation	

Vantardise, Arrogance & Orgueil

Traitement pratique	Évidences coraniques, prophétiques et érudites
Silence sur les médias sociaux	
Vous vous rappelez que ces richesses, que vous êtes tenté d'exhiber sur les médias sociaux peuvent susciter la jalousie et l'envie chez les autres, alors vous les préservez et protégez	Le Coran nous enseigne à chercher refuge auprès d'Allāh ﷻ : « Dis : "Je cherche protection auprès du Seigneur de l'aube naissante, contre le mal des êtres qu'Il a créés, contre le mal de l'obscurité quand elle s'approfondit, contre le mal de celles qui soufflent (les sorcières) sur les nœuds et contre le mal de l'envieux quand il envie." » [L'Aube naissante 113: 1-5]
Outre le fait qu'ils stimulent la jalousie des autres, vous êtes bien conscient que les exploits de ce monde sont temporaires. Pour cette raison, et parce que vous savez qu'il vaut mieux rester réservé, vous évitez de poster des images de vous, de vos expériences ou réalisations	Le Prophète ﷺ a dit : « Celui qui croit en Allāh et au Jour Dernier, doit soit dire le bien, soit se taire. » [Ṣaḥīḥ Muslim 47:74]
Vous avez pris conscience de l'inutilité d'accumuler des followers sur les médias sociaux. Au lieu de cela, vous espérez communiquer avec chaque follower de manière bénéfique	

Vantardise, Arrogance & Orgueil

Traitement practique

Éviter les personnes arrogantes

Vous réalisez que les personnes arrogantes sont détestées par les autres, tout comme elles sont détestées par Allāh ; celles qui sont humbles, tolérantes et douces sont beaucoup plus aimées.

Vous évitez celles qui sont dures et cruelles envers les gens

Faire preuve d'humilité envers les autres

En tant que personne fortunée, vous adoptez tout de même l'humilité, en vous rabaissant en présence de ceux que vous pourriez être tenté de considérer comme vos inférieurs

Vous apprenez que la **taqouā**, ou conscience d'Allāh (piété, crainte révérencielle d'Allāh), est le véritable critère de supériorité

Vous équilibrez l'idée que l'humilité est une vertu louable avec la conscience que l'excès peut conduire au déshonneur. Vous vous en tenez à ce code de droiture (en suivant l'éthique islamique de la **ouasaṭā**)

Vous reconnaissez que l'humiliation abjecte est désapprouvée, même face à la tribulation, donc vous affrontez les épreuves avec dignité et patience

Pour vous opposer à tout niveau d'arrogance, vous vous encouragez et entraînez à dépenser pour les orphelins, soulager les personnes en détresse et vous incliner à toutes les bonnes actions. Vous identifiez les actes, qui seraient difficiles pour le soi "arrogant" et vous y travaillez de près

Évidences coraniques, prophétiques et érudites

Allāh dit :

- « Adorez Allāh et ne Lui donnez aucun associé. Agissez avec bonté envers (vos) père et mère, les proches, orphelins, pauvres, le proche voisin, voisin lointain, collègue et voyageur, et les esclaves en votre possession, car Allāh n'aime pas, en vérité, le présomptueux, l'arrogant » [Les Femmes 4: 36]
- « Et ne détourne pas ton visage des hommes et ne foule pas la terre avec arrogance : car Allāh n'aime pas le présomptueux plein de gloriole. Sois modeste dans ta démarche, et baisse la voix, car la plus détestée des voix, c'est bien celle des ânes » [Louqmān 31: 18-19]
- « Et aussi Nous avons fait de vous une communauté de justes, pour que vous soyez témoins aux gens » [La Vache 2:143]

Vantardise, Arrogance & Orgueil

Exceptions

Ne pas déprécier les autres et montrer de la gratitude

Si vous exprimez votre fierté à l'égard d'un bienfait, cela ne sera pas interdit si vous n'avez pas l'intention de rabaisser autrui et vous considérez ce bien comme un bienfait d'Allāh ﷻ

Évidences coraniques, prophétiques et érudites

Le Prophète ﷺ a dit : « Personne n'entrera au Paradis avec un poids d'atome d'arrogance dans le cœur. » Une personne a dit : "En vérité, une personne aime que sa robe soit fine, et que ses chaussures soient fines." Le Prophète ﷺ a répondu : « En vérité, Allāh est gracieux et Il aime la grâce. L'arrogance est le dédain de la vérité (par orgueil) et mépris des gens. » [Ṣaḥīḥ Muslim 91:147]

Index Signes & symptômes

Index Signes & symptômes

Index Signes & symptômes

Index Signes & symptômes

Index Signes & symptômes

Index Traitements

Index Traitements

Index Traitements

Index Traitements

Index Traitements

Index Traitements

Index Traitements

Index Traitements

Index Traitements

Index Exceptions

Index Exceptions

BIBLIOGRAPHIE

Sources des citations coraniques :

- Muḥammad Hamidullah :
  - Le Saint-Coran, traduction et commentaire de Muḥammad Hamidullah, avec la collaboration de M. Léturmy, nouvelle édition corrigée et augmentée, 1989
  - Le Saint Coran, traduction en langue française du sens de ses versets, CRF-Complexe Roi Fahd pour l'impression du Saint Coran, Al-Madinah Al-Munaouarah, (A.S.) 1410 H

Source des Ḥadiths (Paroles et actes du Prophète ﷺ):

Les ḥadiths utilisés dans cette version en Français ont été traduits à partir des éditions suivantes en Anglais :

- Imām Bukhārī : Ṣaḥīḥ Bukhārī avec la numérotation de Muḥammad Fuad Abdul Baqi
- Imām Muslim : Ṣaḥīḥ Muslim, avec la numérotation de Muḥammad Fuad Abdul Baqi
- Imām Nasai : Sunan Nasai , avec la numérotation de Muḥammad Fouad Abdul Baqi
- Imām Abū Dāoūd : Sunan Abou Dāoūd, avec la numérotation de Muḥammad Fuad Abdul Baqi
- Imām Tirmidhi : Sunan Tirmidhi, avec la numérotation de Muḥammad Fuad Abdul Baqi
- Imām Ibn Majah : Sunan Ibn Majah, avec la numérotation de Muḥammad Fuad Abdul Baqi
- Imām Ahmad Ibn Ḥanbal : Musnad Aḥmad, 'Ālam Al-Kutub Beyrouth, 1998, Première Édition, vérifiée par Sayyid Abu Al-Ma'āṭī An-Nūrī
- Imām Mālik : Al-Mouaṭṭa, Zayed Foundation for Charity and Humanitarian Works, Abou Dhabi EAU, 2004, Première Édition, vérifiée par Muḥammad Mustafa Azmi
- Imām Bayhaqi : Shu'ab Al-Īmān, Al-Rushd Publishers Riyadh A.S. en collaboration with Ad-Dar As-Salafiyya Mumbai, 2003, Première Édition, vérifiée par Dr. Abdul 'Ālī Abdul Ḥamīd Ḥāmid
- Imām Al-Ḥakim : Al-Mustadrak, Dar Al-Kotob Al-ilmiyah Beyrouth, 1990, Première Édition, vérifiée par Mustafā Abdul Qadir 'Aṭā

- Imām Ṭabarānī ﷺ : Al-Mu'jam Al-Ṣaghir, Dar Ammar Publishing & Distributing Amman, 1985, Première Édition, vérifiée par Muḥammad Shakur Mahmūd Al-Hajj Amrīr
- Imām Ṭabarānī ﷺ : Al-Mu'jam Al-Awsaṭ, Dar Elharamen Cairo, 1995, Première Édition, vérifiée par Abdul-Muḥsin ibn Ibrahim Al-Ḥusaini et Tāriq ibn 'Awadullah ibn Muḥammad
- Imām Tabarani ﷺ : Al-Mu'jam Al-Kabīr, Maktaba Ibn Taymiyyah Cairo, Deuxième Édition, vérifiée par Ḥamdiī ibn 'Abdul Majīd As-Salafī
- Imām Abū Bakr ibn Abou Shaybah ﷺ : Muṣannaf Ibn Abou Shaybah, Dar Al-Qiblah Jeddah, 2006, Première Édition, vérifiée par Muḥammad 'Awwamah
- Ibn Ḥibbān ﷺ : Ṣaḥiḥ Ibn Ḥibbān, Muassasah Ar-Risālah Beyrouth, 1993, Deuxième Édition, vérifiée par Shuaib Al Arna'ut
- Imām Bukhārī ﷺ : Al-Adab Al-Moufrad, Dar Al-Bashāir Al-Islāmiyyah, Beyrouth, 1989, Troisième Edition, vérifiée par Muḥammad Fuad Abdul Baqi
- Imām Abū Dawud ﷺ : Marāsīl of Abū Dawūd, Muassasah Ar-Risālah Beyrouth, 1988, Première Édition, vérifiée par Shuaib Al Arna'ut
- Imām Ibn Abou Dunyā ﷺ : Al-Jū'u, Dar Ibn Hazm Beyrouth, 1997, Première Édition, vérifiée par Muḥammad Khayr Ramaḍān Yūsuf
- Imām Suyutī ﷺ : Fayd Al-Qadīr fi Sharh Al-Jām'i Al-Ṣaghir, Dar Al-Kotob Al-ilmiyah Beyrouth, 1994
- Imām Tirmidhi ﷺ : Shamāil Al-Muḥammadiyyah, Muassasah Al-Kutub Al-Thaqafiyya (Cultural Books Publishing), Beyrouth, 1992, Première Édition, vérifiée par Sayyid Abbās Al-Jalīmī
- Imām Zakī Al-Dīn Al Moundhirī ﷺ : Al-Targhīb wa Al-Tarhīb, Dar Al-Kotob Al-Ilmiyah, Beyrouth, 1996, Première Édition, vérifiée par Ibrāhīm Shams Ad-Din
- Imām Abū Al-Qasim Al-Aṣbahani ﷺ : Al-Targhīb wa Al-Tarhīb, Dar Al-Ḥadith Cairo, 1993, Première Édition, vérifiée par Ayman Ibn Sālih Ibn Sha'bān
- Ibn Kathīr ﷺ : Tafsir Ibn Kathīr, Dar Taibah for Publishing and Distribution Riyadh, 1999, Deuxième Édition, vérifiée par Sāmī Ibn Muḥammad Salāmah

- Al-Ḥārith ibn Abī Usāmah, Bughyah Al-Bāḥith 'an Zawā-id Musnad Al-Ḥārith, Markaz Khidmah As-Sunnah wa As-Sīrah An-Nabawiyyah, Madinah, 1992, Première Édition, vérifié par Ḥusayn Aḥmad Ṣālih Al-Bākirī

Érudits/autres sources

- Imām Ghazālī ﵀ : Letter to a Disciple (Ayyouhāl Oualad), The Islamic Text Society, 2005, bilingual English-Arabic Edition
- Imām Ghazālī ﵀ : Ihyā 'Ulūm Al-Dīn, Dar ElMarefah Beyrouth, 1982
- Imām Ghazālī ﵀ : The Beginning of Guidance (Bidāyah Al-Hidāyah), White Thread Press London, 2010, traduit par Mashad al-Allaf
- Imām Ghazālī ﵀ : Mīzān Al-'Amal, Dār Al-Ma'ārif Egypt, 1964, Première Édition, vérifiée par Dr Sulaymān Dunyā
- Imām Shafi ﵀ : Diwān Al-Shafi'ī, Maktaba Ibn Sīna Cairo, 1988, vérifiée par Muḥammad Ibrāhīm Salīm
- Imām Nawawī ﵀ : Al-Adkhār, Dar Ibn Kathīr Damascus, 1990, Deuxième Édition, vérifiée par Muḥiyyudīn Mastu
- Cheikh Hamza Yusuf Hanson, Purification of the Heart : Signs, Symtoms and Cures of the Spiritual Diseases of the Heart, Starlach, 2004, Deuxième Édition

L'ÉQUIPE DU MANUEL

Auteur et chef de projet
Ibn Daud
Leicester, R.U.

Équipe de consultation
Cheikh Zaqir
Directeur du Darul Arqam Educational Trust, Leicester, R.U.
Cheikh Imran bin Adam
Directeur du Jamea'ah Uloom Al Qur'an, Leicester, R.U.
Maulana Muḥammad Yahya ibn Faruq
Directeur du An Nasiha Publications, Leicester, R.U.
Henna Parekh
San Jose', California, USA
Ammaarah Parekh
Etudiante Niveau A, Leicester, R.U.

Référencement et traductions du Coran, des Ḥadiths, éruditions et traductions
Maulana Amaan Muḥammad et Maulana Uthman Ghani Hafejee
Diplômés du Darul Uloom, Leicester, R.U.

Traducteurs professionnels (pour la version en Français)
Mr Ali Federico F. Schütz
Mrs. Haouchia M. Schütz
Diplômée Langues Modernes, Université Birmingham, R.U.

Conception graphique
Irfan Chhatbar (Brandboard Creative)
Leicester, R.U.

Édition
Mustafa Abid Russell
Leicester, R.U.

Tout au long de mon parcours, j'ai reçu le soutien inestimable de nombreuses autres personnes aimables et généreuses.

Qu'Allāh ﷻ les récompense toutes abondamment avec la meilleure des récompenses dans les deux mondes.

Āmīn.

تم بحمد الله

Achevé d'imprimer en avril 2024 par

SOFIAPRINT

La qualité au meilleur prix

+33 1 60 34 37 50 +33 7 69 90 13 32

print@sofiadis.fr